U0600352

曾有天真少年时

宋朝词人风雅集

张小瓷 著

长江出版传媒

长江文艺出版社

自 序

他们就是"我们"，我们就是"他们"

今天，我们对宋朝词人常常有一种符号化的想象，比如提到东坡，我们一定会想到"旷达"；提到稼轩，脑海里蹦出的词是"豪放"；而易安，不消说，一定是"婉约"的……当然，历史人物被符号化，这个不可避免，可对于写作者，却不能只凭固化、单一的符号来看待词人，以及他所处的时代。毕竟，具体的人是多义、复杂的，词人的心灵更是幽微丰沛，而且，在人生的多个维度里，诸如情感、经历、思想等方面，今人和古人其实是相通的——他们就是我们，我们就是他们。

所以我想要呈现的，不单是词人们符号化的这部分，更希望能穿透这符号，探索该符号背后更多元的维度，找到更多的可能性。我想表现鲜活的个人，在时代的罅隙里、在人生的困境中、在命运的洪流下，是如何艰难抉择的。而在面对时间、疾病、死亡等避无可避的难题时，他们又将如何去面对、去抒写。是的，我想要讲述的，是我

与宋朝词人灵魂之间的奇遇。

如爱丽丝漫游仙境般，我这个现代的闯入者，漫游在宋词的"歧路花园"里。这座花园具有多重路径，不断有小径，分叉再分叉，我从这个词人的花园，漫游到另一个词人的花园，一歧再歧，流连忘返。在花园里，我与词人们互相描述梦境，映照挣扎与困惑，坦诚勇气与脆弱，并肩凝视死亡与时间。何其幸运，漫游的每一刻都是创造性的，连沉默与留白亦成为漫游的一部分。

与宏大的叙事相比，我偏爱和美畅快的细节，着迷于捕捉词人们碎片化的日常，以及那些"未完成""不彻底"的时时刻刻："我们不要想当然地认为，生命在'大'的事物中的存在，比在'小'的事物中更充分。"（伍尔夫语）正是在许多看似无用的细节里，我呼应着词人们说过的话、写过的词、走过的人生，并试图借古典映照今天的时代与生活，看见人类共有的经验、情感和智慧。

那么，该如何向你呈现这一场光怪陆离的古典漫游呢？

我想到了词，一首词通常是由许多个意象氤氲成一整体的氛围，写词人便在这游离的空气中流动。词和词人的记忆相似，有断裂、有往复，经常从凡尘的低回中，突变至渺远的时空。词不像诗，受严格的格律限制，词比诗更自由：或呈现某一种场景，或抒发某一类情感，或叙述某一个事件……

词是碎片化、片段式的，词人们写词绝非为了环扣或起承转合，他们的兴趣通常只在于——酣畅地呈现某一个被情感浸透了的片段，不做介绍，没有说明。甚至可以说，词的每个片段都是主题：局部看时，有它独美的魅力；整体看时，又不会因个体的魅力相互抵消，而是美美与共，统摄于这首词的空气中。所以读者无法预测，词会往哪里走，它像是游动的鱼，充溢着无目的的自由气息。

在这趟漫游中，我采用的书写方式，即类似于词的结构，是以词不规则地蔓延至词人，记录他们人生中最动人的部分，而非传记式的直线叙述。同时，词又有长短句，有小令，有长调，可回旋，可往复，所以具体到单个的词人，书写上又各有不同，每个人、每一章，都不是工整的，而是跳跃式的、多维度的。最终，我想要表现的，是词人的人生长河里如涟漪般起伏的"气韵"与"云块"，像珍珠般耀眼的吉光片羽。言有尽，意无穷。

虽历千年，无数个诗词的声音残片，依旧喧哗，面对这庞大的体系，今天的书写只能是：弱水三千，只取一瓢。但我记得，《礼记》有云："大叩则大鸣，小叩则小鸣"，因此，哪怕是微不足道的"一瓢饮"，亦很珍贵。我的小叩，固然粗疏，与词人们丰沛的生命相比，书的呈现更是挂一漏万，但我相信，只要去叩问，就会有回声。

正是怀抱着"小叩"的热情，我一次次漫游于诗词的花园中，召唤、看见、聆听，尽我所能转述给你听。我乐意当一座桥梁，引领你去往诗意的对岸，重新想象一种"宋朝的目光"：这目光，关乎宋朝人的情感、智慧、见识、思想，以及他们对人生的领悟，对世界的感受，对时间的认知，等等。

在这趟漫游中，即将有一种"会见"，这会见对我而言，正如王阳明说的："你未看此花时，此花与汝同归于寂；你来看此花时，则此花颜色一时明白起来。"没有我来，词人们缄默似石；我来了，词人们与我一时明白过来。是的，我试图将大家习焉不察的诗词，重新

变成新鲜的一声"哇",无论是"荫翳的波纹和明暗",还是"春夜里那些隔岸的花和水"。

当我结束这一趟漫游,12位词人都成了我的老朋友。在古今的参差对照中,我们为同一种精神而喜悦,为同一种人格而感动,为同一种消逝而哀伤,同时,被同一种丰沛所滋养,被同一种温暖所慰藉。

如此,这本书或可称作"宋词十二观",所谓"观",即观生命之真实,呼应着词人们独特的生命体验与书写呈现。12位词人,就是12个不同的维度,他们有属于自己的语言,个性上或乐观,或深情,或谦和,或偏执,风格迥异,所以有趣。我想要会见的,便是诗词背后那些不断变化的人的"此时此地",因为"过去从未消逝,它甚至从未过去"(威廉·福克纳语)。

我期待,与词人们的漫游始终如"初相见",如博尔赫斯笔下那位眺望大海的人,永保开放与好奇,无数次为他们"惊叹于心"——"第一次眺望如此,每一次眺望如此,像他惊叹于一切自然之物,惊叹美丽的夜晚、月亮和萤火的跳荡。"

哲学家陈嘉映在谈论诗人时曾说:"我们能读懂一个诗人,以前流行的理论说,因为他表达了普遍的人性,那实在是浅陋的理论。好诗始终在表达别具一格的感知和经验,他表达得生动有力。我们读诗,不是要去了解诗人都有哪些特殊经验,仿佛出于好奇。我们受到指引,引导自己也更加生动地感知世界。"

这段话非常好。毋庸置疑,诗人、词人是人类最优秀的感官,他们代替我们发声,诉说我们灵魂深处最难以名状的痛苦与喜悦。借诗词的指引，我们得以领受万物赠予的浓情蜜意，与物有情，对人有爱，是当下一刹那共鸣的喜悦，是眼界被打开的惊奇，是庸常被砸碎的意外。

词人们负责呈现这一切，我想做的仅仅是发现：重新发现宋词之美。我不敢保证，这一趟漫游一定有慰藉，但保证有启发、有叫醒、有看见，有对虚无的抵抗，以及更重要的，美的滋养、思想的启发、静定的力量。

在生活中，不是人人都要做诗人或词人，但人人都可以做诗意的人。我希望，这本书能成为一道生发诗意的微光：昼短苦夜长，何不秉烛游？所以，你大可将这本书，看作一份美的邀约，邀请你来纷繁的古典花园漫游，你在其间，或流连忘返，或冷静旁观，或倦而睡去，全凭你的个人意志。或者干脆，风吹到哪页，就从哪页读起吧。

苏轼 · 一棵繁花满枝的树

辛弃疾 · 将栏杆拍遍

苏轼

一棵繁花满枝的树

当我们站在这样花树下，近观，可领略花枝精妙的细节；远望，则会惊心于整棵树饱满的生命力。

一、风乎舞雩，咏而归

一千个读者心中，有一千个哈姆雷特，读东坡是同样的体验：每个人心中都有一个苏东坡。这位人间不可无一难能有二的百科全书式的大家，是天才诗人、高品位生活家、新派探险家，是元气淋漓的乐天派、不合时宜的政治家、不过气的偶像，是饮酒成癖者、美食家、佛教徒。

可这些都无法定义苏东坡，因为我们面对的是一棵繁花满枝的树——东坡的才情、气质、性情、容止、风姿、神韵等，全由他丰沛的"主体"花开映发而来，姿态万千。当我们站在这棵花树下，近观，自可领略花枝精妙的细节；远望，则会惊心于整棵树饱满的生命力。

当然，无论近观，还是远望，我们能洞见的都只是局部，东坡是如此复杂、多面，作品更是纷繁、辽阔，想要"对这种人的人品、个性做解释，一般而论，总是徒劳无功的"（林语堂语）。尽管如此，我们仍然想寻小道观一观，期望在曲径通幽处，遇见可喜的苏东坡。我们确信，哪怕九百年的雪泥，都化尽了，东坡的精神依旧在，他留下最美丽的鸿爪，与天地精神相往来，与人世风景相映照。

幸会呀，苏东坡！

元丰二年（1079年）十月，御史台的监狱里关押着一个特殊的犯人：苏东坡。这一年的七月二十八日，东坡被官家逮捕，八月十八日，又投入御史台的监狱，直到十二月二十八日出狱，他总共被关押了130天，心劳力瘁。就在生死存亡之际，很多人冒着被株连的风险，营救东坡。弟弟苏辙请求解除自己的官职，来减免兄长的罪责。垂危中的曹太后，以及大臣范镇、吴充等纷纷出言营救，甚至连"变法派"的章惇也力主释放东坡。

当时已退隐金陵的王安石，听说东坡入狱，非常诧异，他很快给皇帝写了一封信，信中有最关键的一句话："安有盛世而杀才士乎？"这一句顶万句，最终，神宗皇帝做出判决：苏轼贬官黄州，任团练副使，无权参与公事。"乌台诗案"就此尘埃落定。

次年正月初一，东坡在差役的押送下，踏上了前往黄州的路途。这一路雨雪交加，寒风凛冽，沿途艰辛难以尽叙。好不容易到达黄州，又因为是犯官，没有官舍住，东坡只得和儿子借住在定慧院的小屋，生活条件异常窘迫。然而，对他来说，生活的苦尚不足道，内心的迷茫与孤寂才是最难纾解的。

初到黄州的日子里，东坡常常闭门不出，从早睡到晚："昏昏觉还卧，展转无由足。强起出门行，孤梦犹可续。"（《二月二十六日，雨中熟睡，至晚强起出门，还作此诗，意思殊昏昏也》）到了晚上他才出门，一个人在月光下徘徊，慢慢地，他看见：江云有态清自媚；他听见：竹露无声浩如泻。在春夜的静定中，东坡的感官开始复苏，他开始写词了，便有了这一首《卜算子》：

卜算子·黄州定慧院寓居作

缺月挂疏桐，漏断人初静。谁见幽人独往来，缥缈孤鸿影。

惊起却回头，有恨无人省。拣尽寒枝不肯栖，寂寞沙洲冷。

夜深人静，月挂疏桐，有个幽人独自往来。此刻，有孤鸿正惊恐不安，拣尽寒枝不肯栖息，只得归宿于荒冷的沙洲。幽人孤独如鸿雁，鸿雁惊惶如幽人，人与鸿同此恨，无论幽人，还是孤鸿，照见的又都是东坡自己。在荒芜的孤独里，东坡像极了缓慢地向深海沉落的水深计，水越深，孤独越深，他期盼的旷达与通透远在天边，遥不可及。

在黄州居住满一年后，东坡手头的积蓄即将告罄，"廪入既绝，人口不少"。日子要怎么过下去呢？东坡一筹莫展。这时候，幸好有朋友马梦德，他得知东坡的情况后，立即行动，不久就从太守徐君猷那儿获得许可，批给苏家一块废弃的军营地，无偿耕种。这块地面积有数十亩，位于城东的山坡上，荆棘丛生，瓦砾遍地，其他人压根儿看不上。但东坡对这块地一见倾心，效仿白居易忠州东坡的名字，借"东坡"二字来命名，并成为真正的农夫，此后以"东坡居士"自称。

元丰四年（1081年）二月，东坡正式开启农民生涯，带领全家老少早出晚归，开垦荒地。拓荒的劳作异常艰辛，但土地给予的回报看得见。这一年，东坡的地里自产大麦20余石，家人每天捣麦做饭，

"以浆水淘之，自然甘酸浮滑"，一家人吃得乐融融。后来，东坡又别出心裁，将大麦与小豆参杂做饭，风味尤为独特，夫人笑称："这是新式的二红饭嘛。"

除了种稻、种麦，地里还先后种下了桑树、枣树、栗树、橘树等，此外又辟出十几方蔬菜用地。这一处小小的农场，俨然已经初具规模。很多个清晨，新上任的农夫苏东坡，漫步至菜地，顾盼自得，心想：今天吃什么呢？来地里看看吧。土地的馈赠显然很丰厚，东坡在信中和友人说："某现在东坡种稻，劳苦之中亦自有其乐。有屋五间，果菜十数畦，桑百余本。身耕妻蚕，聊以卒岁也。"

元丰五年（1082年）正月，东坡在园中修建了一座有5间房的农舍，取名：雪堂。在写给孔平仲的一首诗里，他说："去年东坡拾瓦砾，自种黄桑三百尺。今年刈草盖雪堂，日炙风吹面如墨。"在简朴的雪堂，东坡"起居偃仰，环顾睥睨"，自认为"真得其所居"，得意地将自己"躬耕于东坡，筑雪堂居之"的生活，自比于陶渊明的斜川之游，作《江城子》以歌之

江城子·梦中了了醉中醒

陶渊明以正月五日游斜川，临流班坐，顾瞻南阜，爱曾城之独秀，乃作斜川诗，至今使人想见其处。元丰壬戌之春，余躬耕于东坡，筑雪堂居之，南挹四望亭之后丘，西控北山之微泉，慨然而叹，此亦斜川之游也。乃作长短句，以《江城子》歌之。

梦中了了醉中醒，只渊明，是前生。走遍人间，依旧却躬耕。昨夜东坡春雨足，乌鹊喜，报新晴。

雪堂西畔暗泉鸣，北山倾，小溪横。南望亭丘，孤秀耸曾城。都是斜川当日景，吾老矣，寄余龄。

说渊明是前生，这话恐怕只有东坡敢说。东坡非常仰慕渊明，他曾感慨："吾于渊明，岂独好其诗也哉？如其为人，实有感焉。学道虽恨晚，赋诗岂不如。"从中年到晚年，东坡前后共追和了一百来首陶诗。这组诗是两位伟大的诗人，在心灵上的隔空对话，既为后世对陶诗的赏鉴提供了珍贵的视角，又成为东坡的一个鲜活映照：借渊明，映照出东坡想追求的心境。

有人说是东坡发现了陶渊明，其实，不如说是陶渊明启发了东坡。对这一点，东坡很有自知之明——"渊明吾所师，夫子仍其后。"和老师陶渊明一样，东坡从来不将生活拒之门外，而是热情地投身于其中。在黄州，许多个平常的日子里，有农活等着他一件件去落实，所有具体而微的事，将东坡一点点从挫败的泥潭中拔出来，或许他自己都不曾料到，做农夫竟也做得有声有色。

土地的馈赠与纯朴的人情，让东坡深感当下的生活富于深意，他觉得，做农夫挺适合自己的。在写给王巩的信中，东坡笑称："邻曲相逢欣欣，欲自号鏖糟陂里陶靖节。""鏖糟陂"是汴京城外的一片大沼泽，诗中取脏乱不堪之意，意思是说，我苏东坡是不合格的陶渊明。这是他的玩笑话，当不得真。

不过，黄州到底是一偏僻小城，日子难免枯寂乏味，每天都是：

"江边弄水挑菜，便过一日。"爱热闹的东坡想方设法给自己找乐子，经常一个人穿着草鞋，挂着竹杖，漫步至田间、水畔、山野、集市，追着农民、渔父、樵夫、商贩聊天说笑。偶尔碰上不善言辞的人，实在无话可说，东坡便求人家讲一个鬼故事，若鬼故事也没得讲，他就无赖地坚持："瞎编一个也行。"

在给李之仪的信中，东坡自谓："得罪以来，深自闭塞，扁舟草履，放浪山水间，与樵渔杂处，往往为醉人所推骂，辄自喜渐不为人识。"与樵渔杂处，被醉汉推骂，大家都不识他东坡，他自己却认为这真是可喜事。劳作归来，过城门时，守城士卒会和他开几句玩笑，东坡总是泰然处之，笑而不语。

在黄州，东坡的做派就如他自己的名言："上可陪玉皇大帝，下可陪卑田院乞儿。眼前见天下无一个不好人。"天下无一个不好人，这是一种真正的对世人的大爱。与众人亲，与万物亲。或者说，东坡有一种即溶颗粒的体质，既能融于市井走卒之间，又能融入士大夫之流："像丝绵蘸着了胭脂，即刻渗开得一塌糊涂。"温厚活泼的东坡始终是与众人在一起的，虽然他自己说"起舞弄清影，何似在人间"，但无论他这个人，还是他的词，都是在人间的，这就是东坡的曼妙风神——"不知原谅什么，诚觉世事尽可原谅。"

正因为怀抱着对人世的大爱，所以无论走到哪里，东坡都能与众多发光的灵魂相遇，他们成为东坡黑夜里的光亮。更确切地说，这光亮很多时候是他自己给予的，源自他蓬勃的、强悍的生命力。很自然地，东坡的身边又簇拥起一大群年龄不等、地位悬殊、性情各异的朋友。新的朋友圈一旦形成，东坡便觉如鱼得水，自在许多。在写给

王巩的诗中，东坡不无得意地说："邻里有异趣，何妨倾盖新。殊方君莫厌，数面自成亲。"（《和王巩诗六首》之一）

而朝夕相处的乡邻大多与东坡相亲，有几家极擅烹调，喜欢请客，东坡便时常参与这种街坊间的聚餐。有一次，东坡在刘监仓家，吃到一种用煎米粉做成的糕饼，很酥脆，他一时兴起，给这道美食取名为"为甚酥"。又有一次，东坡在潘家喝到一种酒，味道很酸，他很疑惑："莫不是做醋时放错了水吧？"于是，就随意给这款酒取名叫"错着水"。过了几天，东坡携家人去郊外游玩，忽然想起"为甚酥"，于是戏作小诗作为书简，吩咐童仆前往求取：野饮花间百物无，杖头惟挂一葫芦。已倾潘子"错着水"，更觅君家"为甚酥"。

乡下的素心人里，与东坡关系最亲密的是潘丙、郭遘、古耕道。这三人中，潘丙是屡试不第的书生，卖酒为生；郭遘是郭子仪的后代，开着一家药店；古耕道为人热心，四处揽事，颇有侠义心肠。这三人虽都是市井之人，但豪爽、讲义气，仰慕东坡的才华和人品。东坡喜欢和他们饮酒、聊天，看花、访友，连续三年，都与他们出城探春。

柔软的人与情，辛勤的劳作与收获，冲散了东坡的孤独感，在写给远方亲友的信中，他说："已约年年为此会，故人不用赋招魂。"（《正月十二日，与潘、郭二生出郊寻春，忽记去年是日，同至女王城作诗，乃和前韵》）意思是说，你们不必为我忧虑悲伤，更不必设法将我调离黄州，我可以安心在黄州生活下去了，而且，我早已与朋友们约定，以后每年今日相聚城郊，共赏春光。这当然不是逃避或自我安慰，是寻得自己的世界，构建积极的自由。显然，东坡已能在困苦中自得其乐。

而一旦经济的困窘过去了，东坡依旧要做诗人，只是他在黄州写的诗词仅限于好友间传播，并且不忘叮嘱对方阅后即焚。日本学者浅见洋二在著述中说："苏轼一方面警惕自己的言论被毁谤，另一方面，又不能完全停止诗歌创作。在这种情况下，他一直与亲密友人间保持着诗歌的赠答。对诗人来说，完全停止创作毕竟是一件难以忍受的痛苦之事。"

那么，诗人的使命是什么？是将他的内心给予这世界，无所保留。对此，东坡甚至怀有一种"虽千万人吾往矣"的迫切，这迫切不仅是激烈的，更是柔和的。激烈是因为，东坡这个人就是理直气壮的，我们看他因诗入狱，几濒于死，而后一路贬谪，历经灾厄，但他在灾厄中，"幅巾芒履，与田父野老相从于溪谷之间"，与世人同呼吸，彼此有欢笑，兴兴头头，竟达至与困苦两两相忘的化境。这样一来，东坡的激烈就不是大红配大绿、了无余地的对照，而是激烈中有宽厚、有沉静，像"葱绿配桃红，是一种参差的对照"。

柔和呢，是因为东坡太爱这人世了，想与日月山川一同载歌载舞，以至于连人的败坏、时代的沉沦都不忍多责怪，更无意耽溺于感伤与私情，哪怕是历经大半辈子的风尘仆仆，一路走来，依然要温柔地眷恋，有文人的逸怀与浩气，回风相悦，徘徊不去。有时候，他干脆抛却了"众人皆醉我独醒"的顾忌，而与众人醉在一块了。人生如逆旅，东坡是兴致盎然的歌者。

于是乎，天地山川、人生百态、文明风光，纷纷然全落入东坡的诗词中，无数次令人怀想不尽。千百年来，东坡这个人以及他的

词，总是能激发不同的人群有感发、有兴起，而且又奇妙地无阻隔，令所有人都觉得亲近，这无疑只有天才做得到，仿佛有一种神秘的力量推动东坡逆流而上，携他抵达清冽的源泉处。

东坡早年给弟弟写过一首诗，诗云："人生到处知何似？应似飞鸿踏雪泥。泥上偶然留指爪，鸿飞那复计东西。"雪泥鸿爪，这四个字，宿命般成为东坡一生的写照。他一生南来北往如飞鸿，密州、杭州、黄州、惠州、儋州，天涯海角，再不可远。然而，在每一个异乡中，东坡既非观光客，也非探险家，他是一个满怀爱的生活家。而这个生活家深谙一个"兴"字，这个兴，是兴致勃勃，是兴高采烈，对人世与万物有赏爱，恍如孔子的"风乎舞雩"，一路歌咏而归。

故东坡这一生，时常是"山重水复疑无路，柳暗花明又一村"，上一刻还垂头丧气，下一刻就好了，他又兴兴头头，沉浸于当下的生活中。因此每到一个新的异乡，东坡都会入乡随俗，化入其中，将存在感降至最低，仿佛他原本就是此地的一草一木。于是我们看到，晚年的东坡，即便被贬海南、九死一生，依旧活得兴高采烈，纸都没得用了，还和儿子去制墨；饭都没得吃了，还要体面地喝茶。无论多么穷困潦倒，东坡依旧不改生活的法度，取活水烹活茶，每个步骤都不马虎，仿佛他所在的地域，就是繁华的汴京。

或许，这个异乡的游吟客，已深谙"忘我"之高妙，既忘了姓名、志业、故园，又忘却困苦与艰难，有雨观雨，有风听风，他是"浑然与万物同体"，只跌宕自喜于这一颗心。如此，所遇的风土与人物皆是"初相见"——行于所当行，止于所当止。东坡就是这样解放了自己。而与自身存在感的消除息息相关的，恰恰是精神的宽广与自由，是蓬勃兴起的诗意感受，是"秉烛夜游"的孜孜不倦。最终，自异乡归来的东坡，便成了一个脱去蝉蜕的新人，日日新，又日新。

二、在下东坡，一个老饕

在每一个被放逐的异乡，无论黄州、惠州，还是儋州，东坡都像是一条鱼，欣欣然与世界相与嬉游。当然，最能令这个游嬉者流连的还是"吃"，他一面要见识万物，一面要大快朵颐，做快乐的老饕。

在极富烟火味的《老饕赋》中，东坡这样戏谑自己："盖聚物之夭美，以养吾之老饕。"意思是说，天下的美食都要拿来供养他这个老饕。这是东坡的自嘲，不过他本性确实是个老饕。来黄州后，东坡正式解锁老饕技能，下江河奠鱼虾，去西山做酥饼，至于城郊的野菜、菜场的猪肉，自然一个都不放过，还写诗称：自笑平生为口忙，老来事业转荒唐。(《初到黄州》)

更妙的是，老饕东坡绝无君子远庖厨的"陋习"，他既会吃，更兼艺高人胆大，敢于发掘和研究技法，懂原理，甚至举一反三，探索烹饪方式的变化、作用、优缺点等，并将实践心得写成食谱，编入文集。从料理江鲜的《煮鱼法》，到调制菜羹的《东坡羹颂》，后人皆可取来实践。

最有名的食谱，还要属记载了"东坡肉"的《猪肉颂》，颂云：

"净洗铛，少著水，柴头罨烟焰不起。待它自熟莫催它，火候足时它自美。"说得如此郑重其事，真要细究起来，这东坡肉不过是白水煮猪肉，但东坡吃得津津有味："早晨起来打两碗，饱得自家君莫管。"

老饕东坡实在太爱吃肉了，以至于在描摹花朵时，都喜欢用"肉"字。比如，写定惠院的海棠花："朱唇得酒晕生脸，翠袖卷纱红映肉。"要不是前面有"不待金盘荐华屋"，与后边的"林深雾暗晓光迟，日暖风轻春睡足"压制着，这一句就显得俗艳了。东坡词里，用"肉"来形容花的还不少，比如："离亭花映肉，醉眼鹭窥莲""便丐春工，染得桃红似肉红""坐上人如玉，花映花奴肉"，最后一句，虽然是效仿杜诗的"红颜白面花映肉"，但一再地使用，就恐怕只会是东坡肉的发明者才会做的事了。

就像对世人是大爱一样，东坡对食物亦博爱，普通的园蔬如蔓菁、芦菔、苦荠等，到他这里，无一不是"净美而甘分"，"与五鼎其齐珍"。他还亲自改良烹饪方法，别出心裁，像"东坡羹""东坡豆苗""东坡豆腐"等，都是他发明的一系列素食名菜。

另外，做老饕还需要胆量大，否则美味当前，不敢下箸一品，算什么老饕呢？其他人不敢轻易吃河豚，东坡就敢拼死吃河豚。元祐初年，东坡在资善堂与担任经筵的官员聚餐，席间，吕元明问东坡："河豚的味道怎么样？"东坡回答："直那一死。"意思是说，为吃河豚，值得一死。不光是不怕死，东坡还让河豚入了诗："蒌蒿满地芦芽短，正是河豚欲上时。"

可知，真正的老饕绝不能只耽于口腹之欲，这就太"形而下"了，老饕的真谛不单在"食"，更在于这个人，既是吃，就要吃出点人生的味道来，而东坡果真吃出了人生的百味，他说："人间有味是清欢。"

流放到惠州后，东坡暂抛开生活的艰苦不谈，先为荔枝唱首赞歌。因为是第一次吃鲜荔枝，东坡欢欣不已，写下《四月十一日初食荔枝》："人间何者非梦幻，南来万里真良图。"他全然不顾自己还犯着痔疮，势要"日啖荔枝三百颗"，这派头真如梁实秋所说的："'饮食之人'无论到了什么地方，总是不能忘情口腹之欲。"

可正是在惠州，与东坡患难与共的王朝云，香消玉殒，这个时候，穷、病、惧三座大山，几乎压垮了东坡。但这一次，他比想象中更有力，不仅没有被摧毁、被吞噬，还在废墟上一点点地重建了自我。在异常艰难的处境中，美食和诗词，这两样很平常的东西，化作最有用的力量，鼓舞着这颗不屈的灵魂，漫漫长夜，步履不停。

由于薪俸微薄，几乎买不起肉，东坡便用最廉价的食材——羊脊骨，自创一道名菜，取名为"羊蝎子"。这道菜在当时绝对是首创，做法倒也不难：先将脊骨煮熟，趁热捞出，浸在酒中。然后，沥干酒，蘸点盐，上火烤。脊骨肉薄味寡，最适合烤，外焦里嫩。酣畅地吃完羊蝎子，东坡还不忘开玩笑："这道美食唯一不尽如人意的地方，就是我吃完以后，整条街上的狗都会很不开心，这真是罪过啊！"当今人在羊蝎子馆大快朵颐时，或许很难想象，一千年前，拖着病躯的东坡孤独地啃食羊脊骨的悲凉。而等到这一切如水般流过了，就只剩下这一句诗"试问岭南应不好，此心安处是吾乡"而已。

在惠州3年后，东坡远谪到更蛮荒的儋州，这一年，他已经64岁了，疾病缠身，深陷于"食无肉，居无室，病无药，出无友，冬无

炭，夏无寒泉"的困境，真真地穷且困了。但他洒脱依旧，再一次拿出了十二分的老饕精神，研究起海岛的美食来。岛上有取之不尽的生蚝，对这道新奇的食材，东坡研制了两种食用方法：一是把生蚝肉和浆，加上水和酒一起煮；二是取蚝肉烧烤，等肉熟后随口咽下。他煞有介事地在写给儿子的信中说："每戒过子慎勿说，恐北方君子闻之，争欲为东坡所为，求谪海南，分我此美也。"

虽然海南有取之不尽的生蚝，但到底"饮食百物艰难"，营养不足，东坡消瘦了许多，他笑称："老人与过子相对，如两苦行僧耳。"后来，东坡得知同遭贬谪的弟弟人也很瘦，又写诗开玩笑："海康别驾复何为，帽宽带落惊童仆。相看会作两臞仙，还乡定可骑黄鹄。"意思是说，再这么瘦下去，你我兄弟一定会变成清瘦的仙人，来日便可骑鹤飞回故乡。

即便落魄到不能再落魄，东坡依然有非常好的兴致，赵瓯北说他是"风趣涌发，忍俊不禁"。诚如斯言，东坡这个人，就是有一种随时可起用的、幽默的能力，冲着一切可笑之物发笑，甚至冲着苦难和悲愤发笑，如此亮烈，如此坚韧。正因为东坡有这样的做派，他这个人，似乎从不露苦相，哪怕屡次遭遇贬谪，依然有不胜多的喜悦，意兴扬扬，怀抱着不被岁月磨灭的赤诚。在《与侄孙元老书》中，东坡自谓："超然自得，不改其度。"好一句"不改其度"，他真正是光风霁月，又保持着天真淳朴，穿过悲哀、超越苦难，接近于存在的真实。

这就是苏东坡，一个极精神、极健旺之人，看得开，极通透，所以不露苦相。在他这儿，人生再苦，总还有甜；再多忧患，总可豁开。这么看，东坡颇像孔子最爱的颜回："一箪食，一瓢饮，在陋巷，人不堪其忧，回也不改其乐。"但东坡的乐，绝不是"今朝有酒今朝醉"，不是这样一种消极的、暂时性的态度，他很重视当下，他的关注点都在于如何让日常有意义。故而，东坡总带给人和悦，他是有喜气的，有那么几个刹那，甚至使我们觉得，他化作了如来身，全世界都被他喜乐的光辉所照亮，朴素、明朗、大气、亲切，一如暮春三月，莺飞草长。

因此，人们亲切地称东坡为"坡仙"，而东坡下笔的确少有尘俗气，比如他写："云散月明谁点缀？天容海色本澄清。"还有："明月如霜，好风如水，清景无限。曲港跳鱼，圆荷泻露，寂寞无人见。"无一不是语意高妙，又兼有逸怀与浩气。不过，东坡的仙，不同于谪仙人的仙，两人的区别正如叶嘉莹的概括：李白是"仙而人者"，东坡是"人而仙者"。

意思是说，李白是从天上贬降到人间的仙人，他本来是属于天上，而不是人间的。仙人当然不甘心落下来，所以李白的一生，包括他的诗，所表现的都是在人世罗网中的一种腾跃的挣扎。东坡呢，他本来是一个人，却带有几分"仙气"，故他能凭借"仙气"来解脱人生的痛苦。即便一次次坠入比李白惨得多的境地，东坡仍然有超脱、有飞扬，照旧"起舞弄清影，何似在人间"。

而东坡的仙，以及超脱，又主要得益于他的用世之意与生活态度，他这个人是既能入乎其内，又能出乎其外的。入乎其内，出乎其外，这句话来自王国维的《人间词话》："诗人对宇宙人生，须入乎其内，又须出乎其外。入乎其内，故能写之。出乎其外，故能观之。入

乎其内，故有生气。出乎其外，故有高致。"入乎其内，是指能够打开自己，沉浸到生活中，感同身受，如此方有蓬勃生气；出乎其外，则是从生活中跳出来，以旁观者的身份做观照，适当抽离，如此才有轻盈高致。

具体到东坡这里，入乎其内，首先是入世的态度。一个人往前进，固然要一份大气力，这样才能突破藩篱；往后退，同样需要勇气，陶渊明不是人人做得的。然而，可进可退，更需要大智慧，东坡就属于这个可进可退的群体。我们看他，从中央到地方，从地方回中央，一会儿进，一会儿退，着实是苦差事，他自己都慨叹：长恨此身非我有，何时忘却营营？但不管多困顿、多劳累，东坡都没有做渊明，用世的志意始终在，他有一种强大的韧性。

入乎其内，其次是生活的态度。在生活中，东坡是沉浸式的，他的每一种身份，都代表他兴兴头头生活的一个面，且每一个身份的东坡都做得非常好，哪怕只是做一个老饕。正因为有沉实的生活打底，东坡极少有"悬浮感"，他享受每一个当下的开悟，每一次的可一不可再，这才是一种真正的达观与超脱。

当然，仅仅只有入乎其内，那作品顶多是沉实、有活力，却没法有清旷的高致，这就是东坡厉害的地方：在入乎其内的同时，又能出乎其外。所谓出乎其外，指的是诗人的寂寞心与疏离感，对人世有疏离、处困境有超脱，反观之、珍重之，因此他流露的慨叹之高远，与逸怀之浩气，远远超越了一己之伤悲，恍惚有仙气。

确切地说，沉浸与疏离，入与出，在东坡这儿是一体的。他是以一种旁观者的目光看中心，一方面专注地沉浸于日常生活，另一方面，在精神上是从上往下看万物，冷静的、抽离的、鸟瞰的，在一个更开阔的视野里。这有点类似于沈从文的"天"的目光——从俯瞰的角度，来觉察人世的悲欢，而且"常常为人生远景而凝眸"。

而这种"天"的眼光进入到诗词中，就要求作者"远，远，远"，将镜头拉得足够远，远到细节一个个消失，将人世氤氲成一个大远景。东坡的词，确常有这样的俯瞰，最典型者，"大江东去，浪淘尽，千古风流人物"，大气磅礴，既飘逸，又豪放；再有，"有情风万里卷潮来，无情送潮归"，悲慨中有超脱，有高致。此正如纳博科夫所说的："世界退到了远处，停在了远处某个地方，像画中画一样悬在远处。"就仿佛从凡尘的低回中，东坡抽身而起，突变至一个广袤的时空中，他就此来了一次华丽的转身：东坡转而成为坡仙，与天地间所有发光的灵魂同在。

可是他站得这样高，难免有"高处不胜寒"的孤独，这就是天才的孤独：在许多个独行的黑夜里，在许多个苍茫的暮色中，或是在天涯海角的孤绝中，东坡的内心汹涌而至的，或许全都是浩浩荡荡的悲慨——犹如一位高士，登高而望，渺沧海之一粟，念天地之悠悠，他的前方正是津渡，水气凌空，烟波浩渺，正欲携你我前往未知的、永恒的世界——小舟从此逝，江海寄余生。

三、随时间而来的真理

在黄州这片土地上，东坡是一个漫游者，他观察和感知周边的人与物，受其吸引，投身其中。但是作为诗人，东坡又在精神上遗世独

立，有一颗寂寞心，时常要忍受"高处不胜寒"的孤独。那么，诗人要如何排遣这种孤独呢？去赤壁游览是最重要的方式之一。

在黄州的四年零两个月（自元丰三年二月，至元丰七年四月初），去过赤壁多少次，可能东坡自己都记不清了。诗文中明确记述的赤壁游，至少有五次，第一次是元丰三年八月，是和苏迈划船去的。其后两次，分别是元丰五年的七月和十月，与朋友同游。在这之后，还有两次夜游，结束后，就有了前后《赤壁赋》，著名的词《念奴娇·赤壁怀古》也作于这期间。

公元1082年，东坡面对滔滔江水，怀古伤今，感慨万千，念出了这首千古绝唱：

念奴娇·赤壁怀古

大江东去，浪淘尽，千古风流人物。故垒西边，人道是，三国周郎赤壁。乱石穿空，惊涛拍岸，卷起千堆雪。江山如画，一时多少豪杰。

遥想公瑾当年，小乔初嫁了，雄姿英发。羽扇纶巾，谈笑间，樯橹灰飞烟灭。故国神游，多情应笑我，早生华发。人生如梦，一樽还酹江月。

清代词论家徐釚说东坡词："自有横槊气概，固是英雄本色"，而东坡最具英雄气的代表作，就属这篇《赤壁怀古》。不过，东坡的英雄气与稼轩不一样，稼轩是真英雄，是可以上战场驰骋的战士；东坡呢，是罗曼·罗兰笔下"认识生活的真相后，依然爱它"的英雄主义者。

我们深知，真实而具体的生活很容易消磨掉一个人的志气，使乐观者变悲观，使有情人变麻木，这是生活残忍的一面。这种残忍对东坡施加了无数次，朝廷不允许他在仕途有作为，剥夺他、放逐他，任他在漫长的贬谪中损耗时间和生命，这一切，无异于最残酷的刑罚。在这种无望的境地中，东坡和所有普通人一样，会悲愤："蜗角虚名，蝇头微利，算来着甚干忙；"会惶恐："长江衮衮空自流，白发纷纷宁少借；"会格外惊心于时序的暗转："自我来黄州，已过三寒食。年年欲惜春，春去不容惜。今年又苦雨，两月秋萧瑟。卧闻海棠花，泥污燕脂雪。暗中偷负去，夜半真有力。何殊病少年，病起头已白。"（《寒食雨二首》）

但东坡之所以成为东坡，就在于他敢于超越这命运。一旦明白了个体的局限，东坡就能对苦难有超脱，进而能有所为，有所不为，这就是很本质的英雄，毕竟"生活并不是英雄角色，及其类似事情的英雄史诗"（黑塞语）。我们且看东坡这个英雄要如何写英雄。

词的首句：大江东去，浪淘尽，千古风流人物。从滚滚东流的长江着笔，随即用"浪淘尽"，将江水与历史人物联系起来，呈现出广阔、悠久的时空背景——既使人看见不尽长江的汹涌澎湃，又使人想见风流人物的英雄气概，完全是一派通古今而观之的气度。接下来，"乱石"三句，以健笔写赤壁：陡峭的山崖，散乱地插满云霄；汹涌的骇浪，猛烈地拍打江岸，卷起千万堆雪浪。读至此处，真令人心胸为之开阔，精神为之振奋。

此情此景，将词人一下子带入了英雄辈出的三国。东坡最向往

的，是以智识破强敌的周公瑾："遥想公瑾当年，小乔初嫁了，雄姿英发。羽扇纶巾，谈笑间，樯橹灰飞烟灭。"可一旦从"故国神游"跌入现实，东坡却不免思绪深沉、顿生感慨，而发出自笑多情、光阴虚掷的叹息。

词至这里，我们以为东坡要继续往下沉，继续发悲慨，但他没有，他轻轻放下了：人生如梦，一樽还酹江月。历史的兴亡盛衰、英雄的胜负成败，都已逐江水而去，又何苦让诸多闲愁萦绕于心，不如放眼大江、举酒赏月，将生命的不如意与万古的江水一道，凝结为人间的一梦——千江有水千江月，万里无云万里天。

这首词，将时间与空间延展得如此广袤，境界之宏大是前所未有的，犹如在原野上奔腾的江河，偶遇坎谷，略做一番流连，随即流往更开阔的远方，词人的感情亦如这奔腾的江河，并没有被折断，因为它本就有阔大的根基。

"一樽还酹江月"，这个结尾，虽有无奈，更是洒脱，东坡没有抱怨人生的多变，而是试图超越变化，他意识到变化即不变的永恒："将自其变者而观之，则天地曾不能以一瞬；自其不变者而观之，则物与我皆无尽也。"但这个思辨的过程，没办法用简短的词来呈现，于是，东坡换了一种文体，用前后《赤壁赋》来呈现他对时空的思辨。

具体来说，前《赤壁赋》偏重议论，后《赤壁赋》偏重记事，两篇赋是流动的，最好连起来读。在赋中，东坡保留了思想的"气韵"和"云块"，我们可借此窥探他在主客、对话、行动和顿悟中，以理导情、自我疏解的哲学式的探索。最终，东坡界定了个体与时空的关系。那么，问题来了，他是想重建一个时空吗？

显然不全是的，甚至于赋中的赤壁都不是三国古战场的赤壁，东坡只是借了"赤壁"做桥梁，进入到山水中，将空间打开，而空间一打开，气象顿时不同。这样，东坡想重现的，就不只是赤壁的空间，更多是思想的吉光片羽，这关乎他如何看山水，如何看历史，以及如何看时间和空间。归来后，东坡自问，赤壁之游，乐乎？他没有做回答——此中有真意，欲辨已忘言。

在《念奴娇·赤壁怀古》一词，东坡看待时间的方式还只是线性的，从古到今，把过去与现在相联结。大江流日夜，日复一日，年复一年，将人事流转了，将朝代更替了，万古江河即时间的象征，亦是自然恒久的形貌。面对着永恒流转的时间，渺小的个人要如何从悲慨中走出呢？词的最后，东坡只发出"人生如梦，一樽还酹江月"的叹息，真正的解决之道要到《赤壁赋》中寻找。

《赤壁赋》的篇幅，较之词的体量要大得多，在文中，东坡舍弃了单线的时空观，而采用一种从现时出发的"跳接"，竖向与横向并用：竖向，不但可以"接古"，复可以"借古""思古"，个人之于历史，历史之于自然，其意义皆反照到现在——怀想当年，歌咏"月明星稀，乌鹊南飞"的曹操，攻下一江一陵，顺长江而东进，战船连接千里，旌旗遮蔽天空，他在江边饮酒，横握长矛吟诗，可这位盖世英雄，而今安在哉？

东坡借客人的困惑，将过去的时辰引出来，如同召唤。而一旦弄明白过往不可追，英雄已远遁于苍茫的历史中，便安心将个人的感慨寄托于曲调中——"哀吾生之须臾，羡长江之无穷"。个人与历史，历史与

自然，各自有对比性，然意境实有大小之别，究竟要如何做对照呢？

东坡给出的答案是，以一种相对的情怀来观照历史与自然——"逝者如斯，而未尝往也；盈虚者如彼，而卒莫消长也。"不断流逝的江水，其实没有真正逝去；时圆时缺的月亮，其实无增无减，这是天地不变的一面。与不变的天地、自然相比，人的一生不过是稍纵即逝的、闪烁不定的片刻。在永恒的"不变"与短暂的"存在"的映照下，"现时""此刻"就越发珍贵了，值得珍而重之。

然而，当下的这一刻是由无数个过去的碎片集结而成，将这些碎片堆积在一起，一定会带来混乱、无序，便需把碎片拼凑好，以今日、今时的感受来厘清，方得清明，这就是东坡倡导的"以古照今"——像植物接枝一样，将今古连接在一起，以便和今日相对照、相辉映，哪怕生出一个"混杂物"也没关系，所以他说："盖将自其变者而观之，则天地曾不能以一瞬；自其不变者而观之，则物与我皆无尽也。"

如此，将渺小的个体纳入历史中，确认、映照，乃至审视，就够了吗？还不够。接着，东坡从历史中跳脱出来，将小我融入大自然——"纵化大浪中，不喜亦不惧。"这是陶渊明对生命的态度，同样是东坡的。"纵浪"这个词太生动了，意思是说，万人如海一身藏，此刻就处在广袤的自然中，我们只管投身其中就好，没什么要害怕、要担忧的，顺应它、超越它，便能获得当下妙悟的宽慰。

行文至此，东坡已经将个人的体悟，投射到渺远的时空中，而且超脱于时空之外。这一刻，他获得了顿悟："惟江上之清风，与山间之明月，耳得之而为声，目遇之而成色，取之无禁，用之不竭，是造物者之无尽藏也，而吾与子之所共适。"江上的清风、山间的明月，取用它们无人禁止，享用它们不会竭尽，这就是自然的无尽藏。自此，东坡的思辨，由徘徊往复转入肃穆清净，如天地、如日月之存在。

这就是东坡的顿悟："是身如虚空，万物皆我储。"这顿悟来自扎实的人生，但可超越个体，乃至时空。借用乔伊斯的说法，一次顿悟是一个人物、一种形势或一样物体的"一次突如其来的精神显现"，这显现如"水落石出"，东坡最终悟到了想臻至的境界："浩浩乎如凭虚御风，而不知其所止""返而登舟，放乎中流，听其所止而休焉。"

渺小的个体随时间而流动、漫溢，终汇入历史的洪流，同时又在空间中与大自然融为一体，与天地万物同俯仰、共流连。此境界亦是庄子《列御寇》篇所说的："泛若不系之舟，虚而遨游者也。"虚而遨游，前往时空中更开阔的地带，将个体的悲欣看作是古往今来的人都普遍经历的，如此，就获得了一种达观：仿佛在生命的尽头，存在着一个巨大的、形而上学的归所，可容纳世间的愁苦与喜乐。就此，动荡的身心安定下来，东坡得以放任自己"醉眠芳草"，在一个春夜里。

西江月·照野弥弥浅浪

顷在黄州，春夜行蕲水中，过酒家饮。酒醉，乘月至一溪桥上，解鞍曲肱，醉卧少休。及觉已晓，乱山攒拥，流水锵然，疑非尘世也。书此语桥柱上。

照野弥弥浅浪，横空隐隐层霄。障泥未解玉骢骄，我欲醉眠芳草。

可惜一溪风月，莫教踏碎琼瑶。解鞍欹枕绿杨桥，杜宇一声春晓。

顾随评东坡这首词："虽写小我，而此小我与大自然融成一片，更无半点抵触枝梧，所以音节谐和，更无罅隙"，此正所谓"文心谐和任自然"。我们且看东坡如何写归途所见：照野弥弥浅浪，横空隐隐层霄。一个春夜，诗人在蕲水边骑马而行，过酒家而饮酒，醉后乘着月色离去。月光皎洁，照见清溪在广袤的原野上流过，寥廓的天宇上隐约可见淡淡的云层。

行至一溪桥时，马突然活跃起来，提醒主人：要渡水了。可是，这一溪风月实在太迷人了，如果继续策马前进，岂不踏碎了这珍奇的琼瑶？不可以的。千万不能让马儿踏碎它啊！于是，东坡干脆用马鞍作枕，倚靠着它，醉眠于芳草了。这一觉很香甜，醒来时，东方既白，只见青山萦绕，流水汤汤，有杜鹃在啼叫。

我欲醉眠芳草，这就是东坡的"风流"。这风流，如春夜荡漾着的"风"和"流水"，自由自在，不受束缚：天上的明月、云层，地上的溪流、芳草，乃至玉骢的娇姿、杜鹃的啼声，无不环绕诗人而流动，他是既在事物之中，又超越于事物之外，率性地或醉或醒，"我歌月徘徊，我舞影零乱"，物我相悦——无入不自得，随遇而成趣。

正因有这样的风流与旷达，东坡这一生都不曾被困顿击倒，在行动中、在生活里——"入乎其内，出乎其外"，他的诗词，揭示的正是这个伟大精神在生活中的实践。晚年的东坡，终领悟了随时间而来的真理。

四、后半生是前半生的大爆炸

云门文堰有一节对话：问：如何是佛法大意？答：春来草自青。

东坡的词《定风波·莫听穿林打叶声》，展现的便是这样一种"春来草自青"的意境。

定风波·莫听穿林打叶声

三月七日，沙湖道中遇雨。雨具先去，同行皆狼狈，余独不觉。已而遂晴，故作此词。

莫听穿林打叶声，何妨吟啸且徐行。竹杖芒鞋轻胜马，谁怕？一蓑烟雨任平生。

料峭春风吹酒醒，微冷，山头斜照却相迎。回首向来萧瑟处，归去，也无风雨也无晴。

宋神宗元丰五年（1082年），是东坡到黄州后的第三年。寒食节后，东坡以一种近乎绝望的心情，写下了《寒食帖》。雨下了将近两个月，农田荒芜，生活已近穷途末路。在雨季结束后，东坡写下了这首词，词牌名《定风波》有平定之意，既平定外界的风雨，更平定内心

的风雨。

的确，东坡是有遇雨精神的人。早在嘉祐八年（1063年）二月，在由凤翔通判任赴长安的途中，东坡重游终南山，遇到了一场雨，他的《南歌子·再用前韵》写道："带酒冲山雨，和衣睡晚晴，不知钟鼓报天明。梦里栩然蝴蝶、一身轻。"这个时候，东坡是带酒冲山雨，去对抗，去冲撞：山中下雨，他便冒雨去喝酒；傍晚天气晴好，他便和衣而睡。梦中的他像蝴蝶般畅快，恍然不闻钟鼓是几时响起的。

可见，东坡钟爱的雨从不是烟雨蒙蒙，而是有"穿林打叶声"的大风雨。他钟爱的晴，便是这大雨后的响晴。响晴能令东坡大开怀，所以他说，山头斜照却相迎，渐有喜悦。而沙湖道中的风雨，亦如庙堂上的雨丝风片，等到天放晴了，再回顾途中所经历的风雨，东坡发出慨叹：也无风雨也无晴。他说，我已超然物外，下雨也好，天晴也好，都不能使我再挂怀。他是如何做到的呢？答案是"归去"，这一句，取自陶渊明的"归去来兮"，正对应上文的"一蓑烟雨任平生"。

"也无风雨也无晴"，这一句与王维的"行到水穷处，坐看云起时"，以及陶渊明的"采菊东篱下，悠然见南山"有相似处——王之二句与物无隔，青山自青山，白云自白云，诗人与山林花鸟共悠游，无所滞碍，缱绻往复。而渊明是"采菊东篱下"，南山"见"于前，说的是当下的、全部的存在，身与心在此刻敞开，诗人与南山共同组成一个活泼的意义世界。无论是王维，还是渊明，都做到了随遇而安，自然而然，但东坡仍然有用力处。人们都赞东坡是不可救药的乐天派，但若细究起来，他的乐天是"不得已"的时候居多，于是这豁达不全是豁达了，而是有竭尽全力的地方。虽然他总念叨要"归去"，向往江湖上的斜风细雨，但实则一生都未归去，东坡做不了渊明。

或许，东坡真正要面对的课题，是如何在时空流转中寻得身心的安定，他给出的答案是：何妨吟啸且徐行——在行动中，把自己作为方法。他要趁此良辰美景，驾一叶扁舟，随机波动，任意东西，将有限的生命融化于无限的大自然。

而与王维、陶渊明的"静定"不一样，东坡是"流动"，是"渔歌入浦深"——时刻在事物中、在生活里，有劳作、有感知。按威廉斯的表述，就是："不要观念，除非在事物中。"即便东坡写出了富于思辨的《赤壁赋》，但他这里，清坚绝对的理性世界是不存在的，他始终在改变、在行动。于是我们看见，东坡这一生兴兴头头，画画、喝酒、饮茶、吟诗作赋、游山玩水，乃至于钻研美食、练习瑜伽等，他欢喜无限地过一种悠闲的生活。

同时，在不断地迁徙中，在每一个异乡里，东坡又时时刻刻相忘于人生味，像是鱼之相忘于江湖，终道得那一句：此心安处是吾乡。这一句，对天涯倦客是启示，仿佛在叩问：你的心静不静？定不定？此刻且安于你当下所拥有的。行文至此，我们就能理解，东坡为何在离开黄州前写出了《满庭芳》：

满庭芳·归去来兮

归去来兮，吾归何处？万里家在岷峨。百年强半，来日

苦无多。坐见黄州再闰，儿童尽、楚语吴歌。山中友，鸡豚社酒，相劝老东坡。

云何，当此去，人生底事，来往如梭。待闲看，秋风洛水清波。好在堂前细柳，应念我、莫剪柔柯。仍传语，江南父老，时与晒渔蓑。

元丰七年（1084年），谪居黄州4年多的东坡，接到了量移汝州安置的命令，所谓量移，即从黄州调到离京城较近的汝州，政治处境并无实质改善。这一年，东坡已是48岁，历经20多年的宦海沉浮，西来东去，南迁北徙，他感觉非常累。就在他决定终老黄州时，又面临再一次的迁徙，政治牢骚与思乡之情交汇于心，使他思绪万千，心潮难平。

词的开篇："归去来兮，吾归何处？"当年，陶渊明高唱归去来兮，是归隐之志已实现的欢畅之辞。一心想效仿渊明的东坡，此时仍在"待罪"之中，欲归而归不得，唯留怅恨而已。但东坡并没有耽溺于怅恨中，笔锋一转，关注起黄州的山川人物来：楚语吴歌，锵然在耳，鸡豚社酒，宛然在目。

词的下阕，东坡继续向黄州的百姓说：乡亲们，我不得不去汝州啊！人生无定，来往如梭。接着，"待闲看，秋风洛水清波"，这两句荡开去，诗人想象即将到达之地，着一"闲"字，便一扫之前的哀思，顿然变得明朗起来。最后，东坡借对雪堂的留恋，再一次表达了对邻里父老的眷恋，并嘱咐邻里莫折堂前细柳，恳请父老时时为晒渔蓑，言外之意不言而喻：我东坡还要重返故里的。

即将离开黄州的东坡，已然顿悟：人这一生，是一个不断丧失的过程，没什么是绝对的、永恒的，在这个设定下，依然要兴致勃勃地生活、写作吗？东坡的答案没有变：他决定用一生去写一部失败之书，尽最大可能去感知、去创作、去爱人，行之于途而应于心。（陈嘉映语）

在黄州的4年终化作东坡生命中最不可或缺的一部分，在这里，东坡不仅时刻在吸收、在成长，同时不断在给予、在创作，随着阅历的增加、认知的深入，他的书写和技艺全面铺展开来，在后半生迎来了文艺的大爆炸，终成一位百科全书式的大家。正如韩国诗人高银的《回忆录》所写的：

> 所有达观见鬼吧
>
> 所有解脱见鬼吧
>
> 六十岁后，依然幼稚灿烂
>
> 与三两好友，只留一侧肺叶
>
> 为另一侧的缺失
>
> 不得不日夜朝着另一侧跋涉
>
> 至今铭记后知后觉的晚星殒的格瓦拉
>
> 后半生是前半生的大爆炸

在变动不居的时代里，在不可捉摸的命运中，东坡牢牢地守住了自己，掌控着能令他静定的日常，这使他不至于时常有"悬浮感"，在黄州是如此，之后在惠州、在儋州，更是如此。正是在一次次的贬

谪中，东坡完成了他自己，叶嘉莹说东坡："他是在苦难之中完成了自己的一个人物。"诚如斯言。

这个"完成"，又是韩退之所说的——"足乎己无待于外"，意思是说，世事不会尽如人意，一个人只能向内求，求的是内心的静定，和有把握、有主见，安顿自己，守住自己。在每一个困境中，黄州、惠州、儋州，东坡都做到了，跌宕又扬起，既时刻在吸收、在成长，又不断在输出和给予。可以说，东坡的每一丝苦痛都为了完成，完成一个繁花满枝的丰沛个体。

正所谓：大风雨成就大风流，大悲欢书写大人生。终其一生，东坡都不曾停下书写，他竭尽全力想告诉读者这一生见过的风浪，以及与他周旋不休的世界的多重模样，情不自禁乃至身不由己，他世故到了天真的程度，于是菩萨低眉，想渡一渡世人。

通过他的书写，我们看见，东坡这棵茁壮的大树，旧枝叶团团如盖，新枝条从上引申，过去、现在与将来，相互关联、呼应，重叠于他一个人身上，这使他具有与众不同的时间感，好像"现在是一个瞬间，未来在其中回溯到了过去"（勃朗宁）。如有神迹般，这棵树自成一体，花枝连缀着花枝，树叶覆盖着树叶，时刻在舒展、在生长；最终，这棵树超越了他所处的时代，自由地穿梭、往来于各个时代，像一位不朽的时间旅行专家。在时间的洪流中，流经你，流经我，流经所有敏感的心灵。

东坡这一生，经历过很多，领悟过很多，同时他又充满探索精神，探索生活和思想的多重维度，化入作品中，就有了迷人的重叠感，无论是新芽，还是旧枝条，都宛如星星般发着光。尼采说，如果你愿意成为一颗星，你亦必须因此丝毫不减地向他们照耀。而东坡这个世间不可有二的丰沛个体，无疑是历史长河中最闪亮的一颗星，这颗星可"开拓万古之心胸"。我们庆幸，我们感激，这世间有如此丰沛的个体，在完成他自己之后，负责理解和慰藉一切曾经、现在或即将发生的，属于人类所共通的脆弱、悲伤和困惑。迷人如东坡，博大如东坡，始终让我们感慨：这世间有东坡，可真好啊！

辛弃疾

将栏杆拍遍

他以整个生命写词，兀自燃烧，悲慨交集。

一、整体起用之人

我们读稼轩词最大的体悟是：他是一个真正持有"文字炼金术"的写作者。稼轩的词，题材广阔，体裁多变，实在令人目不暇接，单就内容而论，部分是"清而丽、婉而妩媚""秾纤绵密"，主要部分则是"悲歌慷慨""奋发激越"——"于翦红刻翠之外"，屹然别立一宗，"有不可一世之概"。稼轩借洞见、天赋、学问、阅历，往返于岔路无数的词之世界，如巫师般将词语唤醒，并赋予词崭新的形式和内容，终氤氲出一方妙界：阳刚与阴柔兼具，豪放与婉约同在。

叶嘉莹在讲解稼轩词时，曾说："真正伟大之作者，则其所写乃不仅为一时才气、性情之偶发，他们乃是以自己生命中之志意与理念，来写作他们的诗篇。而且，是以自己整个一生之生活，来实践他们的诗篇的。"毋庸置疑，用生命来写词、用生活来实践词的稼轩，是和屈原、陶渊明、杜甫一样的第一流之最伟大的作者。甚至可以说，稼轩的每首词，都是他这个人，是他"性情襟抱中志意与理念的本体呈现"。或者说，稼轩词就是他的自叙传，借助于词这个形式，稼轩真诚地书写自己和生活，书写他所历的人与事，以及人生每一个阶段的困惑与领悟。

如果用禅语来描述稼轩的这一种生命状态，那么，他无疑是一个"整体起用之人",何谓"整体起用"?我们且看云门与弟子的一个问答。僧问:"狮子袭击敌人的时候,无论对手是兔子也好,大象也好,它都要全力以赴的。这种力是什么呢?请您指教。"师答:"至诚的力。"至诚,即所谓的不欺——"把全存在原原本本地推出",这便是禅宗所讲的"整体起用":去掉一切伪装,一点都不浪费。

稼轩这一头至诚的"狮子",他人生的每一刻不都在"整体起用"吗?发至诚的力,雄浑有劲,元气淋漓。虽然时时有悲慨、会愤怒,但绝不以现实的挫败来作逃避的盾牌,而是永远"不退"、永远"不住",就从此时、此地、此身的局限中,寻找向上的罅隙,终其一生,往不容易处走,扬起又跌宕,跌宕又扬起,起起落落,绝不屈服,这不是普通人能想象的人生,而想要理解这头至诚的"狮子"绝非易事,故我们有必要回到稼轩的生活现场。

据史料记载,稼轩"肤硕体胖,目光有棱,红颊青眼,壮健如虎"。看这描述,活生生一个虎背熊腰、目光如电的战士。而稼轩的确在23岁,就创下一场有勇有谋的奇袭。1162年,他率领一支仅50多人的骑兵,深入到有10万之众的敌营,生擒叛徒。随后千里骑行,押解叛徒至临安,交给南宋朝廷处决,并率万人南下归宋,好一个辛稼轩!"壮岁旌旗拥万夫,锦襜突骑渡江初。"这两句即这位英雄传奇的记录,在别人,是英雄幻想,在稼轩,是亲身经历。

稼轩这一极富传奇色彩的壮举,轰动朝野,"壮声英概,懦士为之兴起,圣天子一见三叹息"(洪迈,《稼轩记》)。稼轩名重一时,时人尊他为"辛侯",而这时的辛侯才23岁,年轻气盛,欲以金戈铁马,快意平生。然而时势造英雄,却不能成全英雄,从率众投归南

宋，到被罢免闲居上饶，这20年间，稼轩辗转于江淮两湖一带任地方官，每一个地方匆匆来又匆匆去，任何职位都不长久，最高官职仅为从四品龙图阁待制。这位胆识超群的英雄，他一生的好时光，正好与宋廷40多年的主和派当权、无心抗金的岁月相重叠，这就是他的命、他的运。

尽管如此，稼轩每到一个地方，无论是应兴之利，还是应革之弊，无不尽心力而为之，是真正干实事的人，哪怕在任只短短几个月，一旦上任，他就立即着手解决问题。比如，在滁州治理荒政时，半年时间即见成效；在江西督捕茶商军，迅速讨平茶民暴动。再有，1180年，稼轩任湖南安抚使，为了弹压少数民族，在这里创建了一支有2500人的飞虎军，该军"雄镇一方，为江上诸军之冠"。虽然稼轩在飞虎军成军一年后即被调走，但飞虎军并没有解散，接任者李椿顶着巨大的压力留下了军队。而后，飞虎军由地方军队转变成半中央军，多次参与和金、蒙古的战争。

这位有勇有谋、有用兵韬略的豪杰之士，是随时随地打算建一番功业的，从归宋后的第四年起，稼轩先后有《美芹十论》《九议》等奏章献于朝廷，这些奏章"持论劲直，不为迎合""英伟磊落，笔势浩荡"，是卓越、独到且实用的治国方略。可惜，南宋朝廷对稼轩的建议书几乎置若罔闻，以"讲和方定，议不行"为借口拒绝采纳。之后，孝宗皇帝由抗金转向求和，主战派力量进一步被削弱，这样一来，稼轩在朝中的处境就越发孤立了。

加之，稼轩的行事与作风果决立断，绝不肯多做无谓的顾虑而致缩手缩脚，这必然会招来一部分官员的忌恨，很多诽言谤语被制作出来，稼轩因此屡遭弹劾，终生未能大展其才，只能在鹧鸪声中，暮江天里，看断流水，望断青山，将栏杆拍遍，终究是无人会，登临意。

1181年，稼轩再次被"虚声诡势"的官员弹劾，说他"用钱如泥沙，杀人如草芥"。很快，稼轩就被朝廷摒弃，任凭他有什么才能，都不再有用武之地。这年冬天，他的带湖新居落成，之后的漫长岁月里，除了短暂出任福建提点刑狱和福建安抚使外，稼轩大部分时间都闲居于上饶的带湖之滨和铅山的瓢泉之旁。

对朝廷投闲置散的处分，稼轩定然是极愤懑和恼怒的。但又能怎样呢？他只能遵循"用之则行，舍之则藏"的古训，不情不愿做个"伏枥之骥"，他不得不如此。所以，稼轩的隐逸绝不像表面看上去的闲适，事实上正相反，他的内心激烈得不得了。这隐逸像一根鞭子，时时逼问他与世界的关系，迫使他在积极入世与被迫隐逸之间来回拉扯。这拉扯无异于一寸一寸地凌迟。

稼轩必须为这难以承受的、庞大的痛苦，找一个疏解的渠道，不然他会就此垮掉的。好在他找到了词这个载体，以词作为"陶写之具"——"或闲中书石，兴来写地"，"苟不得之于嬉笑，则得之于行乐；不得之于行乐，则得之于醉墨淋漓之际"，稼轩都在"大放厥词"，日月星辰、金戈铁马，乃至世间百态、悲慨交集，纷纷然奔入稼轩的笔下，无意不可入，无事不可言。

在词的世界里，稼轩化身为威风凛凛的剑客，凭借一整套词之剑法，大杀四方，所向披靡。正如徐釚《词苑丛谈·卷四》引黄梨庄论辛弃疾云："辛稼轩当弱宋末造，负管乐之才，不能尽展其用，一

腔忠愤无处发泄。观其与陈同父抵掌谈论，是何等人物！故其悲歌慷慨，抑郁无聊之气，一寄之于词。"

自此，词这一小道成为稼轩人生的定风珠——"我写故我在"。只要一提起笔，他便可随时随地遁入文字的桃花源，甭管它外头凶神恶煞在燃烧。稼轩这个世俗意义上的失败者，酣畅地将军事谋略未得施展的悲痛，忧怀国事的哀愁，以及对主和派的愤怒、抗争，全汇成了"横绝六合、扫空万古"的慷慨悲歌。

"天以百凶成就一词人"，时势未能成全英雄，却造就了南宋最出色的词人。他这个人，鲜活地存在于每一首词：青年稼轩意气风发，指点沙场，"少年握槊，气凭陵，酒圣诗豪馀事"；中年稼轩，历经宦海沉浮，屡遭奸人陷害，只能无奈抚剑，弹铗悲歌，"把吴钩看了，栏杆拍遍"；晚年稼轩，化身为手不释杯的村叟，最喜看"小儿无赖，溪头卧剥莲蓬"；到人生的末尾，早已是"不知筋力衰多少，但觉新来懒上楼"的衰翁，但稼轩仍然不甘心，还要问："廉颇老矣，尚能饭否？"所以我们才说，稼轩这个人，就活在他的每一首词中：元气淋漓障犹湿。

我们甚至可以说，稼轩的词不是写出来的，不只是写出他要说的而已，更是在他的自我——那一个无时无刻不在被拷问、被捶打、被棒喝的自我中截取一块，大叩大鸣，掷地有声。他借助词，诚实地书写一己的挣扎、困惑、孤独、悲伤，书写他所见的各种人和事，坦诚他在每一种境遇中的所思、所想、所感。换句话说，词为稼轩的书写提供了形式，反过来，他又用自己的探索，重新定义了词的新形式。这一种新形式是稼轩独有的，其他人写不来，其具体表现为：稼轩的一整本词集，就是他的自叙传，他的每一首词都是他这个人——自然的、完整的人。

二、稼轩是刺猬，东坡是狐狸

稼轩一生专力写词，词是他唯一的洞窟。稼轩与百科全书式的东坡，两个人呈现的面孔迥异：一个是刺猬型，一个是狐狸型。刺猬与狐狸，这个有意思的说法源自哲学家以赛亚·柏林，他对杰出人士的心智类型有一个著名的妙喻：狐狸型和刺猬型。这个比喻源自古希腊诗人的一句残诗："狐狸知道很多的事，但刺猬只知道一件大事。"

简单来说，狐狸型作家博学多才，是百科全书型，他们不追求严密的体系，百花齐放，参差多态，同时体察世事之复杂、多元，而不强求圆融统一之理，恰如狐狸遇事之灵活轻巧，机智多变。很显然，东坡是狐狸型"大家"，无论是其作品，还是人格，都具有狐狸的多重面貌，甚至可以说，他是一只修炼成老精的"文狐"，向世人展示了文人最丰富的多元性。

刺猬型作家则专攻一学，绵厚精深，他们力图找出绝对的真理，并将之贯透于万物之理，恰如刺猬凡事均用一招以应之：竖起它那浑身的刺。无疑，稼轩是刺猬型作家的典范，他专攻词，舍弃其他文体，固守一道。而且，他的理想终生不变，虽千万人吾往矣。这个偏执到纯粹的人，只看得到自己关心的问题，甚至将其他问题都纳入他思考的这个中心里。故稼轩这一生锋芒毕露，不圆融，不妥协，像

一把锋利的、时刻等待着出鞘的剑——男儿到死心如铁，他让我们看见：纯粹可以生猛。

这一种生猛的纯粹，同样被用到了词的写作中。邓广铭先生在《略论辛稼轩及其词》一文说："就辛稼轩所写作的这些歌词的形式和内容来说，其题材之广阔，体裁之多样，用以抒情，用以咏物，用以铺陈事实或讲说道理，有的'委婉清丽'，有的'秾纤绵密'，有的'奋发激越'，有的'悲歌慷慨'，其丰富多彩也是两宋其他词人的作品所不能比拟的。"无疑，在写词这一块，稼轩的成就在东坡之上，此正如顾随的评价：东坡至高处，稼轩仿佛能及；但稼轩至高处，无人能及。

当然，狐狸型和刺猬型并无高下之分，各美其美。东坡这个绝顶聪明之人，几乎是中国历史上排名第一的文狐，不可无一，不可有二。这只狐狸兴兴头头，"处处用功，而又无所计较"，且常常处于一种左顾右盼的状态中，是扩散式的、多元化的，博采众长，在多个领域都闪闪发光，集许多"家"于一身，是真正的"杂家"。更气人的是，东坡的每项技艺几乎都是顶尖的，很轻松就养成了。他就像博尔赫斯说的某位奇特诗人："他的娴熟技艺使他藐视文学，把它看成过于简单的游戏。"反过来，多样的技艺又化作东坡的"洞窟"，支持他、滋养他、拯救他，这个洞窟被关上了，他便遁入另一个洞窟，虽时时有险阻，但不至于山穷水尽，而是柳暗花明又一村。

不过，过于分散亦有缺陷。东坡因为天资太高，学问太富，下笔自然随心所欲，不屑于对细节做推敲，不耐烦做修改，讲究的是"文理自然，姿态横生"，追求的是"行于所当行，止于不可不止"。

可是，随意为文也会导致粗疏之弊、大醇小疵，易滑入一种"喜新厌旧"与"东摸西碰"的状态中，前人周济批评得好："东坡每事俱不十分用力，古文、书、画皆尔，词亦尔。"纪昀也说："然东坡以雄视百代之才，而往往伤率、伤漫、伤放、伤露者，正坐不肯为郊、岛，少一番苦吟工夫耳。"

我们不妨试着发问，若东坡这一生只做最核心的那件事，他会达到怎样的高度？当他避无可避之时，会退守到哪一个洞窟呢？而这只成了精的"文狐"，会羡慕和敬佩刺猬们吗？此正如唐诺在《尽头》一文的追问："我们可不可以纯粹好奇地进一步想象，这么厉害一个人，如果他孤注一掷，如果他不怕失眠，不在乎样子狼狈，不惜拆毁自己'生命的房子'，以此砖石来打造某一物，不惧忧患绝望，缠住人十年二十年不放，他会冲出什么来？会冲到哪里？"

而这些问题的答案，在稼轩这只刺猬身上或可获得解答。稼轩和东坡，恍若"照花前后镜，花面交相映"：东坡是一个未完成的、无终点的"时间旅行者"，这只博学的狐狸自由地出入于不同的门类中，顾盼生辉。稼轩呢，看起来是东坡的反面，偏执而纯粹，独树一帜。对他来说，任何与信念无关的东西都没有意义，无论当下的处境多复杂，刺猬都会把所有的进退维谷，压缩为一条最基本的原则，而稼轩终生持有的、不动摇的中心，即恢复中原的大业。这个信念看起来很简单，却具有穿透性的力量，有什么比简单更深刻呢？刺猬直达本质，所以忽略其他。

于是我们看到，东坡和稼轩的创作，呈现出两副迥异的面孔：东坡是站在高处俯瞰人世，并超脱于困境——小舟从此逝，江海寄余

生。稼轩则是有热眼、有热心，巨细靡遗又纵横捭阖，像极了一个徒手划船的人，从他奋力击打出的浪花中，我们看到"青山多妩媚"，以及"斜阳正在，烟柳断肠处"，渺远的人、舟以及青山流水，渐渐弥漫成了远景，至于那拼命划船的人，却只能是"怅平生、交游零落，只今馀几"。

故而稼轩这一生，没有一个可超脱的路径或"别处"，极少有轻盈的时刻。对他而言，拯救与超脱实则是一体的，在两者紧密相拥又猛烈抛掷的撕扯中，稼轩一生深陷痛苦，如他自己所写：把吴钩看了，栏杆拍遍。即便如此，依旧是"无人会，登临意"，这就是稼轩的无奈，是永恒的惆怅和悲哀。然而，刺猬稼轩的诚挚又在于此，他并不逃避这无奈，或求一个超脱，而是诚实地面对自己的悲慨与愤怒，很少迟暮哀感，很少沧桑兴叹。同时，他能够以猛烈的势头调整自身、面对挫折，并积极推进自己的实践。哪怕到了晚年，稼轩的词风依旧锋利，既不是什么圆融、顿悟、透彻之类的，更不按年岁来定义，而是一种姿态、一种样貌、一种存在方式，甚或是一种气质——"不与时人弹同调"。

这个想要当英雄而不成，不得已才来写词的人，无惧于自己承担的限制，穷毕生之力与限制搏斗："路漫漫其修远兮，吾将上下而求索。"直到迟暮，稼轩依旧有骨力，是无可救药的理想主义者。然而，自古英雄如美人，不许人间见白头，再无人来问呀，"廉颇老矣，尚能饭否？"

三、一半武器，一半珊瑚

水龙吟·登建康赏心亭

楚天千里清秋，水随天去秋无际。遥岑远目，献愁供恨，玉簪螺髻。落日楼头，断鸿声里，江南游子。把吴钩看了，栏杆拍遍，无人会，登临意。

休说鲈鱼堪脍。尽西风、季鹰归未？求田问舍，怕应羞见，刘郎才气。可惜流年，忧愁风雨，树犹如此！倩何人唤取，红巾翠袖，揾英雄泪！

稼轩写词极爱用典，他的很多词都像是为读者打造的一座冰山：浮现于表面的部分，是冰山露出海面的一小角，完整的冰山则是隐而不见的海面下的大部分，这部分是需要读者用心去体悟的。当然，稼轩用典并非机械地套用典故，而是将典故化入词中，如盐溶化于水，同时，还必定有他融会贯通与体悟。比如这首《水龙吟·登建康赏心亭》，词中的典故已化成稼轩自己的东西，是属于辛弃疾的一部分。

更妙的是，这些典故一被稼轩化用，反过来又成了新奇的经验，这就是高手的写法。在动笔前，稼轩面临这些考验：要如何精准地捕捉典故而不迷失其中？在捕捉到之后，如何与不相干的内容相融合？让哪些内容呈现于海面之上，哪些又沉没于海面之下？这些都非常考验词人的掌控力。毫无疑问，稼轩具备这强大的掌控力，他总能让典故落在合适的位置，引用吴清源的话，可这样来表述："当棋子下在

正确的位置时，每一颗看起来都闪闪发光。"所以，我们读稼轩的词，乍看仿佛恣意而为，实则各部分之间有隐然相系、并与主体相呼应的脉络。

而且，稼轩写词不像其他词人，仅仅将写词看作余技，书写的多是一时、一地、一己的体悟，抑或是的某一种稍纵即逝的情绪。稼轩的书写不是这样的，他是以整个的生命在写词，所以他的词常常充满了"兀自燃烧的句子"，就如他这个人本身——兀自燃烧，悲慨交集。

而在这些"兀自燃烧的句子"背后，实则是稼轩落空了的理想。有人统计，稼轩的629首词中，"功名"一词出现过34次，而与其意义相近的如"功业""勋业""声名"，以及"金印""封侯"等词，则多达120余次，占词集的五分之一，这个比例是很惊人的。我们且看他写：

> 算平戎万里，功名本是，真儒事、君知否？
>
> 挥羽扇，整纶巾，少年鞍马尘。
>
> 东北看惊诸葛表，西南更草相如檄。把功名、收拾付君侯，如椽笔。
>
> 八百里分麾下炙，五十弦翻塞外声，沙场秋点兵。
>
> 功业后来看。似江左、风流谢安。
>
> 想剑指三秦，君王得意，一战东归。
>
> 了却君王天下事，赢得生前身后名。
>
> 功名事，身未老，几时休？

　　顾随说稼轩是个"军汉"，是个"眼界极高，心肠极热之山东老兵"，但他不单是老兵，还是谋略家、军事家，既有将帅之才，又有治国之能，他真的能出将入相。故对稼轩来说，建功立业是终生的信仰，而这个信仰并不为一己之私利，是要统一南北，消除分裂。换句话说，这信仰是稼轩实现个体价值的途径，其内在是最本质的英雄主义，但很无奈，英雄无用武之地，既如此，该怎么办？是继续进，还是往后退？稼轩的处境非常艰难，一方面是想进而不能进，另一方面是想退又退不得。

　　其实，稼轩曾有无数次往后退的机会，但没办法，他退不了，哪怕身体闲了下来，内心依旧心怀天下，忧思不尽，就仿佛他存在的每一刻，"无尽的远方，无数的人们，都与他有关"。稼轩将不尽的忧思与悲慨，通通注入词中。

　　假如请稼轩来回答"为什么要写作"这个问题，他的答案或许是：我要抗争，我要呐喊。这句话，与鲁迅说过的"铁屋子"场景很像，他在《呐喊》中写："假如一间铁屋子，是绝无窗户而万难破毁的，里面有许多熟睡的人们，不久都要闷死了，然而是从昏睡入死灭，并不感到就死的悲哀。现在你大嚷起来，惊起了较为清醒的几个人，使这不幸的少数者来受无可挽救的临终的苦楚，你倒以为对得起他们吗？"

　　这里的问题就在于，到底是让熟睡的人们没有知觉，昏睡而死，还是让他们清醒过来，但又逃不掉，绝望而死？稼轩做出的选择和鲁迅是一样的，那就是抗争和呐喊。至于他人能不能接受，又是否乐意接受，不是他要考虑或在意的。鲁迅也说："至于我的喊声是勇猛或

是悲哀，是可憎或是可笑，那倒是无暇顾及的。"

想抗争，要呐喊，这正是稼轩写词的初衷。他这一生忧心忡忡，总有无端的愤怒和悲慨，于是纵身一跃，以笔做剑，将这些化入了写作中——"把诗书马上，笑驱锋镝""笔作剑锋长"，在词坛上开疆拓土。纵使隐居带湖，生活闲适，稼轩也要"不住"，他不爱耽溺于闲适中，总想着往前走，往不容易的地方去。稼轩这个人既做不了陶渊明，又做不了苏东坡，他要较劲，他要呐喊，虽九死其犹未悔。

于是我们看到，晚年的渊明和东坡，都为自己备好了解脱的路径，做到了优雅地后退。稼轩呢，他终生是一头愤怒的狮子，和现实较劲了一辈子，明知理想无法实现，不断破灭，依旧要一次次扬起再跌下。哪怕身边曾一起战斗的人节节败退，找到了各种理由过自己的生活，稼轩还是选择不退，依然要往前走，直面虚无和荒谬。

或许对稼轩来说，无法实现的理想、阻碍重重的现实，是一种特殊的负荷，就像是美杜莎的头。这个说法源自希腊神话，传说，美杜莎是一个蛇发女妖，人们看到她会立刻石化。唯一能斩杀美杜莎的是柏修斯，他没有直视她，通过铮亮铜盾中的倒影，找机会把美杜莎的头砍下了。斩杀美杜莎后，柏修斯没有把美杜莎的头扔掉，而是装到袋子里背着它。在碰到其他怪物要杀却杀不掉的时候，柏修斯就把美杜莎的头亮出来，这样一来，敌人就会变成石头。

原本是致命的东西，可背到柏修斯的身上，却成了独特的武器。后来，柏修斯来到河边，把美杜莎的头用水草垫着朝下放，结果，这些水草一碰触美杜莎的头，就变成了美丽的珊瑚。水中的仙子们于是采来各种水草，放到美杜莎的头下生成珊瑚，她们便用珊瑚装饰自己。

卡尔维诺用这个神话做延伸，把美杜莎的头比喻成现实——现实总是使人老化，变成石头。不过，柏修斯既没有直视"现实"，也没有把"现实"扔掉，而是将它背在身上，即把现实当作武器。接着，卡尔维诺又做了进一步的延伸，他说，每个书写者的个性、来源、背景都不同，就说米兰·昆德拉，他离开布拉格，流亡到了巴黎，可他一生都在和祖国对话。他把文学当作武器，用这个武器来呐喊，做抗争。再说马尔克斯的写作，他是一半一半，武器的成分占一半，珊瑚的成分占一半。至于卡尔维诺本人，他倾向于把武器放下，制造出美丽的珊瑚留给世人看。

每个作家对武器与珊瑚的占比选择是不同的，稼轩呢？他与马尔克斯一样，他的写作，一半是武器，一半是珊瑚。对负面的、衰败的东西，稼轩想大声喊出来，不吐不快，他试图去揭示这个世界应然的一面——这世界不应该是这样的，这样不对，那样才好，他绝不怕鼓动他人，且时刻准备去战斗，无惧于个人承担的极限，他是"始终忠实于自己和自己目标的人"。（黑格尔语）

另一方面，稼轩对正面的、柔软的事物，同样有珍惜、会赏爱，流连而忘返。比如他写："断肠片片飞红，都无人管，倩谁唤、流莺声住？"还有："闲愁最苦。休去倚危栏，斜阳正在，烟柳断肠处。"再有："料得明朝，尊前重见，镜里花难折。也应惊问，近来多少华发。"这些词，是稼轩给读者制造的珊瑚，于豪壮之外，又能沉郁蕴藉，空灵缠绵。夏承焘先生说得好"青兕词坛一老兵，偶能侧媚亦

移情。好风只在朱阑角，自有千门万户声。"此诗真不愧为稼轩的传神写照。

于是乎，稼轩词的参差多态就在于，融合了阳刚与阴柔这两种特质，且各有妥帖的力度与亮度："面对家国之事，是阳刚的豪杰；面对个人生活，是阴柔的名士。"（颜崑阳，《苏辛词·导言》）而这两种特质，看似冲突，实则互补，使稼轩词更接近浑融深美之境界：豪壮之中有凄美之境，闲适之中含郁勃之气，相反相成，交相辉映，此正如缪钺《论辛稼轩词》的评论："稼轩虽雄姿英发，虎视龙骧，而其内心则蕴含一种细美之情感，此其天禀特异之处。盖无细美之情感，则不能深得词体之妙，而无英发之雄姿，则又不能具碧海掣鲸之力量，以开拓词之境域。二者相合，遂成奇迹。"

四、金刚怒目，菩萨低眉

水龙吟·过南剑双溪楼

举头西北浮云，倚天万里须长剑。人言此地，夜深长见，斗牛光焰。我觉山高，潭空水冷，月明星淡。待燃犀下看，凭栏却怕，风雷怒，鱼龙惨。

峡束苍江对起，过危楼，欲飞还敛。元龙老矣！不妨高卧，冰壶凉簟。千古兴亡，百年悲笑，一时登览。问何人又卸，片帆沙岸，系斜阳缆？

这首词是稼轩被罢废11年之后，再一次被启用任福建提点刑狱时写下的。这一年，他53岁了，步入晚年，再无从施展收复中原的抱负了。在经过双溪楼时，稼轩发出了此一番千古兴亡的感慨。

宋代的南剑州，即今天的延平，这里有剑溪和樵川二水，环带左右，双溪楼正当二水交流的险绝处。词一开头，"举头西北浮云，倚天万里须长剑"，真是气势宏大，仿佛是将军自天外飞来，凌云健笔，把"千峰似剑铓"的峥嵘奇峰，写得凛凛逼人。稼轩想要做什么呢？他这条人中之龙要亮剑，想用万里长的宝剑，将西北的浮云扫除，好收复北方的国土。

接下来，"人言此地，夜深长见，斗牛光焰"，用了一个历史故事，南剑双溪楼的楼前有剑潭、剑溪，这里是当年龙泉、太阿两把宝剑落水的地方，传说，在夜间能看到宝剑的光芒，上冲斗牛。宝剑光焰难消，不正代表稼轩难消的壮志吗？可是，宝剑最终没有出现，西北的浮云依旧在，他看到的是什么呢？"我觉山高，潭空水冷，月明星淡。"山高、潭空、水冷、星淡，全都是清寒的意象，寒芒四射，写得真是悲慨交集，读来仿佛能听到稼轩的呐喊：我为什么壮志难酬？

即便潭水如此寒，星辰如此冷，身体被困于重重的阻隔中，仍然不甘心啊，非要下去找一线不可：待燃犀下看。但结果如何呢？"凭栏却怕，风雷怒，鱼龙惨。"他害怕要是真把犀角点燃，贸然进入水中，会引起风雷震怒，鱼龙惨变。

稼轩在这儿虽借了典故来说事，但隐喻的意思很清晰，这其中，分明有互相博弈的两种力量在激荡：一面是稼轩忠义奋发的虎虎生

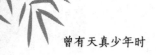

气，一面是朝廷极力压制的迫害摒弃。他的向上，与朝廷的打压；他的主战，与朝廷的主和，这两股相反的力量，激烈地交织于稼轩的内心，激荡起伏，是他难解的生命苦痛。而在这一激荡中写下的词，其情感内核就如同巨石，稼轩写来或只是"无意穿堂风"，读的人早已"孤倨引惊洪"，被撞得眼冒金星烧心灼肺。

我们常说，大作家必须有这一股不得不写、喷薄而出的热焰，这样才能写出好文章，但又必须节制这热焰，不能任其一顿乱烧，否则将自己都燃烧殆尽了，这其中的平衡不易做。但稼轩做到了，他这个人本质是忠义奋发、慷慨激昂之士，内心有非常热的火焰，以及蓬勃的生命力，这由他本人的身世、气概、性情等整体生发出来。而稼轩作为大词人之最了不起和不可及者，又在于他能够控制住心灵的热焰，使热烈的内容与婉约的外衣，和谐地统一于词中，《水龙吟》就是代表之作。

读这首词，我们分明能感受到稼轩蓬勃的冲劲，要创造，要打破，奔腾的是英雄的热血。但很遗憾，这一切都被阻滞了，无奈啊！这无奈，像极了词人眼前的二水汇合，"欲飞还敛"：想要飞起，终于没飞出去；想要跳脱，终归没跳出去。怎么办呢？"不妨高卧，冰壶凉簟。"可稼轩真的能做到吗？做不到的，他心中有那么多的悲慨在翻涌，他必须借助词，去言说生命的痛苦与欢愉，去言说世界的绝望与希望，不能放弃，不愿放弃，所以才会"千古兴亡，百年悲笑，一时登览"。

结尾就更妙了："问何人又卸，片帆沙岸，系斜阳缆？"暂不去管千古的兴亡、个人的悲哀了，且看看眼前的景物，是什么人把船帆又卸下了？在斜阳中，将船缆系在岸边的柱子上。如果说"千古兴亡，百年悲笑，一时登览"，说尽了稼轩的一生，那么，最后这四个字，"系斜阳缆"，就道尽了一个老英雄的无奈。

这无奈不全是悲伤，更像是一种人生的劳倦，是"夕阳无限好，只是近黄昏"——夕阳是日落前最辉煌的时刻，再往后，是迅疾的坠落，那看似会无限的时刻，可霎近黄昏了。任我们多么想挽留，夕阳仍然会坠入黑夜，我们完全明白这一物理现象，但又无奈地感到了惆怅和悲哀。

正是在这个落差中，稼轩的人生自飞扬的一面，坠入了沉静的一面：神采飞扬的是英雄的金刚怒目，安稳沉静的则是词人的菩萨低眉。怒目与低眉，正是稼轩的一体两面。而从怒目到低眉，说到底，其实是稼轩的一种自保。这个热眼热心的人，对时代的种种，无论好的，还是坏的，总想要回应、在回应，时时刻刻如履薄冰，如临深渊。如此，现实的一切都会映照到他眼中，既看见了，就不能假装没看见，那么，是管还是不管，说还是不说呢？

稼轩当然想要管、想要说，但现实是不许管、不许说，到最后，他就只能低眉垂目，将满腔热情空抛掷。这个低眉，非是不能，而是不忍，不敢多看，如他的词写的："闲愁最苦。休去倚危栏，斜阳正在，烟柳断肠处。"但稼轩又足够幸运，在心底保留了柔软的能力，这柔软使他的心像海绵般，一寸寸软下来，摧刚为柔，放下身段，去抚弄人情与万物，像诗人西格里夫·萨松说的："我心有猛虎，却细嗅蔷薇。"正是在这些柔软的时刻里，稼轩开始坦诚脆弱、书写悲喜，从日常中发现美、感知爱，向自然寻慰藉，他因此而活得更丰盈、更多元。

就比如《西江月》这首词，书写得正是稼轩的低眉时刻。

西江月·夜行黄沙道中

明月别枝惊鹊，清风半夜鸣蝉。稻花香里说丰年，听取蛙声一片。

七八个星天外，两三点雨山前。旧时茅店社林边，路转溪桥忽见。

这首词写得真是好，粗枝大叶，别具风流：分明是极静谧的夏夜，但又极热闹，有"惊鹊"，有"鸣蝉"，有"蛙声"，仿佛他整个人都被明月、惊鹊、蝉鸣、蛙声所浸润，喜悦而轻快。不过，这个意境与王维的"月出惊山鸟，时鸣春涧中"不一样。王维抒写的是真正的空寂之美，有一种指向天外的空灵，稼轩书写的则是人间的美，如顾随点评的："今也稼轩于漫漫无际静夜之下，漠漠无垠稻田之中，而曰'听取蛙声一片'，其意旨则在于热闹喧嚣，而不在于清幽寂静也。"

整首词读来虽静谧，但静谧中有热闹，如稼轩这个人，他是哪怕在隐居中，亦怀抱静谧的激情。我们看他一个人在乡下夜行，一会儿看见惊鹊别枝，一会儿听见半夜鸣蝉、蛙声一片，一会儿又闻见稻花香，五感顿开，兴致勃勃。最妙的是这两句："七八个星天外，两三点雨山前。"这两句简直是乱写，粗枝大叶，却又叫人拍案叫绝，真稼轩之本色。"此种意境，此种句法，入之小词，一似太古遗民，深山老农，布袄毡笠，索带芒屩，闯入措大堂上、歌舞场中，举止生硬，格格不入，而真挚之气，古朴之容，有使若辈不敢哂笑者在。"（顾随语）

还有这首《清平乐·村居》，同样是稼轩的低眉时刻。

清平乐·村居

茅檐低小，溪上青青草。醉里吴音相媚好，白发谁家翁媪？

大儿锄豆溪东，中儿正织鸡笼。最喜小儿无赖，溪头卧剥莲蓬。

这首词纯粹用白描的手法，描绘了村居生活的一幕：一对白发翁媪趁着酒意，彼此"媚好"，亲密无间。他们的三个儿子呢，大儿在豆地里锄草，中儿编织鸡笼，小儿卧剥莲蓬。"最喜小儿无赖，溪头卧剥莲蓬。"这一句真乃神来之笔，顽皮小儿不谙世事，卧在溪边剥莲蓬吃，一派天真，令人莞尔。

这首词写得如此平实，而能不落俗、不随俗，自然而然，一清如水，稼轩真是有大根底的人。在这个宁静的小村庄，他暂时地剔除了对时代的愤怒，以及自身遭遇的不平，将诸多不可得、不能说的放下了，于是就有了观察的余裕，从日常中发现了美——落花啼鸟纷纷乱，涧户山窗寂寂闲。

这余裕对稼轩来说，是一种宝贵的滋养，以平和为灵感的氤氲，来涵养、中和他过分的热烈。这一刻，稼轩不再借写词去搏斗，像镜

镆、干将铸剑，一次次地将自己逼入荒芜的境地，而是反过来让写词来滋养自己，他渐渐地舒展开来，看到了"城中桃李愁风雨，春在溪头荠菜花"，看到了"春已归来，看美人头上，袅袅春幡"，看到了"花在杯中，月在杯中"。如此如此，这般这般。

五、不可见的孤独

在带湖隐居14年后，因为庄园失火被毁，稼轩被迫移居瓢泉。此时他已年近60，在与理学家朱熹的交往中，逐渐对内修感兴趣，肯钻研，而且几乎把陶渊明视为最仰慕的对象。在《鹧鸪天·晚岁躬耕不怨贫》一词中，稼轩多处化用渊明的诗句，丝毫不掩饰对他的仰慕，上阕赞其人高尚淳朴，下阕誉其诗真挚淡远，全词如下：

鹧鸪天·晚岁躬耕不怨贫

晚岁躬耕不怨贫，只鸡斗酒聚比邻。都无晋宋之间事，自是羲皇以上人。

千载后，百篇存，更无一字不清真。若教王谢诸郎在，未抵柴桑陌上尘。

据统计，稼轩词中涉及陶渊明的有92首，占总数的七分之一，绝大部分作于退隐期间。他最喜欢渊明的诗《停云》，在瓢泉新居还建造了"停云堂",词中更是直用"停云"的诗意达十多次,《贺新郎》一首最见其心。

贺新郎·甚矣吾衰矣

邑中园亭,仆皆为赋此词。一日,独坐停云,水声山色,竞来相娱。意溪山欲援例者,遂作数语,庶几仿佛渊明思亲友之意云。

甚矣吾衰矣。怅平生、交游零落,只今馀几!白发空垂三千丈,一笑人间万事。问何物、能令公喜?我见青山多妩媚,料青山见我应如是。情与貌,略相似。

一尊搔首东窗里。想渊明《停云》诗就,此时风味。江左沉酣求名者,岂识浊醪妙理。回首叫、云飞风起。不恨古人吾不见,恨古人不见吾狂耳。知我者,二三子。

这首词,约作于宋宁宗庆元四年(1198年)左右,是稼轩为停云堂题写的,仿渊明《停云》思亲友之意而作。读完便知,稼轩对渊明是知其人、解其志、懂其趣,故他说:"陶县令,是吾师。"又说:"老来曾识渊明……应别有,归来意。"这"别有"之"意",一方面是"折腰五斗,不应堪此"的决裂之意,另一方面,则是"欲辨忘言当年意,慨遥遥我去羲农久"的返璞之举。

稼轩期望能像渊明一样获得顿悟。但稼轩的问题显然在词外,他心心念念的仍然是那个糟糕透顶的现实世界。同样是"独坐停云",

两人的心态是迥异的:渊明的停云,是期望寻得唯一的精神伴侣,"安得促席,说彼平生",有一种"有朋自远方来,不亦乐乎"的愉悦,很平和。朋友若不来呢,也没关系,他便东窗独坐,一樽新酒在手,就像与挚友相对。

稼轩不是这样,他常常是思亲友而不得,在这份不得中,有一种不可见的孤独。稼轩的词虽然写得热闹,一会儿想起与陈亮把酒言诗、抵足论政的乐事,"元龙百尺高楼里。把新诗、殷勤问我,停云情味";一会儿怅恨古人不与自己相见,"不恨古人吾不见,恨古人不见吾狂耳";一会儿又抱怨起松树来,"昨夜松边醉倒,问松我醉何如。只疑松动要来扶,以手推松曰去"。诸多意象,纷至沓来。但这些热闹都停留于表面,写词的人分明深陷孤独,他叹息道:"知我者,二三子",或是"怅平生、交游零落,只今馀几""贫贱交情落落,古今吾道悠悠"。环绕在身边的人虽然多,但真正能理解"稼轩心事""话头多合"的友人却几乎没有,于是他只好认青山为友,邀古人来相见。

从这个角度看,稼轩是真寂寞、真孤独。对稼轩的这种孤独,顾随在《倦驼庵稼轩词说》解读得好,他说:"稼轩性情、见解、手段,皆过人一等。苦水如此说,并非要抬高稼轩身价,乃是要指出稼轩悲哀与痛苦的根源。凡过人之人,不独无人可以共事,而且无人可以共语。以此心头寂寞,愈蕴愈深,即成为悲哀与痛苦。发为篇章,或涉愤慨,千万不要认作名士行径、才子习气……稼轩即不然,实实有此性情、见解与手段,实实感此寂寞,且又实实抱此痛苦与悲哀,实实怪不得他也。"此论可谓直探稼轩心源。

进一步说，稼轩的孤独，又源自他本人是"有为而不能者"。这个说法来自朱熹，他曾这样评价渊明："隐者多是带气负性之人为之，陶欲有为而不能者也。"稼轩与渊明一样，同属于朱熹所说的"有为而不能者"。不过，两人对"有为"的认知不一样，渊明的"有为"是主动归隐，躬耕陇亩，几乎不具有行为上的任何指导，更接近于自我对生命的尊重与成全。渊明自证了当"世与我而相违"时，个人所迸发的精神之光，这光芒可以为明烛，照进王维的内心、东坡的内心、稼轩的内心。

但稼轩的归隐是被迫的，他是"刚拙自信，年来不为众人所容"（《淳熙己亥论盗贼札子》）。无论他在词中是怎样的信誓旦旦，说着要"径须从此去，深入白云堆"云云，屡次言及"不如归去"，比如："宦游吾倦矣""倦游欲去江上""意倦须还""富贵非吾事，归与白鸥盟"，等等。一会儿是自嘲，一会儿发牢骚，屡言归隐，但这些其实是反话和气话，他根本做不到。

他这一生不改英雄本色，始终有待时而沽的东山之志，在信州时，既有与陈亮商讨恢复大计的鹅湖之会，又有与朱熹相约的紫溪之会，还有应韩侂胄北伐之召的镇江再起。一次次的举扬，一次次的跌宕。可以说，稼轩更接近于金刚怒目的渊明，表面是"风乎舞雩，咏而归"，内在是诸葛隆中高吟梁甫、渴望用世的拳拳之心，是既自许又许人的英雄气。

而稼轩这个人，又兼具豪杰与名士的质性，阳刚与阴柔，这两种相反的气质："有些时候，却会形成矛盾冲突，在豪杰之气受挫时，名士之情随之滋生；但当名士之情滋生时，豪杰之气却难平息。因

此，进取间常隐然萌生退意；而退隐间却又时起壮志。这种冲突与拉扯是难解的生命痛苦。"（颜崑阳《苏辛词·导言》）而在这种难解的痛苦中，既有孔子式的倔强，"知其不可而为之"，又有屈原式的忠贞，"虽九死其犹未悔"，所以当这一切都被阻隔时，稼轩的孤独就是必然的了。

而渊明的孤独不一样，他向内求，致力于培养内心的充实，他的孤独是世人不知余心，他本人却安静得很，愉悦得很，有时候，渊明甚至在自然中消融了他自己，达到了庄子所说的"虚空"境界。所谓虚空，即物我界限的消融，万物融化为一，这一种空明的心境超脱于物理性的身体，而触及自由与无限，一点觉心，静观万象。

这正是稼轩仰慕渊明的原因，因为他做不到，他始终向外求，心不静定，一会儿恨古人不见吾，一会儿邀青山来聊聊。渊明的孤独，有许多化解在了哲学性的内省中，稼轩呢，他到老都不能忘怀世事，哪怕他努力想表现闲适，可流露出来的依旧是悲愤，是不甘，是欲说还休——"欲说还休，却道天凉好个秋。"而一切的孤独，稼轩都凝在了这首《丑奴儿·书博山道中壁》中。

丑奴儿·书博山道中壁

少年不识愁滋味，爱上层楼。爱上层楼，为赋新词强说愁。

而今识尽愁滋味，欲说还休。欲说还休，却道天凉好个秋。

这首词是稼轩被劾去职，闲居带湖时写下的。词的上阕，是说少年不识愁滋味，却偏爱上高楼，为赋新词说些所谓的"愁情"。词的下阕，是说人到中年，反而不敢上高楼了，怕登临多悲慨。现如今啊，识尽了愁滋味，一个"尽"字，道出了词人家山北望泪沾襟的悲慨。

稼轩这只偏执的刺猬，"敢于直面惨淡的人生，敢于正视淋漓的鲜血"，选择了人迹罕至的那条路，这一路他只有自己，他得自己开天辟地。陶渊明不可学，苏东坡不可学，稼轩失去了所有的参照系，眼前是一个更广阔，但同时更虚无的世界，他须得一个人与虚无对望，与孤独共存。

如此，稼轩能与"二三子"诉说的，仅仅是可具象的或欢愉或悲伤的一桩桩、一件件。至于不可见的孤独，以及抽象的苦痛，比如，"拔剑四顾心茫然"，比如，"独怆然而涕下"，任他怎样呐喊，乃至声嘶力竭，这世间都不肯给他些许回应，不被看见，不被听见，需一寸寸地熬过去。此时能和人言说的，就只有天气了，与友人互道一声，天凉了啊！或是将手中的酒温一温，问一句，再饮一杯否？一醉方休。

这一句"天凉好个秋"，人没有老到一定的年龄，不具备足够的阅历，就理解不到它真正的含义。这里边有一种巨大的留白，像杜甫的诗《江南逢李龟年》，千言万语无从说起，终只道得一句："正是江南好风景，落花时节又逢君。"还能说什么呢？没有了，就看看眼前的落花吧。

但在说天气之前，还有两句："欲说还休，欲说还休。"说明他还是想说的，哪怕只是将悲伤卸下来一点点，又为何"还休"呢？一

是有话未必能说；二是说了未必有人来听；三是或许真的没有话说。不能说，无人听，不想说，剩下的就只有说一说天气。

人与人之间的隔膜，有时会使言语不通，此正如加缪所揭示的："倘若我们当中的哪一位想与人交交心，或谈谈自己的感受，对方无论怎么回应，十有八九都会使他不快，因为他发现与他对话的人在顾左右而言他。他自己表达的，确实是他在日复一日地思虑和苦痛中凝结起来的东西，他想传达给对方的也是长期等待和苦恋煎熬的景象。对方却相反，认为他那些感情都是俗套，他的痛苦俯拾皆是，他的惆怅人皆有之。"于是最终，只剩下这一句："天凉好个秋。"

在一场大病后，稼轩被迫接受了垂垂老矣的事实，他恹恹地写道：不知筋力衰多少，但觉新来懒上楼。这时候，他将才气都收敛了，"有些像一个老实头，既本分，又本色"（顾随语）。到最后，就只有最孤独的一个人，稼轩自是他自己的，无有怨恨，连悲哀都说不上，徒留英雄的无奈与苍凉。

稼轩这一生于世事未能忘情，于朝政处处留心，他坚信自己是负有使命去发出不合时宜的声音的，故他的写作悲慨交集，浩浩荡荡，既直呈自己的困惑、孤独、迷茫，又直面时代的考验、困境和阻碍，更言说世间的绝望与希望、社会的不公与抗争，稼轩主动卸下了让自己安全到老的铠甲，他总在想、在写，相当自信且自觉地用文字对时代做回应。

更珍贵的地方还在于，稼轩极少任情绪恣肆，或玩弄孤独的姿态，他很克制，心智非常强健，或是戛然而止，或是整顿一下，以便下一次从容地叙述其他，他极少做轻佻的描述，这是稼轩对恒久的孤独的尊重，这使他的词永恒地超越了时空的限制。

我们甚至可以说，作为人类最出色的感受者，稼轩写出了我们共有的挣扎、无奈、脆弱，他的存在告诉每一个世俗意义上的失败者：在另一个时代，有人和你一样承受过不幸，在前进与后退之间徘徊，在爱与怕之间辗转，在孤独与虚无之间奔突，而他最终选择书写自由的灵魂与高贵的精神，呈现人之为人的困境。感谢稼轩，无数次给我们以形而上的慰藉，在下一次的漫游中，我们或许可怀抱着这样的期待：

我见稼轩多妩媚，料稼轩见我应如是。

欧阳修

簪花的少年郎

心无挂碍地去领受万物的美意吧，最终，路转堤斜，
直到城头总是花。

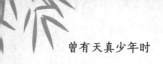
一、酒和木樨花之必要

欧阳修这个人，爱花朵、爱美人、爱文艺，一生低首美与情，为美的事物而吃惊。北宋的士大夫中，或再难挑得出比欧阳修更爱花的，他一生都对花保持着丰沛的热情，"为爱名花抵死狂"。据粗略统计，《欧阳修词笺注》所收录的240首欧词中，有160多首出现了花的意象，次数总计约230次。（程杰《北宋诗文革新研究》）

在这些纷繁的花朵中，欧阳修最钟情牡丹花，自称像蝴蝶一样痴迷牡丹："我时年才二十余，每到花开如蛱蝶。"有一年，欧阳修听闻杜家的牡丹花好，便与友人一路寻访，寻着花后，他不禁"开颜为之饮"，但还不够，还要伴花而眠："少年意气易成欢，醉不还家伴花寝。"（《送张屯田归洛歌》）

1034年，这个地道的"牡丹痴"做了件惊世骇俗的事，他专门为牡丹写了本谱录，这就是现存最早的花卉谱录——《洛阳牡丹记》。在书中，欧阳修俨然是一名园艺专家，热切地与爱花人探讨牡丹的品种、栽培技巧、在地风俗等，诸多细节，不一而足。

《洛阳牡丹记》记载：牡丹花开时节，洛阳城里，上至达官贵人，下至街头走卒，人人都沦为牡丹的痴迷者。欧阳修自然和洛阳人一样，沦陷于牡丹的狂欢中，鬓插牡丹，手擎醇酒，兴高采烈优游于

人群与花丛——"他以洛阳人的骄傲为骄傲。"（艾朗诺语）

欧阳修对洛阳人的牡丹癖全力支持，丝毫不带士大夫的偏见，更不提可能带来的玩物丧志的风险，他与牡丹真正是相看两不厌，只有"洛城花"。然而，这位"洛阳花下客"的生命中，却少有花团锦簇的时刻，而是屡屡被疾病摧残，很年轻就是个"衰翁"了。

欧阳修从小就体弱，终生被多种疾病缠身，苦不堪言。在私人书信中，他多次向亲朋提及自己的疾痛，其中包括长达25年的眼疾。据叶梦得《石林燕语》记载："欧阳文忠近视，常时读书甚艰，惟使人读而听之。"除了眼疾，他还患有臂痛、足疾、腰疾、腹疾、风眩、喘疾、牙痛等病。而他自号"醉翁"时，不过才36岁，便已白发苍苍，有初老的迹象。

皇祐元年（1049年），欧阳修在《与杜正献公七通》其五谓："某年方四十有三，而鬓发皆白，眼目昏暗。"皇祐四年（1052年），《与杜正献公七通》其七，他又提及自己的病："自秋来，忽患腰脚，医者云脾元冷气下攻，遂勉从教诲食肉。"这一年，欧阳修46岁，仕途坦荡，名满天下，个人健康却每况愈下。

到了治平二年（1065年），除了眼疾日益加重，"数步之外，不辨人物"，59岁的欧阳修，又被渴淋疾（糖尿病）所困扰，在《与王龙图益柔》其七，他自陈道："自春首以来，得淋渴疾，癯瘠昏耗，仅不自支。"又在《蔡州再乞致士札子》中透露："自冬春以来，旧苦愈增，上渴下淋，昼夜不止，脚膝细瘦，仅存皮骨，行履拜跪艰难。加以眼目昏暗，视物睛痛，有妨签书看读公家文字。"往后数年，各类疾病发作愈繁，"醉翁"终被消磨成"衰翁"。

在欧阳修50岁前后的书信中，疾病与衰老是重复得最多的内容："某目、足为苦，秋深尤剧。"（《与王龙图九通》其九）"目、足之疾，初未少损，盖累年旧苦，势难顿减，又迫于年齿，愈老而益衰。"（《与薛少卿二十通》一八）"惟所苦渴淋，自春发作，经此暑毒尤甚。盖以累年之疾，势不易平。"（《与颜直讲九通》其八）"旧苦目、足之疾，得秋增甚。"（《与颜直讲九通》其九）

仕途不顺或可凭达观的心态挺过去，身体的疾痛却是绵密的，是每时每刻的煎熬，欧阳修常常觉得意兴阑珊，说什么"世味都无可乐""世情已去""殊亦鲜欢""情惊索然"等丧气话。比如，在《与李留后书》其三，他写："某自过年，如陡添十数岁人，但觉心意衰耗，世味都无可乐。百事勉强而已。"又向挚友梅尧臣抱怨年高体虚的不堪："数日勉强，有事相役。既归，遂倒卧。以出汗颇多。亦利动脏腑，顿觉体虚……吾辈年高，不独他事，至于饮酒亦不能如故时也。"（《与梅圣俞书》其三十五）

由于中年衰病太甚，欧阳修连饮酒都无法尽兴，有时候，"邀同辈二三人，淡坐不饮，殊亦鲜欢。但饮冷过多，又病，真不能追逐少年矣"。熙宁五年（1072年），虽然"令医工脱去病齿，遂免痛苦"，可他依然"未敢放口吃酒，情惊索然，但觉一岁衰如一岁尔"。

在60余年的生命里，欧阳修一直与疾病缠斗，经年累月被灼烧着——"生涯半为病侵陵"。即便如此，他呈现给外界的形象，始终是有补于国事的好官员，修撰经史、读书写作、提携后辈，每一样都做得极出色，度过了丰美的一生。或者说，仕途和学问的多维度成功，恰似那山上的"层层桃李花"："桃李花"是屏障、是保护，将欧阳修与疾痛隔出了一段安全距离，他因此保留了最私人化的负隅顽抗：这一生，都持有看花的心情。

当然，欧阳修的"看花"并不单指看花这个行为，更是他拿来对抗虚无的武器。所以这个看花，确切地说，是"见花""见美"，去见花的人有喜悦，又兼有好天气，好花好天，于是花与人"相见欢"。此番情景，又如金圣叹所言：人看花，人销隐到花里边去；花看人，花销隐到人里边来。

每一回去见花，欧阳修都乐意被花朵击中，无数次在词中抒写花的意象，比如："白雪梨花红粉梳。露华高，垂柳慢舞绿丝绦。"再有："荷花开后西湖好，载酒来时，不用旌旗。"还有："直须看尽洛城花，始共春风容易别。"只因他的心底"湛然如水"，故花心与诗心共荡漾，一波波漾开去，风情旖旎，赏之不尽。而且，欧阳修见花的心情，未必在闲雅中才有，对他来说，见花已内化为一种生活方式：安定时要见花，惶迫中亦如是。见不了牡丹花，荷花可以，梅花、海棠、榴花、芙蓉都可以——"对于那些想要看见花的人，花无处不在。"（马蒂斯语）

1036年，欧阳修被贬为夷陵令，自繁华京城被抛到凄风苦雨之地，内心苦楚自不用说。可即便被贬谪了，寻美、见花也绝不是与生活有冲突的事项。欧阳修在《于役志》一书，记录了许多去见花的时刻："乙丑，与隐甫及高继隆、焦宗庆，小饮水陆院东亭，看雨，始见荷花""甲戌，知州陈亚小饮魏公亭，看荷花"。无论是天气好，还是天气不好，每一回去见花，他的内心都有喜悦。

到了扬州，更要去见花了，且要见得风雅无限。庆历八年

（1048年），欧阳修谪守扬州，政事之余，便与友人流连风月，寄情山水。扬州的风物中，最令他念兹在兹的，要属邵伯湖的荷花。在写给同僚吕公著的一首诗中，欧阳修详细地回顾了当年在扬州看荷花的雅事，诗云：

答通判吕太博

千顷芙蕖盖水平，扬州太守旧多情。

画盆围处花光合，红袖传来酒令行。

舞踏落晖留醉客，歌迟檀板换新声。

如今寂寞西湖上，雨后无人看落英。

欧阳修少有地在诗中做了自注，"画盆"一句下有注云："予尝采莲千朵，插以画盆，围绕坐席。""红袖"句下则谓："又尝命坐客传花，人摘一叶。叶尽处饮，以为酒令。"《避暑录话》的一段记载可与自注对照读："欧阳文忠公在扬州作平山堂……公每暑时，辄凌晨携客往游，遣人走邵伯，取荷花千余朵，以画盆分插百许盆，与客相间。遇酒行，即遣妓取一花传客，以次摘其叶，尽处则饮酒，往往侵夜载月而归。"

当时的情景一定是这样的：仲夏夜，欧阳修与文人墨客雅聚平山堂，饮酒作乐，他差人到邵伯湖，摘荷花千余朵，击鼓传荷，花传到谁手里，谁就要饮酒一杯或赋诗一首，大家往往"侵夜载月而归"，何等潇洒，何等风流。

光见花还不够，欧阳修还要种花。到滁州后，他命幕客谢缜杂植花卉，谢缜打了一份报告，向他请示种哪些花草和品种。欧阳修就在他报告的空白处，以一首诗《谢判官幽谷种花》做了回答，诗云："浅深红白宜相间，先后仍须次第栽。我欲四时携酒去，莫教一日不花开。"

满头白发的词人，乐颠颠坐在花丛中，一边酌酒，一边嚷嚷：我就要花开到永远。这等豪言壮语，像极了在花朵面前撒娇呢。以至于许多年后，再忆起滁州时，欧阳修念念不忘的仍然是当年他与谢缜种下的那些花，以及种花的人和事，他在诗中写道："滁南幽谷抱山斜，我凿清泉自种花。故事已传遗老说，世人今作画图夸。"（《送谢中舍二首》其一）再有："滁南幽谷抱千峰，高下山花远近红。当日辛勤皆手植，而夸开落任春风。"（《忆滁州幽谷》）还有："人去山自绿，春归花更新。空令谷中叟，笑我种花勤。"（《思二亭送光禄谢寺丞归滁阳》其二）

这三首诗，叙述的都是当年在滁州种花的往事，诗中的人物分别是欧阳修、谢缜与遗老、野老、谷中叟，读起来很相近，但叙述的视角不一样。诗人借种花和与之相关的细枝末节，唤醒了模糊又细密的想象，像一次奇妙的打盹，他乐得耽迷于此，一次次变换视角来书写，期待花事永远未了。

这就是欧阳修，终生为美的事物而吃惊，永远有热眼、有热心，有一种彻底的、桀骜的真实。尽管"世界老这样总这样——观音在远远的山上，罂粟在罂粟的田里"，但诗人看到的依旧是："温柔之必要，肯定之必要，一点点酒和木樨花之必要。"（痖弦《如歌的行板》）

于是乎，欧阳修的诗词中，花朵、茶与酒，藏书与琴棋，是必要的。官场的争斗、身体的病痛、亲人的离世，那诸多不愉快、不彻底的时刻，仅需在信中与亲朋倾诉就足矣，而无须呈现于诗词中。此正如艾朗诺总结的："避免沉痛、苦涩诗句的理念，对欧阳修的创作来说有特殊的重要性。"

而这种刻意的距离，无疑是另一种扩大和延展，将诗人与疾病、死亡隔开一段距离，使生命之重负既不至于完全击垮他，又使他保持敏感、敢于脆弱。具体到创作中，欧阳修想抓住的，就是最易消失的美的时刻，在他看来，美从来不该被剔除在诗词之外："正如莎士比亚从来不将美从任何一场戏中剔除，正如培根从来不将美从任何一幅画作中剔除。"（米兰·昆德拉《论弗朗西斯·培根》）

借用笛卡尔的话，写作乃是写作者的存在方式，甚至就是存在本身：无论是赞美或感激，还是鄙夷或反抗，都是作者本人对世界、对存在的回应。而欧阳修的回应是"不和解"，他从来不苦相，终生将看花、赏美当作生活的必要，这"必要"又只是：本该如此，理应如此。故他下笔尽是爱与美，悠悠荡荡，清扬与悲慨同在，终生如洛阳的簪花少年郎，从未消减锐气与浪漫。

二、深情人是幽人

"我的朋友，当你我还年轻的时候，世界已经很老了。"这句话出自英国作家G.K.切斯特顿，时间是在20世纪初。而对于生活在11世纪的欧阳修而言，就必须换一种与切斯特顿相反的说法："我的朋友，当世界还年轻的时候，我已经很老了。"这个爱簪花的少年郎，很年轻就有了一颗老灵魂，他受困于过多、过重的死亡事件。

翻阅欧阳修的生平，我们发现，他一生所经历的死亡事件，前后竟然如此之多：大中祥符三年（1010年），年仅4岁的欧阳修丧父；明道二年（1033年），欧阳修27岁，第一任夫人胥氏去世；28岁，再娶第二任夫人杨氏，第二年，杨氏卒，同年，妹夫去世。就在欧阳修贬夷陵的第二年，养育他的叔父欧阳晔谢世了。

在这些死亡事件中，对欧阳修打击最大的是夫人的早逝。第一任夫人胥氏，与欧阳修生活的时间才两年。明道二年（1033年）正月，欧阳修告别妊娠7个月的胥氏夫人，离开洛阳，前往汴京处理公务，之后，前往随州探望叔父。三月，他回到了洛阳，而分别时犹情深意浓的爱妻，竟已猝然辞世，抛下未满月的儿子。

胥氏夫人离世时才17岁，倏忽间如流星陨落了。夫人的早逝令欧阳修非常痛苦，他为她写下哀怨的挽歌——《述梦赋》，赋云："呜呼！人羡久生，生不可久，死其奈何。死不可复，惟可以哭。"不久后，又写长诗《绿竹堂独饮》，诗云："吾闻庄生善齐物，平日吐论奇牙聱。忧从中来不自遣，强叩瓦缶何嘲嘐。伊人达者尚乃尔，情之所钟况吾曹。"意思是说，旷达洒脱如庄子，在夫人去世后，尚且"忧从中来""强叩瓦缶"，更何况像"我"这样的钟情之辈呢？面对猝然而至的死亡，欧阳修找不到解脱的途径，唯狂饮以遣恨，借酒浇愁——"古来此事无可奈，不如饮此尊中醪。"

而命运这双翻云覆雨手，从不肯轻易放过欧阳修。宝元元年（1038年），他的大儿子因病去世，死时尚不足5岁。之后，从宝元

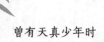

元年至治平元年的27年间，欧阳修一共有过12个孩子，除了4个儿子，其余皆早卒。20余年间，要面对8个孩子的夭亡，欧阳修内心的悲恸可想而知。

非常荒谬，死亡竟成了欧阳修生命中的常客，每一桩死亡事件都真实而具体，活着的这个人须独自熬过去，可无尽的悲伤到底太沉重了，诗人早已不堪重负，他必须向亲朋诉说，好稍稍将重负卸下来一点点。因此，只要孩子们一生病，欧阳修便会在给亲朋的信中，特别提及这类担心，忧心忡忡，忐忑不安。比如，《与刘侍读原父》其十七谓："自春首以来，儿女辈疾病日益忧煎。自顾无补于时，而衰病日增，咎责四至，其何以堪之。"嘉祐八年（1063年），《与吴正献公冲卿》其二云："某自春涉夏，以小儿女多病，不无忧挠。"

但不管内心是如何"忧煎""忧挠"，椎心泣血，欧阳修都无法阻止死亡：生了9个儿子，只有4个存活，而3个女儿都早殇。再加上他自己长期饱受疾痛的折磨，所以要一再地向亲朋倾诉，这宿命般的病痛、死亡与孤独。他的信中高频出现的词汇，都是诸如"心志萧条""少欢意""怏怏""不知为乐""情绪萧索""世事老来益有可厌者矣""殊渺欢意""无可乐""未尝如此寥落""殊乱情惊"等，这一类无聊、无趣的丧气与灰心，言语间有巨大的哀恸，以及深深的无力感。

我们可以想见，欧阳修内心的痛苦一定大到了难以独自承受的地步，他想做的，只能是想办法减轻一点点，于是在信中屡次提及。他的内心当然清楚，人类的悲欢并不相通，从他人那儿能获取的，往往是质疑与漫不经心，而想要的慰藉终不可得。但为了将负担卸下一分，他仍然要做不体面的事，哪怕这努力终将是徒劳。

如此，就能理解为何他36岁就戏称自己为"醉翁"，跟大家说"我老了"，这戏称既是自嘲，更有无奈。而自嘲为"醉翁"的欧阳修，实则是衰翁，他的生命底色是衰病，是死亡，是孤独。既然如此，要认命吗？对未来的期盼，难道只能是没有更糟糕的事发生吗？在参透人生的无意义与虚无之后，我们的诗人将如何寻找意义呢？他在词《玉楼春》中做出了回答。

玉楼春·尊前拟把归期说

尊前拟把归期说，未语春容先惨咽。人生自是有情痴，此恨不关风与月。

离歌且莫翻新阕，一曲能教肠寸结。直须看尽洛城花，始共春风容易别。

"人生自是有情痴，此恨不关风与月。"顾随评这一句说："'恨'是由于'情痴'，与风月无关，即使无风月也一样恨。"这个见解可谓深刻，《世说》有云："圣人忘情，最下不及情；情之所钟，正在我辈。"很多时候，使诗人动情的并不是个人得失，而是对人生或宇宙的领悟，以及由此而来的悲慨。

这里的"情"，与平常说的"爱"不一样，爱是个人的、生活的，幅度太窄，情却广袤得多，归属于入世与万物，包罗万象，泛然无际。情不知所起，一往而深，既可通儒家的仁和恻隐、释家的慈

悲，情至痴处，还可通老子的天地不仁，视万物为刍狗。如此，在面对避无可避的疾痛与死亡时，欧阳修拿来抵抗虚无、创造意义的途径，正是不关风与月的"情"——"此身甘向情中老。"

这个情痴，既富于柔软的敏感，常常在他人无动于衷的地方百感交集，同时对人世、对万物有情，如王伯舆般，大恸而哭："琅琊王伯舆，终当为情死！"而且，欧阳修对"情"的体认是非常自觉的，他深知情之难解，嚷嚷着"离歌且莫翻新阕，一曲能教肠寸结"，《阳关》旧曲，已不堪听，切切不要翻新阕了，毕竟"一曲能教肠寸结"。这样的话，一说出来，人人都觉得是自己的心里话，但唯有欧阳修大方地说出来了，真挚而热烈，难怪王国维说他："于豪放之中有沉着之致，所以尤高。"

既然超脱与安慰都无从谈起，就不如"看尽洛城花"，因为"始共春风容易别"。这两句，词人突然自离情中扬起，急吼吼地喊道：春不长久也罢，急需离别也罢，对当下能把握的，要尽力去争取，哪怕只争取到几天，甚至一天、一时、一刻，也绝不要丧气。洛城的花不但要看，且要看尽，每个园子、每一朵花都要看，让心眼酣饮得饱饱的。然后，就可以了无遗憾地告别这里的春风。

面对"情"所带来的苦恼，欧阳修从未试图从"情"中解脱，以达到"太上忘情"的境界，他想做的，是力图在有局限的生命中，率性而为，去感知，去热爱——"昼短苦夜长，何不秉烛游。"无论世界如何年老，他永远要做她初生的孩子。

欧阳修的这一种风流蕴藉，即叶嘉莹所说的"遣玩的意兴"，这"遣玩"包含了两方面的内容：一方面，他对死亡、疾痛、苦难，能领悟到至深的哀伤；另一方面，他对欢愉的体验、万物的赏爱，同样是深入肺腑的。欧阳修真正是既懂深哀，又知真乐之人，或者说，正因为懂得了深哀，才能体验到真乐，对他来说，快乐是真快乐，哀伤是真哀伤。

之所以能抵达这样的境界，实在是因为欧阳修亲历了太多的死亡。在私人信件中，他坦言自己活得了无生趣，而在公共书写领域，他呈现的永远是风流俊逸的"醉翁"：文章太守，挥毫万字，一饮千钟。表面看，欧阳修好像刻意回避死亡，事实的真相是，他采用了另一种观照时间与死亡的方式——博尔赫斯式的。

博尔赫斯有两种观看时间的方式。一种是，时间从过去穿行过此刻的我们，正向地往死亡流过去，"逝者如斯夫，不舍昼夜"。一种是，时间从终点倒回来，从未来迎面而来，尽头因此清晰可见，时时刻刻提醒我们：还剩多少时间？还能做多少事？

中晚年的欧阳修，观看时间的方式显然是第二种。他深知，可预见的未来有且只有一个尽头，当下迎面而来的时间，便都是生命的恩惠，所以他要兴高采烈地活，对钟爱的人与事全神贯注，像黑塞所说的："耐心地把新叶儿吐，千种苦，万种痛，怎经得我对这浊世情深如故。"深情如水，行气如虹。

身体固然有衰老，死亡更是避无可避，诗人却可以端持旷达与深情，超脱生死，大有一种"站到死中去看生"（史铁生语）的气度。更珍贵的是，欧阳修的超脱极富人间情味，他扎根于具体而真实的生活，对人世心怀大爱，对万物心存爱悦。同时，对逆境有从容辽阔的心境，对现实有圆润流转的看法，既无泛辞，亦不空谈，虽"时时怀

有死的悲切"，却始终"怀着悲伤的眼光，看着不知悲伤的事物"（木心语）。欧阳修词有别于其他词的奥秘就在于此了，它写的是哀伤，或者说消极，但是它唤起了我们对待哀伤的心境之美，这就是汉语原初的诗意之美。

或者说，欧阳修这个人，就像是冰与火的两面，可孤寂，可喧闹，动静相宜，元气淋漓。要外放时，可以近乎痴狂；要内敛时，可以深情幽微，他是情感与细节均深厚的痴情人。痴情人欧阳修，正如韦应物诗所写："空山松子落，幽人应未眠。"想此刻空山中，正有数不清的松子，从树上掉下来，有的落到石头上，有的落在草叶间，有的滑入溪涧中。然而，在空山里，谁听到了"松子落"呢？是幽居的人，他一定还未安眠。深情人就是这幽人，幽人就是欧阳修。

三、人间的嬉游者

景祐三年（1036年），时任馆阁校勘的欧阳修为范仲淹仗义执言，他在《与高司谏书》中，痛斥高若讷"不复知人间有羞耻事"。此举令仁宗皇帝大怒，将欧阳修贬为夷陵县令，这一年，他才30岁，还没来得及施经纶，展抱负。接着，庆历五年（1045年）春，庆历新政因遭受旧派的反对，以失败告终。欧阳修再一次上疏，为遭贬谪的范仲淹、富弼等人辩解。枪打出头鸟，守旧派竭力罗织罪状，欲置欧阳修于死地。不久，欧阳修因外甥女张氏的牵累，被贬滁州。正是在滁州，欧阳修写出了千古名篇《醉翁亭记》。

这一年，欧阳修39岁，他在滁州琅琊山麓与民共饮，以"饮少
辄醉，而年又最高"自号醉翁，写就《醉翁亭记》。或者是因为山林
实在"蔚然而深秀"，又或者因为"溪深而鱼肥""泉香而酒冽"，总
之，醉翁此文，时而山色露布，时而水流潺潺，时而人声喧哗，时而
鸟鸣睨睆，集山光、水色、人情、醉态于一处。可说是写尽了醉意，
写尽了陶然，流淌于文中的情意与喜悦，亮堂堂的，简直晃眼。

这一大群人中，最好玩的是谁呢？醉翁也！苍颜白发，饮少辄
醉。大伙见这个爱喝酒的先生醉卧亭中，就嚷嚷着：这亭子没名字，
不妨就叫"醉翁亭"吧。因为有了这千古名篇，"翼然临于泉上"的
醉翁亭亦盛名千古。

文中的醉翁，天性爱热闹、喜欢聚、恨别离，喜欢"赋诗谈道，
间以谐剧"，经常以各种名义与亲朋聚会唱和，往往"日暮还家，客
已盈室，寝食殆废，习以为常"。公务之余，徜徉山水，寻幽探胜，
临溪而渔，酿泉为酒，仿佛当下就是最好的时光。足见，欧阳修最懂
在"失意中求乐趣"，还很诙谐，如他自己说的："资谈笑，助谐谑。"
这诙谐，正是朱光潜《诗论》所定义的"穆罕默德式的诙谐"，《诗
论》中如是说：

"穆罕默德自夸，能用虔诚祈祷使山移到他面前来，有一大群信
徒围过来，看他显这副本领。他尽管祈祷，山仍是岿然不动。他于是
说：好，山不来就穆罕默德，穆罕默德就走去就山吧。我们也常常
同样地殚精竭思，求世事恰如人意。到世事不尽如人意时，我们说：
好，我就在失意中求乐趣吧。这就是诙谐。诙谐就像穆罕默德走去就
山，它的生存是对于命运开玩笑。"

"在失意中求乐趣",这是一种连老天都要佩服的本领,自己先幽自己的默,哪怕流于滑稽甚或无聊,也没关系,欧阳修的诙谐正是这一种——走去就山,然后在诗词里开一朵花。《丰乐亭小饮》就是这样的一朵花,诗云:

丰乐亭小饮

造化无情不择物,春色亦到深山中。
山桃溪杏少意思,自趁时节开春风。
看花游女不知丑,古妆野态争花红。
人生行乐在勉强,有酒莫负琉璃钟。
主人勿笑花与女,嗟尔自是花前翁。

乍看之下,"看花游女不知丑"好像是对"游女"的嘲笑,最后两句却清楚地表明,与不知丑的游女相比,这位争行乐、趋风雅,不拘常法,醉醺醺在花前纵饮的醉翁,才是真正的"争花红"呢。为什么要"争"呢?因为生命是一天天地消耗,所以他要日日沉浸于花前,兴味淋漓,至于别人乐不乐,他管不了。同样是在滁州,欧阳修还写过组诗《丰乐亭游春》,组诗其二诗云:

丰乐亭游春

春云淡淡日辉辉,草惹行襟絮拂衣。

行到亭西逢太守，篮舆酩酊插花归。

这位老先生坐个小轿子，喝得酩酊大醉，东倒西歪，细看，他的头上竟然插满了花，花花朵朵，摇摇欲坠。在漫天遍地的春光里，醉翁就想做一些出格事。在他这儿，风流是真风流，这风流，就仿佛是荡漾着的风和流水，既是诙谐，又有疏狂，还有一种理直气壮，理直气壮地喜气洋洋，好像在说："你们别看我这把年纪了，但我可不是老和癫呢，是春天实在太美的缘故。"语气中有七分自嘲、三分得意，有"遣玩的意兴"，此种意兴，正源于欧阳修对万物的赏爱，以及对世事恰如人意的期待，他是如此享受"风神曼妙"之意兴，以至于要一次次地告知世人，故而在词《浣溪沙·堤上游人逐画船》中，他又一次意兴扬扬。

浣溪沙·堤上游人逐画船

堤上游人逐画船，拍堤春水四垂天。绿杨楼外出秋千。
白发戴花君莫笑，六幺催拍盏频传。人生何处似尊前。

春水溶溶，游人如织，春光中的人儿得意又欢愉。画船中，与众人酣酒耽乐的醉翁，折了一朵花戴在白发上，自己不觉可笑，也不怕别人笑话，只管频频举杯畅饮，在觥筹交错间乐而忘形。任船外春风吹拂，柳枝径自滴翠，桃花径自夭夭，都不相干，簪花的醉翁唯是一片喜气洋洋。

　　黄苏评此词："第二阕'白发句'写老自成趣，自在众人喧嚣之外。末句写得无限凄怆沉郁，妙在含蓄不尽。""人生何处似尊前"，与《醉翁亭记》的"山水之乐，得之心而寓之酒也"有异曲同工之妙，都是及时行乐之意，而且，这行乐最好是"直须年少"，不然就只能"尊前看取衰翁"了。

　　这就是欧阳修的诙谐：命运从没有饶过他，他亦未曾饶过命运，而奋力从莽莽苍苍的黑夜里，将萤火般的星光，引进来一点点；就是这一点点星光，指引他去做了人间的嬉游者。这个嬉游，还可写作"戏游"，是"君子出处不违道而无愧，则所居皆乐"的生活实践。

　　而无论"戏游"于哪一个维度，欧阳修都时时有照拂，流连而忘返，永不失对爱与美的觉察，正如他的自述："得意于五物也。"这五物，包括藏书、金石遗文、琴、棋与酒，且以一翁"老于此五物之间"，是为六一先生。无疑，《六一居士传》就是这位"嬉游者"的夫子自道。

　　但若细究起来，欧阳修的赏玩之物又岂止这五物？他是万物皆可赏玩的，以至于《六一居士传》都像是对自己的赏玩。当然，这赏玩不功利，而是有超越性，这种超越便是与物无隔——诗人与自然、与万物是无有隔阂的，如此，便可让物慢慢入心来，以达至真正的"格物"。

　　而对由"格物"所带来的喜悦，欧阳修在文中多有描述，作于嘉祐七年（1062年）的《与刘侍读二十七通》其二十六，他说："昨日进奏院送九月十五日所寄书，窃承动履清胜，兼复惠以古器铭文，发书，惊喜失声。群儿曹走问乃翁夜获何物，其喜若斯？"显然，欧阳修对坐拥古碑遗刻这类古物，是没有过多纠结的，他尤其无法抗拒那些半损毁，甚或是碎碑的拓片。

类似于这种因物而发的喜悦，欧阳修的文集中有很多。他津津乐道于这一切，无论对物的哪一个向度，感知力都极强，且丝毫不介怀能否像东坡一样超然物外，他要的是陶然自得，从每一件事物中获取酣畅的体验感。比如，去见花，去看草，他是"天赋与轻狂"，"长是为花忙"；比如，鉴赏和收集金石铭文，他是"吾之乐可胜道哉"；比如，饮酒赋诗、秉烛夜游，他是"把酒祝东风，且共从容"。做这些具体而微的事，对欧阳修而言，是玩物，是戏游，他热爱无用而美好的万物。而且，在热爱这件事本身，或感知万物的状态里，诗人同时会得到一种应和，时常有意想不到的惊喜，于是心灵便得满盈。

但不管如何醉心于收藏，对诸多享乐怀抱嬉游的心态，欧阳修始终拒绝"役于外物"，从不过分沉溺其间。在论及书法时，欧阳修曾对此有清楚的表述，《试笔》"学真草书"一则云："自古无不累心之物，而有为物所乐之心。"而《笔说》"学书静中至乐说"一则谓："有暇即学书，非以求艺之精，直胜劳心于他事尔。以此知不寓心于物者，真所谓至人也；寓于有益者，君子也。"

可知，对于物的观照，欧阳修始终是"与物无隔，素面相见"，这既非"收藏"的物质层面，或"寓意"的文学层面，更多是深情人的爱与痴——对世人心存大爱，对万物心存爱悦。所以他说："足吾所好，玩而老焉可也""秋暑困甚，览之醒然""大热，玩此以忘暑"。

欧阳修很清楚，金石遗文未必有"适世之用"，或都有益，但他还是将遗失名字的无名碑收藏入册了，为何要这么做呢？在他看来，

被磨损的铭文在某种程度上，正因其破损而有不可抗拒的魅力，诗人不忍其"埋没零落"，"尤以为可惜"，故而郑重地收藏这些"无用而美"的古物。到晚年，这份收藏已然非常庞大，欧阳修仍然不满足，还要着手撰写跋尾，这一写就持续到六十几岁，直到老病缠身，不能再写为止。迟暮时，欧阳修已是衰病侵凌，交游零落，"所遇无故物，焉得不速老"，属于他的时代过去了——回首向来萧瑟处，只有不可说，只有不必说。

四、万物赠我浓情蜜意

早在61岁知亳州时，欧阳修就已6次上章请求退隐。按古代的传统，大臣退休的年限是70岁，他才刚过60岁，朝廷自然极力挽留，数加礼待。但欧阳修的归隐之心非常急切，他自觉再无法胜任当下的职位，一再上书请求归老。

熙宁四年（1071年）六月，欧阳修终于得到了宋神宗的恩准，以太子少师、观文殿学士致仕。六月十七日，他接到了朝廷准予致仕的诏命，虽然当时"适值久雨，积水为阻"，可是诗人归心似箭，很快整装待发，"三五日始遂东归"（《与吴正献公冲卿》其五）。七月初，他就回到了颍州。

"久在樊笼里，复得返自然。"在山水清嘉的颍州，欧阳修获得了大自在。晚年的他，已然找到生命的和解之道，他的词亦变成温和的、柳暗花明的，他感叹道："无穷兴味闲中得，强半光阴醉里销。静爱竹时来野寺，独寻春偶过溪桥。犹须五物称居士，不及颜回饮一

瓢。"(《退居述怀寄北京韩侍中二首》其二）

每一天，欧阳修尽情地酣饮西湖的风。这风里，流动着仪静体闲的澄澈——之前不认识的人、新鲜的物，先入眼，再入心，皆成为亲切的、久违的，而昔日的奔袭与困窘，如今纷纷花落风停，词人留驻于西湖，重新发现美、定义词，为周遭万物诚心升温。

有时，欧阳修与友人结伴同游；有时，一个人乘兴独往。"鸣蛙暂听，安问属官而属私；曲水临流，自可一觞而一咏。至欢然而会意，亦傍若于无人。"（《西湖念语》）词人未来时，西湖寂寞无声色，词人来了，西湖便与他一时都明亮起来。此时此刻，词人的心与眼俱化为所见之物，他真实地存在于万物之间，与万物同俯仰、共怡悦。

纪德曾在写给纳塔纳埃尔的信中说："我的爱消耗在许多美妙的事物上，我不断为之燃烧，那些事物才会光彩夺目。我乐此不疲，认为一切热衷都是爱的消耗，一种甜美的消耗。我不喜欢回忆，我认为那样会阻碍未来的到达，并且让过去侵入。我是在完全忘却昨天的前提下，才重新打造每时每刻。"

"我的爱消耗在许多美妙的事物上"，这正是晚年的欧阳修身体力行的风雅之事。他一生低首美与情，孜孜不倦于"发现存在的美，感受已经发现的美，创造有所感受的美"（《美的存在与发现》）。如今终于归隐西湖，自由自在，故他格外珍视当下的锦绣，呼应到诗词中，便不再停留于日常的截取，而是提炼，提炼出超越日常的爱、美与想象力。西湖的万物，则回赠他大块的浓情蜜意，而当内心满溢时就流出来，化作连章鼓子词《采桑子》。"因翻旧阕之辞，写以新声之调，敢阵薄伎，聊佐清欢。"

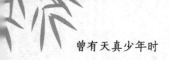

这组词一共13首，其中，连章歌咏西湖景物者10首，每一首均以"西湖好"起句，意兴飞扬，才气淋漓，是周作人定义的"好文章"之典范：作好文章的人"爱惜所有的意思"，"随时随处，加以爱抚"，一如风不肯让万窍虚度，时时鼓动大大小小的洞穴，同时呐喊歌唱，又如流水，"凡有什么汉港湾曲，总得灌溉潆洄一番，有什么岩石水草，总要被披拂抚一下子才再往前去，这都不是他行程的主脑，但除去了这些也就别无行程了"。

我们很难想象，这一组"爱惜所有的意思""随时随处加以爱抚"的好词，是欧阳修在60多岁写下的。按中国诗人一般的写作生命来说，这个年龄早应搁笔，欧阳修却似少年，下笔滔滔，定格联章，连写10首，每一首都气韵酣畅，令人赞叹。

这个爱簪花的"少年郎"，老了依旧任意天真，他没有像王维那样"晚年唯好静，万事不关心"，而是怀抱无限深情，将自己归还到万物中，一如在洛阳看牡丹的少年——"二十岁开花，从此，一辈子开花到底。"如此，平常不可见的和美畅快的细节，清晰如见，透明烛照。我们的词人如花开草长般，在生命最后的时光里，奏出了一曲又一曲动人的清歌，干干净净，安安静静。我们且来细读两首。

采桑子·轻舟短棹西湖好

轻舟短棹西湖好，绿水逶迤。芳草长堤，隐隐笙歌处处随。

无风水面琉璃滑，不觉船移。微动涟漪，惊起沙禽掠岸飞。

采桑子·画船载酒西湖好

画船载酒西湖好，急管繁弦。玉盏催传，稳泛平波任醉眠。
行云却在行舟下，空水澄鲜。俯仰留连，疑是湖中别有天。

"无风水面琉璃滑，不觉船移"，这一句描写的是船行水上、波平如镜的景色。上下空明、水天一色的西湖，不就是滑溜、澄澈的琉璃吗？"不觉船移"，更是神来之笔，正因为春波无比滑，所以不待风吹，船儿就自如地漾过去了。再联系上阕，这船其实是不断在前移的，因为有"笙歌处处随"，但词人竟然说不觉船移，便足见"琉璃"之滑溜。结尾处，"惊起沙禽掠岸飞"，化静为动，涟漪只轻轻动一下，就惊起了沙禽。于是乎，整幅画都动起来，而因为有前面的静，最后的动就显得尤为活泼、喜悦。

"行云却在行舟下，空水澄鲜。"这一句更妙了，和上首一样，词人依旧是"画船载酒"荡西湖，这里却是先闹后静，"急管繁弦""玉盏催传"，在欢快的音乐中，大家情绪高涨，频频举杯，行乐助饮，你斟我劝。豪饮后，一船人自然是一醉方休，畅快地躺倒在船上，任船自由漂行。

但词人却醒着，他俯视着湖水，只见白云朵朵，飘浮于船下，随着船的移动，白云也在移动，看起来，仿佛是人和船双双在天上飞。词人一会儿抬头看天，一会儿俯首看水，完全被眼前这澄明清净、空阔奇妙的景象所迷惑，不疑湖中是否另有一个天宇在，自己则行舟于这两层被折叠的天空之间。

词人的想象，就是这么没道理、主观而美妙，又分明是"有情语"，这就是欧阳修词的"无理而妙"。这一类词句的特质是违背人之常情或事物之常理，但若深入词的情境，读来又觉，虽无理却美妙，而且有情，往往比符合常理或逻辑的描述更能击中人心。欧词中像这类"无理而妙"的词，还有同样描写西湖的词《浣溪沙》：

浣溪沙·湖上朱桥响画轮

湖上朱桥响画轮，溶溶春水浸春云，碧琉璃滑净无尘。

当路游丝萦醉客，隔花啼鸟唤行人，日斜归去奈何春。

用光洁平滑的琉璃，来比喻西湖的水面，是欧阳修的得意之笔。这首词中，词人再一次用到了——"溶溶春水浸春云，碧琉璃滑净无尘。"当然，最出彩的是这一句："当路游丝萦醉客，隔花啼鸟唤行人。"词人不说自己留恋春光，偏说春物（游丝、啼鸟）留恋行人，可无情之物要如何恋人呢？

我们且看，词中的游丝，即"袅晴丝，吹来闲庭院，摇漾春如线"中的晴丝，指的是昆虫吐出的细丝。游丝想要将或画船载酒或茵席举觞的游客们萦系住。当然，光有游丝还不够，更有花丛里的啼鸟留唤游人，声声睨睆：春色无多了，且留住，多流连春光吧。明明是游人不舍春归去，词人偏说是游丝、啼鸟在挽留，这便是欧词的"无理而妙"，以婉曲写深情，愈见情之眷眷。

欧词中类似的词句还有很多，比如："游丝有意苦相萦，垂柳无端争赠别。"(《玉楼春》)比如:"倚烟啼露为谁娇,故惹蝶怜蜂恼。"(《忆汉月》)还有:"莺帘宴席似留人,花出墙头如有意。"(《玉楼春》)以及:"拈花嗅蕊,恼烟撩雾,拚醉倚西风。"(《少年游》)其他诸如"蜘蛛喜鹊误人多,似此无凭安足信"(《玉楼春》)"枕簟乍凉铜漏彻,谁教社燕轻离别"(《蝶恋花》)都是无理却有情的词句。

欧阳修曾用李后主的词《浣溪沙》来说明"诗原乎心者也"的观点,他说,对诗来说,情感是至关重要的。其实,这个观点同样适用于词,像上边举的例句,通通是看似无理,实则含深情的。读来,就像人走在春天里,看春光唯是一片溶溶漾漾,人与春光,相看不厌。看不厌的还有《采桑子》,"天容水色西湖好""残霞夕照西湖好"。

采桑子·天容水色西湖好

天容水色西湖好,云物俱鲜。鸥鹭闲眠,应惯寻常听管弦。
风清月白偏宜夜,一片琼田。谁羡骖鸾,人在舟中便是仙。

采桑子·残霞夕照西湖好

残霞夕照西湖好。花坞苹汀。十顷波平,野岸无人舟自横。
西南月上浮云散,轩槛凉生。莲芰香清,水面风来酒面醒。

王国维《人间词话》说:"以我观物,故物皆著我之色彩。"这

就是"有我之境"——人与物不是二元对立的，万物皆备于"我"，这个我，又可化作万物，我在万物之中。欧词中呈现的是"有我之境"，是词人的心与眼相映照的西湖好："天容水色西湖好""残霞夕照西湖好""轻舟短棹西湖好""画船载酒西湖好"……这组词的每一首，都以"好"字开篇，直截了当，词人笔下的西湖是无一刻不好的，且这好是自然的、流转的，甚至有一点甜。

这个甜，要怎么解释呢？用诗人张枣的话来说，便是一种"汉语的甜"，他说："诗意最迷人之处，在我看来就是圆润、流转，不是二元对立。汉语的甜，是一种元素的甜，不是甜蜜、感伤，而是一种土地的甜、绿色的甜。"《采桑子》中流转的，正是这种"汉语的甜"，因为词人与物无隔，素面相见，他柔软地爱着万物，渗透一切、充盈一切，故万物回赠他以浓情蜜意，这浓情与蜜意正是"土地的甜，绿色的甜"。

而与万物相见的诸多时刻里，不光有词人如何看万物，还有万物如何看词人：一方面，是词人沉浮于万物中；另一方面，万物亦与词人同俯仰。诸多妙处，悠然会心，可与素月星河惺惺相惜。这一种物我无隔的状态，与稼轩的"我见青山多妩媚，料青山见我，应如是"有异曲同工之妙，人与青山互观互赏，不仅青山妩媚，看青山的人同样妩媚。这样，妩媚的这个人领受着被青山接纳的快意："独坐停云，水声山色竞来相娱。"

再回到《采桑子·天容水色西湖好》，"谁羡骖鸾，人在舟中便是仙"，词人与万物相看不厌的情态，跃然纸上。这一首，写的是泛舟夜游，西湖浩渺，"天容水色"浑然一体，云彩与风物俱鲜美。此时，湖上的鸥鹭已闲眠，词人笑言，鸥鹭们应早已听惯了管弦之声，只道是寻常事而已罢。

词的下阕写夜泛西湖的欢愉。西湖的好，无论"春深雨过""群芳过后"，还是"清明上巳""荷花开后"，每一刻都好的，但若说最有诗意者，还要属"风清月白偏宜夜"。此时此刻，泛舟湖心，月光皎洁，广袤无际，好似"一片琼田"，有福得享如此妙景，哪还会羡慕仙人呢？"人在舟中便是仙"。此中妙处，难与君说，最宜独自把玩，于是又有了下面这两首词。

采桑子 · 群芳过后西湖好

群芳过后西湖好，狼藉残红。飞絮濛濛，垂柳阑干尽日风。

笙歌散尽游人去，始觉春空。垂下帘栊，双燕归来细雨中。

采桑子 · 清明上巳西湖好

清明上巳西湖好，满目繁华。争道谁家，绿柳朱轮走钿车。

游人日暮相将去，醒醉喧哗。路转堤斜，直到城头总是花。

《采桑子·群芳过后西湖好》与其他几首不一样，赏的是暮春之景：西湖春事已了，落红狼藉满地，杨花飞舞，唯留柳枝竟日在风中摇漾，多寂静啊！为何会如此寂静呢？原来，"笙歌散尽游人去"。游人去后，"始觉春空"，诗人将帘栊垂下了，看双燕从细雨中归来。

　　尽管是暮春，是春空，但词人依旧说好，"芳草长提"是好，"空水澄鲜"是好，"残霞夕照""群芳过后"都好。词人温柔地爱着西湖的万物，从这份热爱中，一面领受着"人去后"的空幻，一面把玩着"意阑珊"的孤独。同时，在这种孤独中，饱满地书写着生命的欢愉。欧阳修或许早明白，并游固然美好，独往却是必然："人终究会回到自己的岛屿。"唯有孤独恒常如新，既如此，就心无挂碍去领受万物的美意吧，最终，"路转堤斜，直到城头总是花"。

　　写完《采桑子》几个月后，欧阳修就去世了。可无论时间过去了多久，这位簪花的少年郎，始终兴高采烈地走在每一年的春光里——"像三月的风扑击着明亮的草垛，诗人在每个夜晚数他的花朵。"

秦观

人人都爱秦少游

他的呼喊，超越时代，与所有伤心人同在。最终将你我联结在了一起。

一、无计花间住

秦观，年少时字太虚，后改字少游。改字前的秦观，性子很野，喜读兵书，据《宋史》记载："（秦观）少豪隽，慷慨溢于文词，举进士不中。强志盛气，好大而见奇，读兵家书，与己意合。"他自己在《精骑集序》一文中，自述道："予少时读书，一见辄能诵，暗疏之亦不甚失。然负此自放，喜从滑稽饮酒者游。"可知，少年太虚并不是循规蹈矩的"好青年"，而是个聪明豪爽且放荡不羁的"野少年"，喜欢与滑稽者、饮酒者四处游荡。

不过，少游的野，绝非村夫式的粗野，而是一种浪漫的、不谙世故的天真——唯有天真多得意。这得意中，饱含着激烈的爱与恨，还有滚烫的鲜活气，时而狂喜，时而悲愤，连带着他的热情都是烫人的，无有矫饰、虚伪和假意，一切都指向"真"。有的时候，少游真起来简直没分寸，花要看尽，情要用尽，要意气风发，要百无禁忌，既轻狂，又豪放，颇有几分"诗仙"李白的风度。

这令我们不禁怀想，这位有"豪隽"风神的词人，长相如何？是否真如大家想象是风姿柔弱的白面书生？同为苏门弟子的晁补之有两句诗写少游："高才更难及，淮海一髯秦。""髯秦"，意思是说，少游是个大胡子、长须公。我们就此可大致想象出，青年少游是一个浓眉重髯、风姿豪俊的美男子，故亲朋亲切地喊他"髯秦"。

在考中进士前，髯秦或闲居高邮，或外出交游，行为洒脱，无意仕进，他与以苏轼为首的苏门关系亲密，曾在诗中自述："七年三过白蘋洲，长与诸豪载酒游。"白蘋洲在浙江湖州，少游第一次去，是拜访湖州太守孙觉；第二次，在宋神宗熙宁九年（1076年）秋，拜访湖州新守李常；第三次，则是与苏轼、参寥同游，长达数月。而这些与少游载酒游的"诸豪者"都不是泛泛之辈，孙觉、李常、参寥、鲜于侁，以及稍后的苏轼、苏辙、黄庭坚等，皆是当时的一流人物，他们激赏少游，常邀他漫游于湖州、高邮、会稽等地，往来甚密。

少游曾向朋友们描述自己："仆，散漫可笑人也。"散漫，意思是说，他求取功名的意志不坚定，将时间花在了很多无用之事上，比如，漫游、写词、交友，读书亦是为了自娱："读书自娱，游于圣贤。"入仕前的少游，在"树绕村庄，水满陂塘"的山水绝佳处，"倚东风，豪兴徜徉"，以豪情，以逸兴，吸引着同频的友人们。

一般来说，自由散漫虽于仕途无益，却是滋养作家必不可少的能量。少游的文赋，一早被苏轼夸为有屈、宋之才，并欣然接纳他做学生。王安石则赞少游的诗"清新妩媚"，可与鲍照、谢朓相比，这是非常高的评价了。朋友黄庭坚更不吝溢美："国士无双。"少游之才名遂四海沸扬，人人都爱秦少游。

当然，在所有纷繁的爱意中，有很大一部分是来自女性。叶梦得的《避暑录话》云："秦少游亦善为乐府，语工而入律，知乐者谓之作家歌。"在少游现存的102首词作里，描写恋情的多达50余首，

公认有女主人公者，至少在20首以上，这些抒写爱情以及对女性的赞美与绻缱者，代表了少游词的最高水准。

纪昀评少游的词作："观诗格不及苏、黄，而词则情韵兼胜，在苏、黄之上。"究竟是怎样一种情韵兼胜？应如张綖《淮海集序》所言："婉约绮丽之句，绰乎如步春时女，华乎如贵游子弟。"借用今人的比喻，或许更为形象幽默：读秦观的词，好比读《红楼梦》；读柳永的词，则像读《金瓶梅》。

可知，少游的外在虽是个有豪隽气的大胡子，内里其实是绻缱的痴情人，一生都浸泡在爱恨情仇里，爱博而心劳，无可救药。而且，少游的爱之哲学，是李商隐式的"深知身在情长在"。他珍惜每一份爱人的心意，享受每一个与她们共舞的时刻；在他这里，无论是付出爱的人，还是领受爱的人，都勇敢而坦荡，为彼此在心中洒下白月光。

黑塞的《堤契诺之歌》有一句话：天真的人们能够爱，这就是他们的秘密。少游多情的秘密就在于此了，这个天真而散漫的人，奇妙地兼容了男子气概与女子心性，这一种气质，使他能细腻地体察女性的内心，与她们一起"向名花美酒拼沉醉"。而且，他这个人从不吝惜才华，为她们写下一首首真挚的词，将每一缕或沉实或轻盈的爱意蓄积在心，像春天将能量沉甸甸地蓄积在每一朵花里，然后，一个字、一个字，如春光般泼洒入词。如此，少游的每一首情词，都像是浸染了春光的一朵情花——"尘缘相误，无计花间住。"就比如这首词《虞美人》：

虞美人·碧桃天上栽和露

　　碧桃天上栽和露，不是凡花数。乱山深处水萦回，可惜一枝如画为谁开？

　　轻寒细雨情何限！不道春难管。为君沉醉又何妨，只怕酒醒时候断人肠。

　　少游情词的书写对象大多是歌伎或官伎，这首词就是为一个名叫碧桃的官伎而写。该词写于少游驻京期间，作为席间赠贵官宠伎的词作，必须与普通赠伎词有所区别：既要展示他的词才，又要赋予美人浓情蜜意，以迎合欢宴的气氛。因宠伎的艺名叫碧桃，少游于是信手拈来，将美人比作天上和露栽的碧桃花，是远离凡尘的仙姝。然而，这朵仙姝托身非所，只能独自在溪边盈盈如画，寂寞开无主。

　　下阕一转而入惆怅，细雨如烟，轻寒恻恻，这一树盈盈的碧桃花，愈发显得郁郁寡欢。无奈春天就要消逝，此花将很快得不到春的照管。词人既怜惜花的寂寞无人赏，更叹息美人的青春难留驻。我多想为你痛饮沉醉，为你痴狂　怕只怕酒醒时欢宴已散去，你要独自忍受断肠之苦。

　　在有限的篇幅中，少游不显山不露水，温柔地撩拨着碧桃的心——"满堂兮美人，忽独与余兮目成"，在两人目光交会的片刻，碧桃知道，词人读懂了她欢颜后的不如意、寂寞心。素不善饮的碧桃，为这一份惺惺相惜，竟罔顾主人的劝阻，为少游拼却一醉，引巨觞长饮。美人的这一醉令满座悉恨，连主人都嫉妒了，尴尬地笑称：

"今后永不令此姬出来。"

碧桃为少游不过是当众拼了一醉，箜篌女为了与少游的仓促之欢，却是担惊受怕，骤然间"瘦了一半"，这则逸事，同样来自《绿窗新话》：少游在扬州时，刘太尉家出姬侑觞。中有一姝，善擘箜篌，此乐既古，近时罕有其传，以为绝艺。姝又倾慕少游之才名，颇属意少游，借箜篌观之。既而主人入宅更衣，适值狂风灭烛，姝来相亲，有仓促之欢，且云："今日为学士瘦了一半。"事后，少游作词《御街行》，以道当时之景，上阕云："银烛生花如红豆。这好事、而今有。夜阑人静曲屏深，借宝瑟、轻轻招手。可怜一阵白蘋风，故灭烛、教相就。"借主人更衣的间隙行仓促之欢，像这般的意乱情迷，真如《十香词》所形容："解带色已战，触手心愈忙。"

兴致来了，少游还会巧妙地将美人的名字镶嵌到词中，比如这首《水龙吟·小楼连远横空》。

水龙吟·小楼连远横空

小楼连远横空，下窥绣毂雕鞍骤。朱帘半卷，单衣初试，清明时候。破暖轻风，弄晴微雨，欲无还有。卖花声过尽，斜阳院落，红成阵，飞鸳甃。

玉佩丁东别后。怅佳期、参差难又。名缰利锁，天还知道，和天也瘦。花下重门，柳边深巷，不堪回首。念多情、但有当时皓月，向人依旧。

这首词，写于少游任蔡州教授期间，在这里，他曾与数位营伎过从甚密，本词的主人公娄婉（字东玉），就是他颇属意的一位。词的首句"小楼连远"，扣"娄婉"，从女方着笔，写别时情绪。下阕首句"玉佩丁东别后"，扣"东玉"，从男方着笔，写别后情怀，虽嵌入美人的名字，然无人工痕迹，反倒有说不尽的情致，深情渺渺，如《灵芬馆词话》的评论：'虽游戏笔墨，亦自有天然妙合之趣。"

更妙的是，少游于觥筹交错间，时有灵光闪现，"略不经意"咏出名句"天还知道，和天也瘦"，这一句，系化用李贺的"天若有情天亦老"。自从别后，多少个不眠之夜，多少次辗转反侧，都包含在一个"瘦"字中，咬牙切齿，像个诅咒。王世贞对这句极赞赏，他说："'人瘦也，比梅花瘦几分'，又'天还知道，和天也瘦'，又'莫道不销魂，人比黄花瘦'，三瘦字俱妙！"（《弇州山人词评》）

少游这一生，女人缘特别好，爱慕他的女子有官家侍伎、贵官宠伎、青楼名伎、友人侍妾、女冠道姑等，像"为学士瘦了一半"，或"为学士拼却一醉"的情事有许多桩，毕竟他这个人有一种豪隽的男子气。但容貌于他不过是锦上添花，少游最珍贵的特质还在于有一种"我能被伤害，我很敏感"的脆弱。他放任自己坠入爱情中，一次次地迎向他者去冒险——"我偏偏想要得到，我偏偏不肯放弃。"

爱情如潮水般骤然而来，很快又消退了，之前借爱意而消隐的烦恼、苦痛纷纷然，依旧在，妄想借爱情得解脱、寻慰藉，终究是不可得。但少游偏不管，对他来说，爱是他生活的空气，故他的词满溢着丰沛的情感，就好像气球在我们面前"砰"一声爆炸了，这一种鲜活而坦荡的生命力，令人无法移开凝视。

而这种丰沛之所以值得被凝视，又全在于普通人的爱欲大多随年岁的增长慢慢地干涸了，悄无声息沉入庸俗，但少游这一颗怀揣着爱与哀矜的心，竟炽热得好像从未被磨损。就像是湖面的涟漪，轻盈而盎然，一圈圈荡开去，到最后哪怕是遗恨，也要将遗恨留下来，道尽关于爱的一切。甚至于，我们读少游的情词，都像在凝望那个在爱欲中沸腾着的、青春的自己。爱情中所有或微小或阔大的喜乐与哀愁，日复一日地啃噬着我们的心，破碎的词语、声音和片段，纷繁的心跳、悲哀和往事，这一切，我们似乎见过，又好像不存在，是生命中"最可爱也最可哀"者，是尘世的天真与温柔，恰如少游的词："自在飞花轻似梦，无边丝雨细如愁。"

二、敏感力持有者

学者徐培均先生认为，少游的词，长调应推《满庭芳·山抹微云》为冠，小令应以《浣溪沙·漠漠轻寒上小楼》为压卷。之所以选《浣溪沙》做压卷，就在于它描绘了一个精美无比的艺术境界，在现实世界之外，另造一个想象世界，使读者坠入到某种幽微的感受中，我们且来细读。

浣溪沙·漠漠轻寒上小楼

漠漠轻寒上小楼，晓阴无赖似穷秋。淡烟流水画屏幽。

自在飞花轻似梦，无边丝雨细如愁。宝帘闲挂小银钩。

这首词的确好，但究竟好在哪儿？一下子说不清。我们不能说它是像诗一样的情生文、文生情，而更像是词人的想象，长短句之间没必然的逻辑关系，也不讲行为的完整性，然而并置一处，便氤氲出一种清浅的氛围，有空气流转于其间，使人恍惚：词人写风景像写人，写人又像是写风景了。

词的起调非常轻盈，仿佛风花隔水而来：清寒悄无声息侵入小楼，暮春的阴霾无赖地黏着人，散不开。这两句，点名了时间和地点，这个环境好像有人，却看不到人的具体描绘，我们将这个人想象为闺中人，或少游想象中的自己，都行得通。下一句，"淡烟流水画屏幽"，转入室内之景：这个人枯坐小楼，畏寒不出，举目四望，唯见画屏上一幅《淡烟流水图》。楼外天色阴沉，室内光景幽暗，人和物都恹恹的。

在春愁的氤氲中，词过渡到下阕，"自在飞花轻似梦，无边丝雨细如愁"。这两句尤其妙，轻灵杳渺，摇曳不定，词人不说梦似飞花、愁如细雨，而是反其道行之，说飞花似梦，说细雨如愁，这一联正是少游想象中的呼吸，飞花、细雨都和人一样有生命，是飞扬的、无拘束的，将人笼罩其中，避无可避。

尾句"宝帘闲挂小银钩"，可以解为，宝帘已被银钩挂起。明明有恨，明明有愁，却忌讳言说它，只平静地看宝帘闲挂于银钩上。着一"闲"字，变摇曳为稳定，化动态为静态，而人的情感隐没于静谧中，"情余言外，含蓄不尽"。

我们读来觉着奇妙，这些句子排列一处，恰似一株树上的枝叶，枝枝叶叶合成一种空气，少游的想象便在这空气里回环往复。进一步

说，这首小令的妙处，并不在深刻的思想性，或者说启发性，它的好，全在于美，而美总令人焦虑，这焦虑能引起读者的想象。对，是引起，而非给予。我们读完，自然地领受了少游捕捉的一系列意绪、感觉，眼前仿佛有声色光影、有闲愁别绪，有氛围感，这真是非常奇妙的。

若要再深究这种"妙"从何处来，或许可借用温庭筠的词句"玉钗头上风"来形容，把一个"风"字落到"玉钗头"上去，于是有"玉钗头上风"。以此比之少游，他天生的词人心性，就如这一缕摇动玉钗的风，这风或轻盈，或沉实，它吹拂到哪儿，哪儿就摇曳生姿了。而且，这缕风呢，是横竖乱吹的，有时吹开了花朵，有时吹乱了湖水，有时候甚至将天上的云朵抹过来，这就有了"天抹微云"。

少游之所以能捕捉到这缕风，全在于他高度的敏感力：敏锐而善感。他的心，像一个敏感的器皿，负责捕捉欢喜、爱恨、悲哀、惆怅等纤柔而细密的情愫，并做出最精准的叙写。因此，哪怕是生活上的一点小挫折，诸如知交零落、一场疾病，都能使少游生出"人世良可悲"的感叹，与友人一离别，则立即要感慨"送君去，何时回，世间如此令人哀"。纷纷然不知来自何处的哀与愁，恨恨地黏附于他的身心，少游对此无能为力，只有感知，只有承受，这就是词人的命运。

正是在词这一领域，少游的敏感力得到了最充分的舒展，他坦荡地回归于"小我"，不再受限于政治或伦理的观念，而书写真挚的"私我"之言。如冯煦在《蒿庵论词》的评述："他人之词，词才也；少游词心也。得之于内，不可以传。"

这一种远高于普通人的敏感力，对词人少游来说是祝福，意味着他可以感知最丰富的情感维度，且富有鲜活的创造力，无论在意气风发的青年，还是春风得意的中年，抑或愁怨孤苦的晚年，少游总能以"我"观物，让万物皆着"我"之色彩，于是就有了一首首柔婉妍美的情词。然而，就少游一生的遭遇而言，高敏感力更像一种惩罚，酿就了他后半生的悲剧。一般来说，高敏感之人大多天真而不通世故，具体到少游这里，就表现为情绪的大起大落，以物喜，以己悲，轻易地被外界、被他人所牵连或摇动。

比如，元丰元年（1078年），少游第一次应举不中，归乡后就写了《掩关铭》，非常颓唐，还生了一场大病，几乎死去。元丰五年（1082年）春，在东坡的鼓励下，少游第二次赴京应举，踌躇满志，不幸再次落榜，归而作诗《春日杂兴十首》，杂兴诗其二云："缪挟江海志，耻为升斗谋。龊龊难刻画，贱贫多龇尤。"在诗中，少游一边说自己对功名不屑，一边又说自己贫士不得志，这无疑是一种很矛盾的心态。

元丰八年（1085年），37岁的少游终于考中进士，赴蔡州上任后，作诗《拟郡学试东风解冻诗》："鱼藻雍容里，云霄俯仰中。更无舟楫碍，从此百川通。"此时的少游春风得意，他自信很快能调回汴京做大官，不久之后便会平步青云。但事实是，蔡州两年，少游并未受到重用，他很快又发出"鬓毛今白纷"的慨叹，面对挫败良久难以释怀。短短两年，少游的心态从意气风发转入愤懑失落，情绪在积极和消极之间急速转换，《王直方诗话》据此列有一条："少游诗意气之盛衰。"

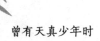

元祐五年（1090年），经范纯仁的荐引，少游终于入京为官，担任秘书省校对黄本书籍。在结束秘书省一天的工作后，他得意地作《晚出左掖》，诗云："金爵觚棱转夕晖，翩翩宫叶堕秋衣。出门尘障如黄雾，始觉身从天上归。"京城的繁华使少游目眩，他恍惚有"身从天上归"的飘飘然之感。《王直芳诗话》据此又列一条"秦少游炫耀"："识者以为少游作一黄本校勘，而炫耀如此，必不远大。"诚然，校勘黄本并非要职，少游竟然以为光景大好，得意忘形，易以物喜至如此地步。

元祐六年（1091年），少游升为秘书省正字，很快又因党争风波被罢免，他便就此意志消沉，想化作渔翁归隐江湖，作诗云："本自江湖客，宦游常苦心""烦君添小艇，画我作渔翁。"（《题赵团练江干晚景四绝》）距离写《晚出左掖》还不到一年，他就嚷嚷着要归隐江湖，做一个渔翁了。

诸如此类，不胜枚举。可见在少游的热怀里，情绪的奔涌如一条河，一下子流过去，又忽而流回来，夹杂着当下的期许、心灵的摇动，所以他易自满、易失落，上一刻还在为一朵花开，欢天喜地；下一刻便为花的萎落，伤心惆怅。可以说，在大胡子的豪放外表下，少游的内心布满了敏感脆弱的神经。

东坡曾为少游写过一篇《秦少游真赞》，这篇赞或可作少游的自画像："以君为将仕耶？其服野，其行方。以君为将隐耶？其言文，其神昌。置而不求君不即，即而求之君不藏。以为将仕将隐者，皆不知君者也。盖将挈所有而乘所遇，以游于世，而卒返于其乡者乎。"

这篇赞深得少游的神韵，其服野，是说穿戴随意，不避野服粗服；其行方，是说他处亡不知圆滑，不懂曲意迎合。东坡自况：性不忍事，如骨鲠在喉。正所谓人以群分，少游师事东坡，与老师一样，是不圆通的典范。"不圆通"即不符合"正常"的标准，是不合时宜之人，做着不合时宜之事。

但同样是不圆通，少游与东坡又有本质的不同。东坡是乐观旷达之人，一生中数次遭贬谪，但他处之泰然，如词所写："莫听穿林打叶声，何妨吟啸且徐行。"即便被贬到儋州，已成了化外民、苦行僧，"然胸中亦超然自得，不改其度"，这个度，是生活的法度，更是生命的气度——"云散月玥谁点缀？天容海色本澄清。"

少游呢，则像是东坡的反面，他的秉性敏感悲观，情绪更是大开大合——得就喜而狂，飞入云端；失就悲而丧，跌入谷底。这样的人经不住挫折和打击，脆弱是他的本质，所以一旦遭遇贬谪，少游就极凄怆，坠入悲愁，无力自拔。才刚贬到金华，他就作词："日边清梦断，镜里朱颜改。春去也，飞红万点愁如海。"后来贬至雷州，就愈发绝望了，竟然自作挽词，想象死后的悲惨景象，实在是有些神经质。

在贬谪的途中，东坡获得了顿悟的契机，并真正顿悟了，从情到悟，从惑到智，最终将黄州、惠州、儋州三个地方，皆看作诗意栖居之所，超越了他自己。少游同样有数次顿悟的契机，比如说，抄佛经、近道教，但很不幸，他反而因抄佛书被定罪，接连遭贬，一路向南。贬谪地愈荒远，少游的悲伤愈沉重，无可挣脱，最后于悲苦沉沦中，绝望而死。

我们可以说，正是乐观豁达让东坡得返故里，而敏感悲观让少

游死于道路，他对一己的悲欢实在太过于看重了，故他一写哀情，就彻底坠入绝望中，这绝望是大红配大绿的对比，不留余地。东坡呢，则始终有飞扬、有超脱，激烈中有宽厚的底子，他的冲突可以化解，他是"葱绿配桃红"，参差对照的。

像这样的高敏感力，对普通人几乎算是性格缺憾，非得努力改善不可，否则一不小心就把生活搞砸了。但对词人却是馈赠，少游肆无忌惮，终生持续"发挥弱点"，乃至于在词境中"移了性情"。更可贵的是，少游的敏感力没有随年龄的增长而丧失，反而越发敏锐强烈，他无数次地为生命的无意义而悲慨，一次一次，更深、更切。此正如龚自珍《己亥杂诗》所写的："少年哀乐过于人，歌泣无端字字真。"但中年少游的哀乐，往往比少年时更强烈，没来由的歌与泣，字字真，泣如血。这种时候，不是他去找词，而是词来找他，他只需像一个容器，具体而微地、一寸寸咀嚼喜怒哀乐，然后将其吐纳为词。就比如这一首《满庭芳》，显然就是词来找他。

满庭芳·山抹微云

山抹微云，天连衰草，画角声断谯门。暂停征棹，聊共引离尊。多少蓬莱旧事，空回首、烟霭纷纷。斜阳外，寒鸦万点，流水绕孤村。

销魂。当此际，香囊暗解，罗带轻分。谩赢得、青楼薄幸名存。此去何时见也，襟袖上、空惹啼痕。伤情处，高城望断，灯火已黄昏。

周汝昌先生对这首词极赞赏，尤其是首句，他说：宋名家都擅长开头处见功夫，遣文采，比如"做冷欺花，将烟困柳""叠鼓夜寒，垂灯春浅"等等，"这好比唱戏时名角出场，秀帘揭处，一个亮相，风采精神，能把全场'笼罩住'"。要论个中高手，老先生最中意少游，《满庭芳》的开拍：山抹微云，天连衰草，"只此一个出场，便博得满堂碰头彩，掌声雷动——真好看煞人！"

八个字中，最新奇的当属"抹"字，离恨是怎样的呢？像抹在山间的云迹，暮霭苍茫。极目天涯，衰草连天，仿佛天与地黏稠着，郁结到一块了。可是到"斜阳外，寒鸦万点，流水绕孤村"，又忽然将意境荡开去，似是画境。又觉画境难到，倒像是电影的长镜头：天色既暮，归鸦万点，远处是流水绕孤村，"流水孤村，人家是处，歌哭于斯，亦乐生也——而自家一身微官溏落，去国离群，又成游子，临歧帐饮，能不执手哽咽乎？'（周汝昌语）

词到这里，少游没有将笔墨继续集中于痛楚上，而是转入虚写，将个人的情绪隐去了，只留下一个优美的意境：斜阳、寒鸦、流水、孤村，有一种举重若轻的气韵感。词人在此刻变成了拍摄者，沉静注视，剩下的要靠读者的想象去构建，言有尽，意无穷。

下阕"谩赢得、青楼薄幸名存"，用的是"杜郎俊赏"的典故，而少游的感慨当比杜牧有过之。对他而言，无论是汴京的黄金时代，还是年少时的豪情壮志，忽而都远去了，再会无期，所以会徒然惹啼痕。末句再次呼应开头，由山有微云，到烟霭纷纷，到灯火黄昏，夜色一点点加深了，我们的词人仍然流连难舍，不忍发舟。

分明是极悲伤的离别，少游却丝毫没有号哭的意味，而是委婉

道来，涵泳不尽。恰恰是这样的克制，让读者在掩卷后怔怔不可言。冯煦将少游和李后主并称为"古之伤心人"，他说："故所为词，寄慨身世，闲雅有情思，酒边花下，一往而深，而怨悱不乱，悄悄乎得小雅之遗。后主而后，一人而已。"其语良是，冯煦概括的"伤心人""寄慨身世""酒边花下"，正是探得少游词心的钥匙。

何谓词心？"大约提起词笔，必先换一种思维方式，换一套语言符号，换一副观世的眼光，及至转换自己的身份，犹如须眉扮演蛾眉的'反串'。"（扬之水《小道世界》）见之于词，柔婉凄愁于是不绝于缕，终其一生，少游都是一个纯粹的、赤诚的敏感力持有者——忠诚于情感的内核，不放弃追求真和美，以至于为情所困，为情所累——"便做春江都是泪，流不尽许多愁。"

与喜欢东坡的人相比，无论在哪一个时代，喜欢少游的人都只是少数派。少游的书写，同样是为少数派而写，而这正是少游的珍贵之处——是他，让所有和他一样敏感的少数派知道，原来这样想的不止我一个，原来敏感、脆弱根本不是坏事，而直觉更是可信赖的。就是凭借这份直觉，少游有感而发，在词中书写了许多脆弱的时刻，忠诚于自己对生命的感受，这些感受既有困扰、痛苦、悲伤，也有喜悦、获得和创造，层次丰富、五味杂陈。

诚然，以乐观豁达对抗苦难、超越苦难，是值得敬佩的，但在现实的刀刃下，诚恳地呈现活着的脆弱与挣扎，与悲伤硬碰硬，是另一种可敬的英雄主义，少游就是如此。他不在乎将全部的自己拿出来，非常真诚，故他的词格外动人，值得我们珍而重之。或许，读少游词最适合的姿态，就是像他本人一样，把身心完全地舒展开，如淋大雨，让哀愁、喜悦、悲伤等，纷纷然全落到我们的身心，不要吝惜心力，去共情，去感知，自然而然，看看有多少雨水会落到我们的心底。

三、坠入哀伤之深海

千秋岁·水边沙外

水边沙外，城郭春寒退。花影乱，莺声碎。飘零疏酒盏，离别宽衣带。人不见，碧云暮合空相对。

忆昔西池会，鵷鹭同飞盖。携手处，今谁在？日边清梦断，镜里朱颜改。春去也，飞红万点愁如海。

据秦瀛的《淮海先生年谱》记载，哲宗绍圣二年（1095年），少游"游（处州）府治南园，作《千秋岁》词"。这是少游被贬处州监酒税的次年，这一年，苏轼被贬惠州，黄庭坚被贬黔州，张耒贬宣州，晁补之贬应天府通判，苏门学士无一幸免，这就是少游写此词的历史背景。

词的上阕，着重写"今"，起首两句，是写眼前之景：时节已是暮春三月，春寒从溪水边、城郭旁，悄悄地退却了。莺声呖呖，已可盈耳；花影摇曳，几可乱目。然而，春到底是深了，转瞬就要春归，词人孑然一身，不复有把酒看花的兴致。更何况，所待之人迟迟不来，词人已衣带渐宽憔悴损。

细按全篇便可明了，词人所待之人不是女性，而是西园雅集的

师友们。于是，下阕转而写昔，西池会说的是以东坡为首的西园雅集，其风雅与出尘的气度，可与兰亭盛事相辉映。可惜，这场盛事与汴京的好时光，都不过是过眼云烟，昔日的从游者贬官的贬官，远谪的远谪，风流云散，无一幸免，故少游才要问："携手处，今谁在。"

被贬谪金华时，少游尚对哲宗皇帝抱有幻想，期望重新供职史馆。可是，年复一年，他的梦想渐成泡影："日边清梦断，镜里朱颜改。"他从眼前想到往昔，又从往昔想到今后，深感人生叵测，前路茫茫。深陷于绝望中的少游，不禁发出"春去也，飞红万点愁如海"的呐喊。

"春去也"，不仅是说大自然的春天即将消逝，还暗示着属于少游的春天要过去了。"飞红万点愁如海"，这一句极有力，如李后主的"自是人生长恨水长东"一般，情感汹涌。忧愁有如浩瀚的大海，既深又广，再无可待；至于万点飞红，绝不是明艳的，而像阴暗的灰，扑面而来，避无可避。写完这首词后，少游接连远谪，一路向南，先是贬至郴州，一年后，又奉召编管横州。

然而，命运这只翻云覆雨手还未停下，绍圣四年（1097年）秋，少游抵达横州贬所。第二年，即元符元年（1098年），他又被彻底除名了，"永不收叙"，被押送至雷州编管。这一年，少游已是年过半百，在不断的贬谪中，将平生意气都消尽，哪怕尚有刹那的热望，也无从拯救了；他任由自己一步步往下坠，终坠入毫无微光的哀伤之海中——砌成此恨无重数。

踏莎行·雾失楼台

雾失楼台，月迷津渡，桃源望断无寻处。可堪孤馆闭春寒，杜鹃声里斜阳暮。

驿寄梅花，鱼传尺素，砌成此恨无重数。郴江幸自绕郴山，为谁流下潇湘去？

到郴州后不久，少游就写了这首词。开篇三句"雾失楼台，月迷津渡，桃源望断无寻处"，写的是一个被夜雾笼罩的想象世界：楼台消失于茫茫的大雾中，渡口隐没于蒙蒙的月色里，而渊明笔下的桃花源，更是云遮雾障，无处可寻。

楼台、津渡、桃源，这三种曾经存在过，或在人们想象中存在过的事物，一个被漫天的雾吞噬了，一个在夜色中迷失了，另一个在人间消隐了。失、迷、无，词人连用三个否定，正表明他当下的困境：悲苦不可脱，仙境不可期，佳人不可待。

在极端的绝望中，少游接着写下这一凄厉的词句："可堪孤馆闭春寒，杜鹃声里斜阳暮。"少游以一介羁旅之身，独居孤馆，感知的是料峭春寒，听到的是杜鹃啼血，看到的是日暮斜阳，此情此景，敏感的他如何受得住？

王国维评价这两句说："少游词境最凄婉，至'可堪孤馆闭春寒，杜鹃声里斜阳暮'，则变而凄厉矣。"他认为，这两句是一种"有我之境"，其中有词人的主体在。换句话说，少游词的情感倾向，由被贬前克制的抒发转向感性的、纯个体的抒发，如此，哀伤如江河之

水般，汹涌而来。

如果说，少游在之前尚抱有期待，如今贬至郴州，形同流放，便彻底堕入哀哀无告的境地中，不断往更深处沉沦。与过往的悲苦比起来，当下或可预见的未来，只会有更悲苦的事件接踵而至。对敏感的少游来说，这种每况愈下的过程，有如无止境的凌迟，就在这一寸寸的凌迟下，他丧失了将自己拔出来的力气。

在相似的困境中，东坡与少游的应对方式迥然不同。对东坡来说，远离汴京的边缘，是自由，是隐遁，这个隐，不是真的青灯古佛，而是被允许以更自由的身份，潜入到其他中去。在边缘，东坡将身心整个地打开了，或化身为老饕，或化身为探险家，或化身为农民……这个元气淋漓的乐天派、自由的觉悟者，用硬如铁的精神，将苦难一点点化解了——黄鱼听雷，深深入海。

而同样是潜入深海，少游却没法做自在嬉游的鱼，他像一艘船重重地沉入海底。这期间，少游曾试图找寻出海的路径，比如亲近佛门，抄写佛经，或遁入爱情中，或种豆南山下，可他只获得了表面的宁静，他的心不静定。

或者说，少游其实一直明白，他没有逃走的选项，源源不断的痛苦无数次地向他宣告：这就是他最本质的内核，无法被改变和消灭。就像神话中的西西弗斯，每天推着石头上山、下山，循环往复，承受永恒的痛苦。但加缪说，西西弗斯是真正的勇者，从这个角度看，清醒地接纳并承受痛苦、表达痛苦的少游，与超越痛苦的东坡一样，都是生活的勇者，都一样给我们以慰藉，使我们获得力量来继续自己的探索。

这个勇者，在被贬的后期，以一种惊人的勇气来直面内心的孤独，一再地潜入痛苦之溟海，又恰恰是这些痛苦，成就了他的词。更珍贵的还在于，少游将个人巨大的悲哀，喊成了全人类渺小的痛哭，他的呼喊，超越时代，与所有伤心人同在。就在那相通的不安、脆弱与孤独中，如海一般深的"万点飞红"，细细点染，流经你，流经我，最终将你我联结在了一起，恍然如梦，而又清明如水。

四、了不知南北

在赴郴州贬所的途中，朝廷给少游的谪命再次更改：编管雷州，同时削去所有官职和俸禄，这对词人无疑是致命一击。原本，少游的千里贬谪路就充满了凶险，化外之地，水土不服，黑云千里追他，山风苦雨欺他，何况亲朋离散，音书不通，如今更沦落为罪臣，此番惨状，真如他诗中写的："那堪此地日黄昏，长途万里伤行客。"

如果说，处州三年尚有微弱的希望支撑他，这一遭编管雷州，少游是彻底失望了——"安得此身作石？一齐忘了家乡""身与杖藜为二，对月和影成三。"（《宁浦书事》）加缪曾说：习惯于绝望，比绝望本身更可悲。显然，少游不是心死于一场暂时的绝望，而是被断续闪现的希望，及紧随其后到来的绝望的反复交替给消耗而死的。在这之后，少游渐渐习惯于绝望，借酒消愁的日子越来越多。当他的词写至《醉乡春》，便俨然有了看破尘世的觉悟：

醉乡春·唤起一声人悄

　　唤起一声人悄，衾冷梦寒窗晓。瘴雨过，海棠晴，春色
又添多少。

　　社瓮酿成微笑，半缺瘿瓢共舀。觉健倒，急投床，醉乡
广大人间小。

　　《苕溪渔隐丛话》前集卷五十引《冷斋夜话》：“少游在黄州，饮
于海桥，桥南北多海棠，有老书生家于海棠丛间，少游醉宿于此，明
日题其柱云：唤起一声人悄……东坡爱其句，恨不得其腔，当有知
者。”又清人王敬之刻《淮海集》曰：“国朝闵叙粤述海棠桥在横州
西，宋时建。故老传曰：此桥南北，旧皆海棠，书生祝姓者家此。宋
秦少游谪横，尝醉宿其家。明日题词而去。”据此推断，东坡提及的
“黄州”“海桥”，即为“横州”“海棠桥”，少游的这首词，应作于自
郴州徙往横州之后。

　　“唤起一声人悄”，这里的“唤起”从字面来理解，是主人在天
亮时，将少游从梦中唤起了。不过，这个举动不合常理，主人岂有催
客人早起的道理？所谓“唤起”，应当是一种鸟的名称。韩愈的《赠
同游》诗云：“唤起窗全曙，催归日未西。”洪兴祖注：“唤起、催归，
二禽名也。催归，子规也；唤起，声如络纬，圆转清亮，偏于春晓
鸣，江南谓之春唤。”

　　由此可知，少游是被早起的鸟唤醒了，醒来后，才发现被衾不
耐寒。他惦记“瘴雨过”后的海棠桥，想象着海棠开，不知春色又添

多少？可无论当时是否有海棠花，少游已如他自己所写的："人人尽道断肠初，那堪肠已无.'他恐怕早没了看花的心情吧。

词的下阕转入回忆，写醉酒的场景。"社瓮"是春社酿酒的瓮子，这里的"酿"，既指刚酿好的春酒，又指少游眼眸中酿成的笑。尽管酒器十分简陋，葫芦瓢上有瘿瘤不说，还有个小缺口，但大家却喝得很痛快，一人一瓢舀着大喝。

到这里，词的气氛依旧是快活的，虽说是村野薄酿，酒器寒陋，但人是笑着的，喝得也很痛快。然而，词眼却在最后一句："醉乡广大人间小。"纳兰容若说这一句道尽了千古失意人的醉态——梦里梦外，海棠之肥与瘦，人之憔悴与否，都不甚关心了，更没有心力悲怆了，唯有沉入醉乡，方能觅得些许逍遥自在。

这醉乡或指王绩《醉乡记》所虚构的"无爱憎喜怒"的理想之地，或指醉酒之后，对现实浑然无知，但内心逍遥自在的生命状态。对失意人少游而言，人间太小，小得容不下一个追求理想的个体，醉乡却是太虚幻境，无比广大，可容他摆脱苦恼与孤独。

理解了这一层，再回头看上阕，虽然是写春意，但人悄、冷、寒、破、醉乡等字词，实染秋寒，至于社瓮、微笑、椰瓢、共舀等行为的背后，其实隐隐有一种生命的不安，仿佛在下一刻，少游的情绪便要决堤了。这种不安，很快流泻到另一首词《好事近·梦中作》。

好事近·梦中作

　　春路雨添花，花动一山春色。行到小溪深处，有黄鹂
千百。

　　飞云当面化龙蛇，天矫转空碧。醉卧古藤阴下，了不知
南北。

　　据释惠洪《冷斋夜话》："秦少游在处州，梦中作长短句……后南迁，久之，北归，逗留于藤州，遂终于瘴江之上光华亭。时方醉起，以玉盂汲泉欲饮，笑视之而化。"徐培均认为：少游于绍圣元年（1094年）贬监处州酒税，三年徙郴州，词盖作于二年之春。因结语有"醉卧古藤"之句，后人遂以为死于藤州之谶。

　　若抛开徐先生的考据，将"醉卧古藤阴下"视作少游死于藤州之谶，并无不可。黄庭坚在悼亡诗中，表明了相似的意思，诗云："少游醉卧古藤下，谁与愁眉唱一杯？解作江南断肠句，只今唯有贺方回。"之后，明代郎瑛更直接在《七修类稿》之《秦黄诗谶》篇记载："秦观，尝于梦中作《好事近》一词云……其后以事谪藤州，竟死于藤。此词其谶乎？"

　　词的上阕，写词人漫游于瑰丽的梦境中：山路上，刚下过一场春雨，花朵被催开了，春花一动，春光便满得要溢出来，令看花人目眩神迷，如入仙境；漫游至小溪深处时，春色越发奇丽，更有黄鹂千百，睨睆流转，仿佛在说："多么美好啊，请让时间在这一刻停留。"（浮士德语）

过片两句，词人将视野转入天空，只见碧空万里，飞云如龙蛇一般乱舞，这个景象甚是壮观。收尾二句，由动至静，在静定的状态中，词人再一次浸入了无我之境。这一次，少游想必和之前的无数次一样，期望借醉酒遁入梦境，去醉乡寻觅片刻的解脱，他如愿以偿了，在梦中与春山、春花、春鸟一道，跌入了另一种圆满的形态，寻得了大解脱。

无论是《醉乡春》，还是《好事近》，这两首词的意象皆轻盈、明朗，读起来，真像是春雨浇花，一下子催开了漫山遍野的花朵。少游仿佛不假思索，单纯到不用任何典故和修饰，轻轻地将春之意象拈入了词中，圆融通透，不失赤子之心。

直到生命尽头，少游试图去言说与挽留的，依然是这个世界的哀伤，以及与哀伤相伴相生的喜悦。然而，这一切不过是少游的两个梦，他拼命想抓住的东西，通通都失落了——"水底有天春漠漠，人间无路月茫茫。"（曹唐《禹咏》）不久，他就在藤州光华亭缥缈而逝，这一次是真的"了不知南北"。

而少游死前醉卧的古藤阴，一定是且只能是紫藤花，少游其人其词皆与紫藤花最相宜。紫藤是一种怎样的花呢？盛放时，是氤氲氲氲的紫云，淡紫、粉紫、深紫一点点晕开来，远望是花光一片紫云堆。且紫藤的姿态是极娴娆的，藤叶披离，花枝如璎络般轻曳，有翩然仙姿。若是风大一些，花枝便乱纷纷的，看花人坐在花树下，恍惚受了某种心痒痒的撩拨，忍不住想伸手去抚，可奇妙的，又似乎抓不住，就如抓不住摇曳的春风。这像极了少游词的意境，其词之妙，恰似紫藤里的风，妙处全在有无之间。前人评少游的词，说他的一大特

质是平易近人而不着力，这就对了，太用力就不好，将花都吹落了。

但紫藤很容易被风吹乱，花一乱，看花人的心就乱，然后便生出焦虑来，而美总是令人焦虑啊。像白居易诗中说的，"惆怅春归留不得，紫藤花下渐黄昏"，这个"渐"是动词——像流水般，滑入了夜色中。而我们的词人秦少游，在紫藤花的覆盖下，酣然入睡，无人去唤醒他，他已经沿时间轴的流转，滑入更广阔的天地。最终，"行到水穷处，坐看云起时"。

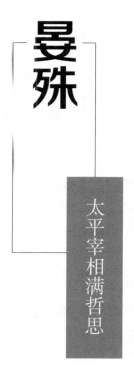

晏殊

太平宰相满哲思

从平静中感知喧哗与骚动，从圆满中看到不圆满，从欢愉中体验到忧伤。

一、我在花鸟之中

问世间情为何物？这个问题的答案，恐怕要去宋词中找。词不同于正统的诗文，诗要言志，文需载道，词不一样，它主诉情，虽是小道，却可以放置人间的情爱。当词人们直面今与昔、常与变、爱与恨、聚与散、得与失等诸多场景时，目之所及、耳之所闻，抑或身之所触，通通收纳于心，加以体味，加以感发，然后必然情有所动，进而让情感以最饱满的状态流出来。

这个主诉情的世界，闲静幽眇、精微婉约，凡涉及一个情字的，皆可纳入其中："词的'生香真色'，缘自笔写女儿态、女儿情、女儿心。"（《无计花间住》）这里边很少有理性的思辨，也很难有理性的词人。那么，是词人不需要理性的思辨吗？当然不是。他们不仅有抒情冲动、叙事冲动，还有思辨冲动、哲学冲动。既如此，该如何让各行其是的情与理共存呢？当感性的词由理性的思致来支撑时，又将开启怎样的意境？想寻找这两个问题的答案，就须和晏殊一道漫游，我们来读他的小令：

浣溪沙·一曲新词酒一杯

一曲新词酒一杯，去年天气旧亭台。夕阳西下几时回？

无可奈何花落去，似曾相识燕归来。小园香径独徘徊。

"无可奈何花落去，似曾相识燕归来"，这两句说的是：花的凋落、春的消逝，人是无力免回的，惜花者空付奈何一叹。幸而有翩翩归来的春燕，好像是去年曾在此处安巢的旧相识呢，这真令人喜悦。

"花落去"与"燕归来"，似无情而实有情。在感伤与喜悦的交织中，在消逝与重现的循环里，万物在流转，生命不会因"无可奈何"而陷入虚无，"似曾相识"的美好会换一种方式延展至眼前。扩展至自然、生命、人世，不都是在"无可奈何"与"似曾相识"间循环、转换吗？像歌曲唱的："好风景多的是，夕阳平常事；然而每天眼见的，永远不相似。"珍贵的人或事消逝了，留下的人要继续向前走，毕竟燕会归来，我们会找到更珍爱的人和事，就不要再惆怅了罢。

问题是似曾相识的花和鸟，真的能给词人以慰藉吗？要知道，重现的毕竟不等于已消逝的事物原原本本地回归，到底只是似曾相识罢了。体悟到这一层奥秘的词人，唯有独自徘徊芳径，立尽斜阳。这个"独"字，非常微妙，说的是既享受独自的状态，又遗憾一个人的孤独——我在花鸟之中，任花鸟都与我没关系。哀感惆怅之深，该向谁人道呢？

"小园香径独徘徊"，这一句可视作晏殊的自画像。"小园香径"，点明了词人富贵闲适的生活环境；"独徘徊"三个字，则是晏殊作为一个思考者的写照，他无法仅满足于眼前的表象，还想弄明白表象后的哲理。所以，他常常自纷繁芜杂的现实中逃出来，远遁到务虚的精

神中，做理性的思辨与操持。这种逃离，很像灵魂出窍，是对深陷于现实的自我的拯救，在逃离的那一刻，只剩下自己与自己相处，单枪匹马。当灵魂归位时，词人便已获得力量直面现实，不战不逃。

很多人印象中的晏殊，是富贵优游的"太平宰相"，时人说他既无开疆拓土之功，又无拨乱反正之劳，兼之学生欧阳修"富贵优游五十年，始终明哲保身全"的评价，很多人对晏殊颇有微词。连带对晏殊词也多指责，说其"歌舞升平""寂寞衰退""投合承平时期士大夫的胃口"，这些评价实在有失公允。

王国维曾感叹："天以百凶成就一词人。"这话说得没错，正因为词人们命运坎坷，忧患不断，才催生出好词。但不能因此就断定，富贵安定不出词人，晏殊就是一个例子。相传他"七岁能属文""十四岁以神童入试，赐进士出身"，因天资聪颖且诚实敦厚，而深得真宗、仁宗两朝皇帝的赏识和重用，仕途坦荡，桃李天下。"文章憎命达，魑魅喜人过"这一信条在晏殊身上失灵了，使词坛出现了偶然的反常，故而晏殊词最珍贵的地方，就在于这反常，其词"真挚而毫不做作地反映了属于这种身份地位的人们，特定的生活情趣、特定的欢乐与悲哀"（刘扬忠语）。

词学家郑骞评晏殊词："清刚淡雅，深情内敛，非浅识所能了解。近人遂有讥为'身处富贵，无病呻吟'者。不知同叔一生，亦曾屡遭拂逆，且兴物有情，而地位崇高，性格严峻，更易蕴成寂寞心境。故发为词章，充实真挚，安得谓之无病呻吟。文人哀乐，与生俱来，断无做几日官即变成'心溷溷面团团'之理。为此语讥同叔者，吾知其始终未出三家村也。"

郑骞这段话，诚为知己者言。纵观晏殊生平便会发现，"太平宰相"的一生其实不太平，"富贵闲人"的生命中充满惆怅。晏殊原本出身寒门，全凭一己的才华、智慧与好运气，青云直上，自14岁入京为官，一路官至宰相。然而，官场险恶，无家族势力可依傍的他，尽管身居高位，风光无限，实则高处不胜寒，辛苦周旋于君、臣、民之间，无时无刻不如履薄冰，谨言慎行。

在宦海沉浮里，晏殊三度被贬离京，第一次被贬，历时1年；第二次被贬，历时5年；第三次被贬，历时10年，最后一次被贬，晏殊已是54岁高龄。他这一生，入仕50年，外放时间却长达16年，也就是说，近三分之一的时间在贬谪外放之中，这对词人来说绝对是不小的磨难。

其间，晏殊还多次亲历丧亲之痛。1011年，小自己3岁的弟弟晏颖神秘去世。刚刚经历手足离逝，晏殊很快又面临父母的相继离世。1014年，父亲去世，晏殊因"丁忧"离职回临川，不久被"夺服"；1015年，母亲去世，晏殊请求为母亲守孝，结果再次被"夺服"，两次夺服，虽说皇恩浩荡，但晏殊始终觉得遗憾和自责。屡次与亲人别离，加之屡遭贬谪，都充分说明了，晏殊这一生实在是不太平的，若再说他无病呻吟或绝无悲愤，着实是一种浅薄之见。

叶嘉莹在讲解晏殊词时，曾提出："晏殊圆融平静的风格，与他富贵显达的身世，是他作为一位理性诗人的同株异干的两种成就。"诚如斯言。正因为晏殊身居高位、富贵显达，而他本人理性克制、有寂寞心，所以，他既能理智应对"务实"的事务，又能在诗词这一"务虚"的领域游刃有余。叶嘉莹的老师顾随对晏殊有相类的论说，

他认为，晏殊的"闲雅、富丽、凄婉之外，还有东西"，是什么呢？"大晏的特色乃明快——此与理智有关。"顾随还以"莫将琼尊等闲分，留赠意中人"为例，指出晏殊对人生"有解决的办法"，理性如他，总能从平静中感知喧哗与骚动，从圆满中看到不圆满，从欢愉中体验到忧伤。更妙的是，从不可捉摸的命运中琢磨秩序，对自我、生命与宇宙做圆融的观照，如禅宗的"云在青天水在瓶"。

二、云在青天水在瓶

浣溪沙·一向年光有限身

一向年光有限身，等闲离别易销魂。酒筵歌席莫辞频。
满目山河空念远，落花风雨更伤春。不如怜取眼前人。

这是晏殊最具代表性的一首词。"一向年光有限身"，首句劈空而来：片刻的时光啊，有限的生命。这是晏殊词常有的慨叹，但这一句，来得尤其高健明快。世事无常，变幻莫测，生命总多别离，此刻的喜乐，下一秒或许就会消失殆尽，所以哪怕是最寻常的别离，依然令人黯然销魂。要如何消解这惆怅呢？不如就"酒筵歌席莫辞频"。人生既然苦多乐少，聚少离多，就及时行乐吧，聊以慰藉有限之身。

"满目山河空念远，落花风雨更伤春"，这两句是词人的设想：与亲朋离别后，他日若是登高远望，唯见云山苍苍，江水泱泱，故此刻的念远皆是徒然，不知道何时才能再相见。而在这风雨凄迷、落花缤纷的暮春，伤春亦是徒劳，春光和远去的人一样，如泡影、如流沙，留不住的。"不可得的，仍然是不可得，无法挽回的，仍然无法挽回。"（叶嘉莹语）真令人沮丧啊！既如此，要继续沉沦下去吗？理性如晏殊自不会入而不知返，他为自己寻得了返回的路径："不如怜取眼前人。"

这一句来自《会真记》中崔莺莺的诗："还将旧来意，怜取眼前人。"但晏殊在词中书写的并非一时一事，而是他一贯的思考：与其为未来还未发生，或者过云不可挽回的人和事徒然感伤，还不如珍惜眼前的美意与温情，如此，借当下的时时刻刻，与无以名状的虚无相对抗，将生命的不如意——化解。

同样是悲年光之有限、感世事之无常，晏殊与同时代词人的表现是不一样的：一方面，是纯粹的自我体验，将自我沉潜于情感中；另一方面，又能从沉潜中跳出来，站在一段距离之外，理性地观照和反省。这样一来，情与理就相融了，构成他这个人的一体两面，两面彼此角力，互相成就，使晏殊词无限接近圆融的境界。

这个境界就是诗人张枣说的"妙合而凝"，张枣在一个访谈中说："我特别想写出一种非常感官又非常沉思的诗，沉思而不枯燥，真的就像苹果的汁，带着它的死亡和想法一样，但它又永远是个苹果。"果肉与果汁的"妙合而凝"，此正如晏殊词情与理的妙合而凝——托可感的意象、节制的情感、安静的场景，来推动思致与理性的迸发，既明朗，又圆融。

正因为有"妙合而凝"，故而晏殊词既不会"理过其词，淡乎寡味"，干巴巴的，又不会任情感恣肆，而是保持着"乐而不淫，哀而

不伤"的克制。晏殊其人和词，都像是神清气远的金秋，看似不动声色，实则有内敛的情绪在涌动，刚峻而激滟，偶尔还会有梧桐夜雨、落叶纷纷。就比如这首《撼庭秋》：

撼庭秋·别来音信千里

别来音信千里，恨此情难寄。碧纱秋月，梧桐夜雨，几回无寐。

楼高目断，天遥云黯，只堪憔悴。念兰堂红烛，心长焰短，向人垂泪。

开头两句点明主题：自离别后，远隔千里，满腔柔情无从寄往，又怎会不生怅恨呢？碧纱窗下，看秋月圆了又缺，缺了又圆，或是听淅淅沥沥的夜雨，一声声敲打着梧桐叶，有多少回啊彻夜无眠。

最后一句"念兰堂红烛，心长焰短，向人垂泪"，是全词最精妙的地方。"心长焰短"说的是：当烛芯还很长的时候，火焰却已越来越短，因为蜡烛就快要烧完了。这四个字，令人低回，隐喻着爱情或人生的一种状态，两人分明情意深长，可偏偏心有余而力不足，多么无奈！张爱玲说，人生最美是"心长焰短"，要说的太多却写到了最后一个篇章，最终，只能以拜伦的诗相问：若我再见到你，事隔经年，我该如何贺你，以沉默？以眼泪？

诚然，人生有诸多无奈，很多词人会耽溺于这无奈，比如说秦少游、晏几道。晏殊当然也有无奈，但他的无奈是有力的，这有力是歌德说的"静谧的激情"：表面虽悱恻缠绵，底下却是静水流深，情中有思，不经意中，比别人多了一份思致和理性。这份理性，使晏殊从外界赋予的、笼统的'大叙述"中走出来，进入到独属于自己的"小叙述"，从而真正地关照自我和生命，视当下为永恒，所以他写："一向年光有限身，等闲离别易销魂。酒筵歌席莫辞频。"或者说，他的人生就是艺术创作，他如他想象的那样在生活，故他能清醒而理性地寄情诗酒声色，这样，生活等于艺术，艺术等于生活。

叶嘉莹将诗人的性格分为两种：一种是成功的、理性的诗人，一种是失败的、纯情的诗人。晏殊和晏几道这对父子，可分别对应理性的诗人和纯情的诗人："天将离恨恼疏狂"，想要为对方捧上炽热的一颗心，天真烂漫、一腔孤勇，是小晏独有的；同样，"小园香径独徘徊"，"对一切的事物都有着思考和明辨，有着反省和节制"（叶嘉莹语），是大晏才有的。

父子俩虽然都是写小令，却包含两种不同的心境：小晏是纯情的，无论他多疏狂，至死都保有一种天真的少年气，就连他的哀恸都带有一种热忱的底色，很干净，不轻浮。大晏则是千帆过尽之后，于慷慨中有旷达，于哀感中有理性之反省与操持，或者说，他是在现实中生活，然后理性地写作，完全当得起"乐而不淫，哀而不伤"的评价。

为人和作词的差异，很自然地，为父子俩吸引来不同的读者，少年人更喜读小晏，因为他天真，他多情，不理性，爱折腾，儿女情长；中年人更接受大晏，因为他理智，他通透，有智慧，有担当，雅人深致。心随境转，情怀有别。

　　而父子俩在书写情爱时，亦是完全不同的姿态。小晏是打开的，他热烈地邀意中人共舞，对他来说，爱太珍贵了，所以他珍惜与爱人共舞的每一个当下。大晏却是内敛的，对他来说，与人共舞到底太累了，故他选择后退一步，冷眼热肠，亲密有间，这绝不是傲慢，或疏离，而是深知，人和人之间的共情与理解太难了，大家各自顾自己吧——"醒时同交欢，醉后各分散"，做一个庄子般大有情的大无情人，只怜取眼前的人与物。

　　这样，晏殊的词读来就似一面平湖。"虽然受风时亦复褶皱千叠，投石下亦复盘涡百转，然而，却无论如何总也不能使之失去其含敛静止、盈盈脉脉的一份风度。对一切事物，他都有思考和明辨，也有着反省和节制。他已经养成了成年人的权衡与操持，然而却仍保持着一颗真情锐感的诗心。"（叶嘉莹语）同时，"诗人之理性该只是对情感加以节制，和使情感净化升华的一种操持的力量，此种理性不得之于头脑之思索，而得之于对人生的体验与修养。它与情感不但并非相敌对立，而且完全沉浸于情感之中，譬如水乳交融"。

　　正因如此，晏殊词才不被儿女之情所局限，他面对的不是具体的人或事，写的不是"我"，而是我们、人间、今古，他有一种超越，比如他写"须尽醉，莫推辞，人生多别离"，再有"人生乐事知多少，且酌金杯"，还有"人生百岁，离别易，会逢难"，等等。这个兼具诗人的感性，与哲人之理智的明白人，从不试图给情感染色，回避癫恣的感官侈逸，或麻木地陷入那些平常而庸俗的规则中无法自拔，在词这一小道，晏殊就像山谷里的花，自开自落，唯留绵延的喜悦与自持。这对于喜欢读《珠玉词》的中年人，是多么欣慰的一件事。

三、夜静春山空

时间对诗人而言，意味着什么呢？是敏锐的节序感受、残酷的今昔对比，还是有限的人生光阴、迅疾的空间推移？作为诗词中最常见的元素之一，几乎所有诗人都会拿时间开刀，期望探索出前所未见的诗意。那么，理性的晏殊又将如何抒写时间呢？

据统计，《珠玉词》中有关时间描写的词共有84首，占词集的60%左右，其中既有感物、伤时、怀人、祝寿等，更有对人生、空间、死亡、得失的思考。而且，晏殊词的时间感不局限于某一个人或某一件事，而是放置于时间永恒与生命有限的矛盾中做考量。虽然晏殊所处的时代并不是剧变的世纪，但他却有最摇荡的心态，以一颗寂寞的诗心，敏锐地感知时间的流逝。我们来读他的词《木兰花》：

木兰花·池塘水绿风微暖

池塘水绿风微暖，记得玉真初见面。重头歌韵响铮琮，入破舞腰红乱旋。

玉钩阑下香阶畔，醉后不知斜日晚。当时共我赏花人，点检如今无一半。

好风轻吹，池水碧绿，正是一年春好处。漫步于花园的词人，此时情绪恰如春水，"风乍起，吹皱一池春水"，他忆起与伊人的初相见，她的歌舞如此迷人："重头歌韵响铮琮，入破舞腰红乱旋。"下阕

不复写伊人，想应还有别的情事，留待读者自行想象。结尾，又从往昔跳至今日，词人说："当时共我赏花人，点检如今无一半"，玉真呢，她应包含在"赏花人"之内，但她属于哪一半呢？也没有说。

张宗橚《词林纪事》云："东坡诗'尊前点检几人非'，与此词结句同意。往事关心，人生如梦，每读一过，不禁惘然。"话虽如此，晏殊这两句却比东坡的诗来得深厚，里头有被制约着的活泼。词人由赏花人联想到一整个绚烂的春天，以及无可挽回的凋萎。当年的赏花人，如今都到哪儿去了呢？恐怕早已被风吹走，散落在天涯了吧。

在这首小令中，词人以小观大，以有限设想无限，如周梦蝶《五月》诗所写："在纯理性批判的枕下，埋着一瓣茶花。"这茶花即是晏殊词的日常。我们看他写花草、写岁时，写他的感喟、他的无奈，没有大事件，没有大野心，日常细节尽数采撷入词："晓燕春柳""朱槛金卮""佳人试衣""渔父醉酒""西风暮蝉""晚花落庭""青梅煮酒""海棠花红""宝筝弦柱"，诸多意象皆生发自词人的寂寞心，这寂寞是一种纯粹的内观，是自己和自己相处。除了写作，没有任何其他途径，能使词人逃避对自我的关照和对时间的叩问。

故而，词人咏叹："满目山河空念远，落花风雨更伤春。"又讶异："绿树归莺，雕梁别燕，春光一去如流电。"继而伤感："一向年光有限身，等闲离别易销魂。"无论在何时、何地，晏殊总是不断地为时间而惊心，眼看着春花与秋草，"只是催人老"；耳听着光阴似水声，"迢迢去未停"，急景流年不过是一瞬间。既如此，要继续沉溺于感伤中吗？词人给出的答案是："劝君莫作独醒人，烂醉花间应有数。"

木兰花·燕鸿过后莺归去

　　燕鸿过后莺归云，细算浮生千万绪。长于春梦几多时？
散似秋云无觅处。

　　闻琴解佩神仙侣，挽断罗衣留不住。劝君莫作独醒人，
烂醉花间应有数。

　　"细算浮生千万绪"，说的是岁月荏苒，而人生是千头万绪，不
知道做怎样的归整。好时光虽然有，到底太短暂了，倏忽飘散如秋
云，了无踪迹。既然美与爱都留不住，就不做"独醒人"了吧，何必
让自己痛苦呢？不必彷徨，更无须惆怅了，趁着好花尚开，且去花间
痛饮消愁。

　　表面看，烂醉花间有点近于虚无，但实则是痛心，痛心于爱与
美的丧失。词人深知，好时光太有限，如何从有限中获取尽可能多一
点的无限，并延展生命的厚度呢？那便要怜取眼前人，及时行乐，专
注于当下每一刻的悸动。

　　探究诗人们对时间的态度，是很有意思的。对李白来说，时间
是挣脱，是逃逸，"长风破浪会有时，直挂云帆济沧海"，有独属于谪
仙人的飞扬和明亮。对苏轼来说，时间是超脱，是旷达，"无所往而
不乐者，盖游于物之外也"，与物无隔，素面相见。对晏殊来说，时
间是静水流深，是哀而不伤。既不求挣脱，亦不求旷达，更不耽溺于
痛苦中，他是用理性在苦痛中创造新生活，并汲取每一个当下的快

乐。虽常常有惆怅，然而不虚无、不潦草，生命是无限地扩张的。于是这静深中，就蕴藏着情感的庄严、静谧的激情，以及幽微的细节，如这首《踏莎行》所写的：

踏莎行·细草愁烟

细草愁烟，幽花怯露，凭阑总是销魂处。日高深院静无人，时时海燕双飞去。

带缓罗衣，香残蕙炷，天长不禁迢迢路。垂杨只解惹春风，何曾系得行人住。

这首词极富幽微深惋之意味，"细草愁烟，幽花怯露"，细草间，有烟雾迷蒙，幽花上，有露珠未落。细草与幽花，一个"愁"，一个"怯"，表面写的是景物，实则是词人最纤细的情思，以及对美的战栗。很难说，是词人照亮了花草，使花草一时明亮起来，还是花草照亮了词人，使词人瞬间被看见。

下一句，"凭阑总是销魂处"，可知词人是靠在栏杆上看风景，但人人都凭栏，人人都看草、见花，却只有他看到了细草有忧愁，幽花会怯寒，且细草、幽花竟能使人销魂，何谓"销魂"？这里的"销魂"，便是人们说的"物哀"——"哀而美"，如《子夜四时歌》吟咏的："春林花多媚，春鸟意多哀。"那为何春鸟的鸣啭会给人哀的感觉呢？因为美总不免使人伤心。而在此伤心里，词人眼看着燕子双双飞去了，愈发地牵引出无尽的怅惘来。

下阕仍然写人，"带缓罗衣，香残蕙炷"，词中人因怀念远人日益消瘦，黯淡的心绪像极了熏香，一段段烧成灰。这两句很好懂，有人据此评价晏殊词浅，写得不够有力，这种说法失之偏颇。晏殊词是表面看起来弱、浅，其实很有内骨，富于玲珑活泼之理性。

单说这句"带缓罗衣，香残蕙炷"，可与少游的"欲见回肠，断尽金炉小篆香"对照读，同样写怅惘的怀思，少游是因为"天涯旧恨，独自凄凉人不问"，才断尽了回肠。晏殊却不直说，不说断肠，只客观地描述罗衣渐宽，香烛渐残，于是这情意就不再受一时、一地、一人的拘束，而转变为普世的情意。这正是晏殊词的高妙处——模糊诗意，我们读时，这样理解也行，那样理解也对，不必揪出某种定见。又因为诗意是模糊的，晏殊词便生出"浅中有深致"的意境，如绿茵茵的春草，"更行更远还生"。

结句"垂杨只解惹春风，何曾系得行人住"，写的又是一种无奈。美好的人与物，终归是留不住的，不信你看，哪一根柔条牵住了春风？又系住了行人呢？晏殊将这种无奈清浅地道出了，但怅惘之情极深远，整首词读来静气迎人，且静中出老格，老格中融静穆，颇得高深回环之妙。

无疑，晏殊是在克制中培育他的老格，如盐入水，静水流深。这克制是非常珍贵的，拥有文字舞台的人，有时难免滥用文字，比如陆游，"六十年间万首诗"，数量固然多，情感固然真，可惜很多诗的品格不高，他常常就同一主题写很多首诗，感慨太多，节制太少，像极了盛夏的暴雨，呼啦一下，就赤条条地泼下来了，泥沙俱下。

晏殊呢，是陆游的反面，他是山林的静水，清冽肃穆，这清冽

里，有孤寂，不是一般的安静，是老中之静、时间之静。而且，静水虽深，仍然是流动的，当它流经石头或树木，会激起或大或小的水花，于是便有了活泼的意趣，虽豪逸而不狂，于静谧中有激情。此正如他的小令《浣溪沙》所写的：

浣溪沙·小阁重帘有燕过

小阁重帘有燕过，晚花红片落庭莎。曲阑干影入凉波。
一霎好风生翠幕，几回疏雨滴圆荷。酒醒人散得愁多。

词抓取的是词人在酒醒人散后，一种怅惘的心情。此刻有燕子飞过，有晚花落庭莎，有倒影入凉波，但不完全是静的，还有好风细细吹，疏雨滴圆荷。词人只单纯地坐在院子里，不说话，仅感觉，感觉身心皆沉浸于美与寂静中。慢慢地，词人滑入了深而又深的闲愁里，仪静体闲，而院子对他唯有"沉静"二字——"炉香静逐游丝转。"这一幕，像电影的空镜头，有一种气息、一种意思停在当下，我们从中看见时间的流动，觉察到万物的变化，这是很有意思的。

不过，晏殊显然不以寂静为苦，他享受一个人的寂静，这寂静里有活泼的理性，如此便能涵泳万物。且这活泼是晏殊词独有的，如同盐溶于水，不着痕迹的入味模式，词人秘而不宣地烹着这些小令，淡而有味，至于盐的分量，就只有他自己知道了。当然，偶尔会有入味重一点的，比如这首《蝶恋花》：

蝶恋花·槛菊愁烟兰泣露

　　槛菊愁烟兰泣露，罗幕轻寒，燕子双飞去。明月不谙离恨苦，斜光到晓穿朱户。

　　昨夜西风凋碧树，独上高楼，望尽天涯路。欲寄彩笺兼尺素，山长水阔知何处？

　　词人"独上高楼，望尽天涯路"，这个"望尽"是形而上学的时刻，与陈子昂的登幽州台、杜甫的登高楼同质，既是抒情，更有思考。而晏殊的思考之起因却来自历历世间事，在世事的沉浮中，自己面对自己，并做出理性的思辨。这思辨仿佛是阔绿千红之后，只余枯瘦的一杆残荷。

　　冯友兰在《新知言》中说："一首诗若只能以可感觉者，表示可感觉者，只是'止于技'的诗。而假如一首诗能以可感觉者，表示不可感觉只可思议者，以及不可感觉也不可思议者，便是'进于道'的诗，而进于道的诗，可以自比于形而上学。"从这个角度看"昨夜西风凋碧树，独上高楼，望尽天涯路"，这一句就不单"止于技"，同时"进于道"了。所以，王国维将此视为"古今之成大事业、大学问者必经三种境界"之第一境。"独上高楼，望尽天涯路"，是唤起，是如梦初醒，如谜忽觉，是澄清世相的能力，再往后，才会有"为伊消得人憔悴"，最终在灯火阑珊处，得见伊人。这就是珠玉词值得歌颂的圆融理性之悟，是大于感觉的感觉，是抽离感觉的顿悟。这顿悟，正如王维的诗："夜静春山空。"

晏几道

痴情人多绮梦

这个不合时宜的人，决绝地将无关的人和事都删除，唯留满腔孤勇的爱，与简单干净的词。

一、总而言之不醒

如果说，大晏之所以成为大晏是因为他的成功，迷人处就在于清醒而通透的理性，那么，小晏之所以成为小晏却在于他的失败，他几乎是父亲的对立面，打小就泡在脂粉堆里，"潜心六艺，玩思百家"，浑然不知世事之艰辛，养成了孤高自傲、天真疏狂的脾性，有点像词中的贾宝玉，狷介不羁、落拓一生，总而言之是不醒的。

和父亲大晏一样，少年小晏才华早露，大约十四五岁时，就受到皇帝的赏识。据黄升《花庵词选》注，庆历中，开封府与大理寺同日奏狱空，宋仁宗在宫中宴乐，宣小晏作词，他填了词《鹧鸪天·碧藕花开水殿凉》献上，大得仁宗欢心。奉旨填词、大称上意而受赏，是贵公子踏入仕途的绝佳机遇，加之朝中上下有很多晏殊的门生和旧好，小晏的仕途看起来一片大好。但"长于妇人之手"的小晏，书生气重，对官场的尔虞我诈，和党派间的倾轧，十分反感，不愿依仗父兄余荫去谋求仕途的飞黄腾达。

挚友黄庭坚说小晏这个人"磊隗权奇，疏于顾忌"，或许正因他"纵驰不羁""尚气磊落"的性格和言行，致使"诸公虽爱之，而又以小谨望之，遂陆沉于下位"。有一则记录能说明小晏是何等天真、任性，不通世故人情，不善敷衍官场，该事迹见《邵氏闻见录》卷十九："晏叔原……手写自作长短句，上府帅韩少师。少师报书：'得新词盈卷，盖才有余而德不足者。愿郎君捐有余之才，补不足之德，不胜门下老吏之望'云。"据《二晏年谱》考证，该事发生在元丰五年（1082年），当时，小晏监颍昌府许田镇，只是一介小吏。可这个小吏呢，竟然将平日所作的"侧艳"之词上呈于长官，此举太不妥当了，无怪乎要蒙受"才有余而德不足"的规诫。

小晏的长官韩维原是晏殊门生，曾得到晏殊的举荐并从游甚久，他对小晏的劝告，倒不是旁人揣测的"前哲训迪后进"的大道理，而是出于对小晏仕途的关切，担心他因行为不检而授人以柄。而这种事有过前车之鉴，同为宰相的宋庠之孙宋乔年，"用父荫监市易，坐与倡女私及私役吏，失官"。

无疑，想要争得大好仕途，就必须如韩维所言以才补德，对此，小晏的回答却是："古来多被虚名误，宁负虚名身莫负。"他压根儿不屑做这一套。小晏有一句夫子自道："往与二三忘名之士，浮沉酒中。"他的确是这么做的，这"二三忘名之士"中，范纯仁、蒲宗孟两个长辈高官均为世交，皆好小词；郑侠、黄庭坚、王颉、王肱、吴无至、陈君龙、沈廉叔七个同辈好友，则是人生坎坷，沉沦下僚。

不过，小晏的沉沦与好友不一样，他是心甘情愿"陆沉于下位"，并非受到排挤。相反，若他想要飞黄腾达，依托亲缘、父缘、友缘等关系和机缘，开展形式各异的交游以谋取官职，想必是不难的。可他呢，只想做一个透明人，不期望被看见，他甚至拒绝了苏轼的结交。按照一般人的看法，如日中天的苏轼主动去结交日渐凋零的晏家，是苏轼给晏家面子。小晏却答：如今朝廷上的大官，有一半是

我家的旧客，我都没空接见他们。可见，小晏的倨傲是多么有水平，他无意在官场蝇营狗苟，这辈子只做过颍昌府许田镇监、乾宁军通判、开封府判官等一类小官。因为仕途上没有大作为，所以正史对小晏的生平少有记载，只留下一部《小山词》供后人评说。

同时代的很多人不喜欢《小山词》，指责其狭隘而浅薄，黄庭坚却力荐它，亲自为《小山词》作序，称赞挚友："固人英也，其痴亦自绝人。"他将小晏的痴绝总结为"四痴"："仕宦连蹇，而不能一傍贵人之门，是一痴也；论文自有体，不肯一作新进士语，此又一痴也；费资千百万，家人寒饥而面有孺子之色，此又一痴也；人百负之而不恨己信人，终不疑其欺己，此又一痴也。"

这"四痴"似贬而实褒，可拿来做小晏的自画像。他的痴绝与晚明张岱倡导的"人无癖不可与交，以其无深情也，人无疵不可与交，以其无真气也"，本质是相通的，因为有一往而深的情，故可发痴发狂，进而养成各种怪癖。但这个癖呢，在士大夫眼中，是一种不具有实用性的激情，一个追求无用之用的词人，怎么能获得世俗的成功呢？从这个角度看，小晏是一个彻底的失败者，他这一生没有成功，只有一寸一寸的溃败。

而小晏的失败又分明是主动的，以他的家世和才华只需对"痴"反其道而行，就能取得世俗成功，可知道是一回事，做又是另一回事。这个偏执的理想主义者，执拗地坚守自己的"痴"，不依赖于任何体制，不依附于任何团体，无视主流社会通行的规则，终其一生，追求爱与浪漫，保持着做梦的能力，哪怕这么做最终使他处于被羞辱乃至被毁灭的境地。如此，小晏的孤独就无可避免，故他频频出入醉乡与梦乡——"只愿长醉不复醒",一步步往后退,像蜗牛般,缩回到小世界,任外面风雨如晦,他自诗酒风流,总而言之不醒。

粗略读小晏词,我们发现,其中有大量描写"酒""醉""梦"的词作,而涉及"酒"的词竟有100余首,"酒"字共出现过50余次,另有不少与"酒"相关或相近的词,如"玉盏""尊前""离杯""酩酊""金盏"等,不胜枚举,可以说,整部《小山词》都氤氲着浓郁的酒气,化不开,散不掉。

在词中,小晏一遍遍地写"醒去醉来无限事""新酒又添残酒困""对酒当歌寻思着""梦里相逢酩酊天"等,为什么一定要喝酒呢?倒不是有多么了不得的家仇旧恨,大部分时候是因为留不住心爱的女孩们:莲、鸿、蘋、云。可是若真细究起来,她们未必能成为小晏的知音,逢场作戏往往多过真心,可小晏将她们视为珍宝,惯着她们,惯着自己,耽溺于甜美的白日梦,不舍得将自己叫醒。爱情,就是小晏的"自然"与"信仰"。

但就像留不住初雪一样,小晏留不住女孩们,最终"落了片白茫茫大地真干净"。自此,记录和缅怀消逝的爱情,几乎成了小晏创作的唯一理由,他赌气地说:"此后锦书休寄,画楼云雨无凭。"抑或:"欲将沉醉换悲凉,清歌莫断肠。"话虽是这么说,可他怎么做得到呢?人生越是荒芜落魄,小晏越怀念与她们共度的春夏与秋冬,不断地在词中将女孩们理想化:她们代表纯洁、无邪和脆弱,有时又是活泼、快乐和慰藉。小晏遇见她们,像途经一朵玫瑰花的盛放,他负责理解她们的不易与痛楚,共情她们的挣扎与渴望,甚至连她们的逢场作戏,他都不认为是辜负。

因为懂得，所以慈悲。这慈悲中有善意、有共情，悲天悯人，是一种更深层次的对悲伤的理解。尽管这慈悲，很多时候是小晏的自欺欺人，但只要不睁开眼，所有明明灭灭的、稀薄的、干净的爱意就始终是在的，这就是小晏在爱中的不醒。

与爱情的"不醒"相对照的，是小晏词的"不醒"，有时候，我们拿一个不愿醒的人，真是一点办法都无，他有所为，更坚持自己的有所不为。在当时的文坛，慢词长调逐渐盛行，婉约派和豪放派各以柳永、苏轼为代表："柳永之羁旅行役的铺陈，和贫士失职的悲慨，与苏轼之逸怀浩气的胸襟，和举首高歌的气度，已经对词境有了很大的开拓。"（缪钺、叶嘉莹《灵谿词说》）

而小晏对词坛的新风气一概无视，既无意于与文坛领袖苏轼结交，更不愿改变自己的词风。《小山词》中，慢词不到10首，其余全是小令，可以说，他的词与他的人一样，不合时宜。这个不合时宜的人，决绝地将无关的人和事都删除，唯留满腔孤勇的爱，与简单干净的词。

不过，痴顽也好，癫狂也罢，全都因小晏有深情、有真气，他天然有一种倾斜美，端正的、几无非议的美，当然很好，但少个性、缺风采、难见性情。小晏呢，是无比倾斜的姿态，如一枝桃花斜出来，径自开放、圆满具足。如此，喜爱他的人便为他倾心不已。初逢，并不觉得惊艳，再品，渐有摇曳的荡漾之美，最妙的就在于这一份摇曳与荡漾，风致楚楚递送出来的，除了轻盈甜美的爱意，还有许多灵魂出窍的时刻，以及欲说还休的放纵与不甘，谁能不爱晏小山呢？他是春夜，他是情迷。

二、风花隔水来

说到春夜，就不得不提虞世南的诗《春夜》，此诗最得春夜之妙，诗云：

春苑月裴回，竹堂侵夜开。惊鸟排林度，风花隔水来。

一个春夜，月徘徊着，推开了竹林掩映下厅堂的门。喧闹声中，林间的鸟被惊醒了，扑啦啦，掠过竹林穿飞而去。河对岸，晚风对一树新花着迷不已，轻柔地携花香隔水递送来，令满庭的月色都凌乱。这幅春夜图中，有明月、有竹林、有飞鸟、有晚风、有春花，所有意象恍似空谷之音。诗人在哪里呢？他在厅堂。春色恼人眠不得，他此刻浸入了月光中，只会一个精神游荡在这里，既是人间，又是天上。

这就是春天了，即便恼人，依旧"春晴也好，春阴也好，著些儿，春雨越好"。春天是无论怎样都好的，但诗中又写了："年年岁岁花相似，岁岁年年人不同。"是这样的，在诸多言之不尽的美好之外，某个春夜，终会有一种惆怅击中你我，这惆怅，说不清，道不明，如初涨的春水，绵延不绝。

而每至春来，心境又相似，旧梦如归，夹杂着许多似是而非的情绪，牵牵绊绊的袅晴丝，拂也拂不去，于是恼啊！可偏偏有痴人，甘愿被情思牵绊呢，情不知所起，一往而深，这个痴人，就是晏几道。他和诗人虞世南一样，在北末的某个春夜，将春气盈盈地荡开了。

鹧鸪天·小令尊前见玉箫

小令尊前见玉箫，银灯一曲太妖娆。歌中醉倒谁能恨？
唱罢归来酒未消。

春悄悄，夜迢迢，碧云天共楚宫遥。梦魂惯得无拘检，
又踏杨花过谢桥。

春宴上，疏狂落拓的词人，遇到一位妩媚的女郎，于觥筹交错间，两人目成心许——满堂兮美人，忽独与余兮目成。她实在太美了，词人沉浸在她的清歌中，春心摇荡，心甘情愿痛饮至醉。自然，就有了这一段春夜的故事。

"春悄悄，夜迢迢"，春意生发，潜入心来，如春天湖底的水草，轻轻拂动，柔软地与鱼群、石头、水波擦肩而过，多情如斯。词人久不能寐，担心因世事的阻隔，两人再难相见。怎么办才好呢？是"终易散，且长闲"？还是"莫向花笺费泪行"？但这些事，词人一件都不肯做，他不是不知道，爱情、功名都如朝露，不过一瞬，可是，他依然要像此前的无数次——"殷勤理旧狂"，让千万缕割不断、理还乱的情思牵系着自己，不断动心，不断动情，痴绝如小晏，总而言之不醒。

"梦魂惯得无拘检，又踏杨花过谢桥。"这两句暗用了张泌诗《寄人》的诗意："别梦依依到谢家，小廊回合曲阑斜。多情只有春庭月，犹为离人照落花。"人的梦魂，无拘无束，任意游行，今夜，词人的梦魂在迷蒙的春月中，又踏着满地的杨花，悄悄走过谢桥，去重会意中人了。

春夜的月色，最容易调动多情人脆弱而敏感的心灵，就像潘知常在文章《众妙之门》论说月意象时说的："中国人那根极轻妙、极高雅，而又极为敏感的心弦，每每被温润、流光、迷离的月色轻轻拨响——而人们的种种缥缈幽微心境，不但能够假月相证，而且能够在温婉宜人的月世界中，有斯响应。"而那些荡漾的情愫，只有春月知道，比如："夜月一帘幽梦，春风十里柔情。"（秦观《八六子》）比如："多少恨，昨夜梦魂中，还似旧时游上苑，车如流水马如龙，花月正春风。"（李煜《望江南》）等等。

同样是写春月，小晏的这首《鹧鸪天》，千载之下，读来仍令人无比动容，为何呢？奥秘就全在于，该词如春月般迷离又恍惚的情境，悄无声息却又汹涌澎湃。词人敏锐地捕捉到了情感生发的微妙悸动，以及在暗流涌动的情者中，电光石火的一瞬。尤其是这一句，"又踏杨花过谢桥"，散发出梦游人任情率性的沉溺，和如痴如狂的爱恋，有一点神经质，有一点天真气。实在是晏小山特出的风度。

小晏的另一首《鹧鸪天》写的是春夜的重逢，奇妙地与上一首做了对照。

鹧鸪天·彩袖殷勤捧玉钟

彩袖殷勤捧玉钟，当年拚却醉颜红。舞低杨柳楼心月，歌尽桃花扇影风。

从别后，忆相逢，几回魂梦与君同。今宵剩把银釭照，犹恐相逢是梦中。

与伊人离别后，词人时常思念，没想此刻不期而遇，真真又惊又喜，他举起银灯来，照了又照，生怕是在做梦。俞平伯点评词的下阕："回忆本是虚，因忆而有梦，梦也是虚，却疑为实。及真的相逢，翻疑为梦。"似实而虚，似梦却真，此正是花晨月夕的庄周梦蝶。分别前、离别后、再重逢，时间与空间的转换，梦境与现实的相生，所有当下发生的、随时会消散的、难捕捉的情绪，全都在炽热地沸腾着，悲伤是真悲伤，快乐是真快乐。

小晏平生"人百负之而不恨，己信人，终不疑其欺己"，有所慕而无所得，"浅情人"一次次辜负了他这个深情人，但他依然一往情深，不疑不恨，无数次地想象心爱之人，将美好的品质赋予她们。他这一生，爱而不醒。这样，再来看小晏的痴绝，就有些至深的不合理，蕴含着现代人难理解的浪漫与诗意，或许只有春夜知晓，深情人已沦陷、已情迷，带着不可知的勇气与天真。

李易安曾在《词论》中评小晏的词，她说："后晏叔原、贺方回、秦少游、黄鲁直出，始能知之。又晏苦无铺叙，贺苦少重典。"易安的批评很公允，小晏的词无论结构，还是章句，都有可商榷、可提升之处，但他自己并不以无铺叙为苦，他原本就无意于铺叙。在《小山词》自序中，小晏谈及自己写词的初衷，曾说："病世之歌词，不足以析醒解愠，试续南部诸贤，作五、七字语，期以自娱。不皆叙所怀，亦兼写一时杯酒间闻见，所同游者意中事。"显然，小晏写词的着力点确不在铺叙上，"叙所怀"才是他创作的出发点，他想写的多是"如幻如电，如昨梦前尘"的私人情事，是碎片式的、如梦境般的氛围，以及情感的摇荡。

而这一种摇荡，又全在于他所言之情本身的真、为人的真、情感的真——有至情之人，方有至情之词。故而，我们常常在小晏词中读到他的愚勇、笨拙、患得患失，以及屡屡被人辜负，这是一种与粉饰相对的真实，有颗粒感，非常珍贵。就像在春夜里，看一树绽放的樱花，看花人定然要惊心，继而被击中，哪怕这一树花短暂易逝，可能明天就落英缤纷了，但任谁都否认不了它绚烂的存在。

正因真实、有爱，故小晏对哀伤和真乐的感知极敏锐，无论是爱、是怨，还是悲伤、喜乐，都能令读者遭遇排山倒海般的震荡与潸然，正如黄庭坚所说："滑壮顿挫，能动摇人心。"陈廷焯曾将小晏和李后主视为同类，评价道："李后主、晏叔原皆非词中正声，而其词则无人不爱，以其情胜也。情不深而为词，虽雅不韵，何足感人？"诚如斯言。小晏词"以其情胜"最典型者，莫过于《长相思》，词云：

> 长相思，长相思。若问相思甚了期，除非相见时。
>
> 长相思，长相思。欲把相思说似谁，浅情人不知。

长久的相思啊，长久的相思。如果你要问，这相思何时才能了结，除非是相见时。这是词人的自问自答，说相见才是解决相思的唯一办法，这不是痴傻的废话吗？小晏呢，偏就认认真真说了出来，像这样痴傻的话，是浅情寡义者搜索枯肠都道不出的。

但是，相见真的能终结相思吗？并不能，即便将相思说出来，浅情人终是无法共鸣，这才是深情人最无奈的地方。虽然无奈，小晏却也不恨不疑，无有抱怨。多情如他，在春天最缤纷的花园游玩，遇

见的每一位女子，于他都是扑面熏风的有幸乐赏，哪怕爱而不得，带泪赏依然是极好。一生致力于爱与被爱的小晏，将每一次爱恋都当作最后一次来沉沦，而诸多求不得、已失去、不可追、追不回的时时刻刻，便都回环往复，激荡在了他的词中。

"春心荡兮如波，春愁乱兮如雪。兼万情之悲欢，兹一感于芳节。"这是李白写春天的赋，借来说小晏同样妥帖。春的变化无常，春的温柔恬静，春的情思摇荡，春的稍纵即逝，还有春光乍泄、春梦无痕，等等，看起来都像是小晏的白日梦——相望而不得，如梦似幻，正如他幻梦一样的人生。从这个角度看，小晏的词，无疑是宋词中最具春之气息的，其意境的幽微淡远、情思的如丝如缕，不就是细雨中的春山、雾中的春花、云间的春月？毛晋的《小山词跋》如是说："字字娉娉袅袅，如揽嫱施之袂，恨不能起莲、鸿、蘋、云，按红牙板唱和一过。"不如就在软绵绵的春风里，读一阕《小山词》，听幽眇的歌声踏月而来，重入渺远的春之梦境吧。

三、尘世的梦浮桥

《源氏物语》的译者林文月在释疑"梦浮桥"三字的意义时，曾说："《梦浮桥》的'梦'字，代表了一种脱离现实的境界，现实的人生在回顾时，亦难免有'浮生若梦'的虚幻感觉。'浮'字意味着漂浮、浮动的不定感。在日本古典文学里，梦字又常常暗示爱情欲念，故而一夕偷欢多不直接说破，往往用梦字带过。至于浮字之音，又与忧字同音，所以取音义双关之妙，说'浮'正是'忧'。"

"世间男女情爱，既甜蜜又虚幻不可恃，缠绵之中实多忧伤。《源氏物语》的后半段，出场人物自光源氏移向其第二代，众多男女亦如他们的上一代，为甜蜜而多忧的情爱葛藤缠系不已。色即是空。至于文中所不见的'桥'字，乃是过渡人于此地到彼地的建筑物，也是由此岸至彼岸死生过渡的媒介。"

这段释疑正可拿来说小晏，他的词，不正是为"甜蜜而多忧"的情爱造的一座"梦浮桥"吗？

晏几道这个人，耿介孤洁、恃才傲物，很难被时人所理解，这导致他的交游非常狭窄，仅限于郑侠、黄庭坚、沈廉叔、陈君龙等寥寥数位。这几位中，沈廉叔、陈君龙二人生平均不详，大概是家境宽裕、醉心风雅而又薄于功名的大隐隐于市者。正是在沈廉叔、陈君龙两位友人这里，小晏为自己寻到了一处桃花源。沈、陈二人家中有莲、鸿、蘋、云四个歌伎，她们聪明，多才多艺，能弹、能唱、能舞，又兼天真妩媚，小晏最喜欢和她们在一起填词唱曲，为一笑乐。

《小山词》的许多篇章，就是在与莲、鸿、蘋、云的盘桓间写出的。后来，陈君龙疾废，沈廉叔下世，晏家家道中落，往昔的狂篇醉句"遂与两家歌儿酒使，俱流转于人间"。这些词或记录，或追忆，或感怀，"考其篇中所记悲欢离合之事，如幻、如电，如昨梦前尘。但能掩卷怃然，感光阴之易迁，叹境缘之无实也"。

作为词人的小晏，天生脆弱、敏感多情，而且他敢于把脆弱写出来。正因为有真诚的脆弱，故他能同情女性的脆弱，对她们的苦痛有真切的懂得。不过，在这份懂得中，掺杂了小晏一厢情愿的想象，他显然将她们想得过于理想化了，以至于分不清同情与爱。事实上，

小晏能给予她们的，通常只有自上而下的同情——对卑微的、被损害者的同情，如同他同情自己一样。

就是在同情自己和女孩们的时时刻刻，小晏时常自梦中出入，易入梦而不能也不愿惊梦。一整部《小山词》就是词人的与梦共生：浮生若梦，若梦非梦。浮生何如？如梦之梦。这个痴人，将自己放逐于梦里太久，人都痴了，仿佛中邪；至于词呢，恍恍惚惚、朦朦胧胧，看起来都像是做梦。

据统计，《小山词》中，"梦"的意象出现了60余次，不同的梦的意象承载了小晏不同的心境："梦魂惯得无拘检，又踏杨花过谢桥"，是与恋人梦中相逢的欢愉意；"从别后，忆相逢，几回魂梦与君同"，是与恋人离别后的相思苦；"梦入江南烟水路，行尽江南，不与离人遇"，是对恋人苦相寻的执着；"梦魂纵有也成虚，那堪和梦无"，则是梦也梦不到的难堪。可叹，世事无常，"别多欢少奈何天"；可怜，人意薄如云水，"浅情人不知"，痴情郎对薄情女，奈何，奈何。

既然往日的欢愉不可得，空追忆，何不将其诉诸辞章？于是，小晏为往日的情爱打造了一座虚幻而徒然的"梦浮桥"——《小山词》。明知世事无常，却期盼岁岁常相聚；深谙过往不可追、不能追，仍然要心心念念旧交，倔强地在辞章中留下雪泥鸿爪，正如杨海明所说："晏几道填词，正是一种将往日的'绮梦'，追写在文学画册中的'补亡'举动。"

以绮梦做桥梁，小晏得以从现实中遁逃，成为一个梦的诗人，一生都在做梦、写梦，有时是"春梦""秋梦""蝶梦""归梦""高唐梦""桃源梦"，有时是"虚梦""残梦""如梦""短梦""魂梦"，有时是"梦入""梦里""梦中",抑或是"梦觉""梦回""梦后"……

小晏这一生总而言之是不醒的,耽溺于纷繁的梦境,故他书写的就多是惘然的梦,转瞬即逝,不可复得,唯留深情款款的浅吟低唱,与情意绵绵的回环往复,恰似"当时明月在,曾照彩云归"。

临江仙·梦后楼台高锁

> 梦后楼台高锁,酒醒帘幕低垂。去年春恨却来时,落花人独立,微雨燕双飞。
>
> 记得小蘋初见,两重心字罗衣。琵琶弦上说相思,当时明月在,曾照彩云归。

在孤寂的阑夜,梦残酒醒的词人瞥见"楼台高锁""帘幕低垂",不禁哀从中来,不可断绝。此时已是"君龙疾废卧家,廉叔下世"之后,歌女小蘋亦随风飘散,不知去向,故而"起二句情景,非一时骤见而得之,而是词人经历过许多寂寥凄凉之夜,或残灯独对,或酽酒初醒,遇诸目中久矣。忽于此时炼成此十二字,恰如弥勒弹指,得现'华严境界'"(《艺蘅馆词选》引康有为评)。所谓"华严境界",是说已进入佛家的空寂之境,此种空寂,是惘然后的空虚,梦中虽切实,但醒后是幻灭、是虚白,眼前一切如云烟般消散。

在幻梦消散前,小晏依然想握住点什么,于是他转入追忆中——"去年春恨却来时"。春恨是什么?是每到春来,惆怅还依旧,"剪不断,理还乱,恨无端"。被惆怅淹没的词人,只好孤独地立于

庭院，数落花。此时，燕子又双双归来了，伤心人怎能不神伤呢？

但神伤亦无妨，词人仍然不愿醒来，他忆起与小蘋的初相见："两重心字罗衣。琵琶弦上说相思。"许多具体而微的情事，会随岁月的流逝而变淡，初相见的惊与喜却永志不忘，故小蘋始终是眉眼盈盈："小蘋若解愁春暮，一笑留春春也住""小蘋微笑尽妖娆"。

遗憾啊，无论是初相见，还是忆别离，终归像做了一场梦。眼前依然是旧时的明月，可小蘋像一朵彩云归去了，唯留词人在此，固执地不愿醒，将虚幻当作现实，折磨自己，苦苦痴恋。"当时明月在，曾照彩云归"，这两句真是美，忽而让词落入虚处，有无穷的感慨蕴含其中，言有尽，意无穷。千载后读，我们仍能感受到词人爱而不得的无奈。但即便是爱而不得，恍如一梦，珍贵的人和物都如"春梦秋云，聚散真容易"，小晏依然要"殷勤理旧狂"。一个"旧"字，暴露了他的痴狂绝非偶然，而是一次次清醒地沉沦，是"年年陌上生秋草，日日楼中到夕阳"，是"梦入江南烟水路，行尽江南"，哪怕不与离人遇，仍然要将生命消融于梦境中。

小晏这个梦的词人、春的词人，永远慕春，春来了便喜悦，人还在春光里就已惘然，等春离开了又眷眷无限，这像极了他的爱恋。人来人往，聚散离合，或许到最后，小晏所怀念的、书写的，已不再是具体的某个人、某件事，而是生命中曾被"她"点燃过的烈焰、碰撞出的星光。我们深知，春光和爱一样，易生幻灭，沦入空虚，但小晏还是不能够不做梦，不能够不去爱，情不自禁乃至身不由己。

柳永

被嫌弃的柳永的一生

任何美的人或物，最重要的都在于被看见、被记录，这样，如春花般易逝的美与哀愁，便得以在文字中保存。

一、爱欲与哀矜

自太祖立宋，经过数十年的发展，到了真宗、仁宗时期，经济繁荣、人才辈出，举国上下、朝廷内外，皆是一派升平气象。由于承平日久，国家无事，自平安三代始，游乐之风在东京席卷而来，歌楼舞榭林立，瓦舍说书杂之，继而乃有杂剧。《东京梦华录》描述东京的繁盛云："时节相次，各有观赏。灯宵月夕，雪际花时，乞巧登高，教池游苑。举目则青楼画阁，秀户珠帘。雕车竞驻于天街，宝马争驰于御路，金翠耀目，罗绮飘香。新声巧笑于柳陌花衢，按管调弦于茶坊酒肆。"这里一再呼唤新词，尤其是能摇动人心的好词，于是就呼来了柳三变，也就是柳永。

柳永因排行第七，又称柳七官人。柳七官人一经出场，便写遍天下无敌手，汴京的歌楼舞榭自此成为他的王国。众歌伎争相唱柳七的词，比如："报帝里，春来也。柳抬烟眼，花匀露脸，渐觉绿娇红姹。"比如："万里丹霄，何妨携手同归去。"等等。而柳词中摇荡的，不只春风，不只柔情，更有放荡不羁的柳七风——风流与浪漫精神兼备。

何谓"风流"？这是一个含义丰富而又难以确切说明的词语。"从字面上说，'风流'是荡漾着的'风'和'流水'，和人没有直接联系，但它似乎暗示了有些人放浪形骸、自由自在的一种生活风格。"冯友兰在《中国哲学简史》如是说。可见，风流的实质即"弃彼任我"，不遵循他人的意旨，而率性任情地过生活或写词。

无疑，柳永即北宋最风流的才子，汴京的歌伎们呵护他、爱戴他、慰藉他，他和她们既是朋友，又是情人，或是兼而有之。若哪位歌伎唱了柳永写的词，定会门庭若市，身价倍增。她们纷纷向柳永求词，柳永自然大大方方，各给一词。在这里，风流才子如鱼得水，流连于柔情与软语的春之花园，"当年少日，暮宴朝欢"，从早到晚，"莺燕声聒噪人耳，旧知交新时友，裙衩相继"。

在这个自由的场域里，柳永与乐工、歌伎们毫无高低贵贱之分，大家就创作和完善一首词反复切磋，耳鬓厮磨。慢慢地，柳永爱上了填词这个行当，为之倾倒，渐而痴迷，他在词中洋洋自得："平生自负，风流才调。口儿里、道知张陈赵。唱新词，改难令，总知颠倒。解刷扮，能唝嗽，表里都峭。每遇著、饮席歌筵，人人尽道。"（《传花枝》）

柳永自恃有过人的才华，非常自负。当然，他的确有自负的资本：既擅长制新曲，又懂梳妆打扮，精通调运呼吸、放展歌喉。显然，柳永是一个高水准的艺术家，技压群芳。在这里，柳永作为艺术家的"触角"被激发了，他凭借天才式的敏感，感知着空气中涌动的电流，这些电流，现成就有，或是闪过的念头、涌动的情感，或是诸多的爱别离，而柳永要做的是看见并捕捉。然后，转译成一首词，或者任何一种艺术，使其显影，如此而已。就比如这首《荔枝香》，我们读之，便仿佛跟随词人的触角，身临其境，得见美人。

荔枝香（歇指调）

甚处寻芳赏翠，归去晚。缓步罗袜生尘，来绕琼筵看。
金缕霞衣轻褪，似觉春游倦。遥认，众里盈盈好身段。

拟回首，又伫立、帘帏畔。素脸红眉，时揭盖头微见。
笑整金翘，一点芳心在娇眼。王孙空恁肠断。

荔枝香，又名"荔枝香近"，该词调以《荔枝香·甚处寻芳赏翠》为正体。读这首词，我们只觉春日洒然，眼前有春光、有美人，而美人和春光一样，灼灼其华。而我们，被邀请进入这个情境。

词句和词句，音符和音符，跟随美人的行动，一步步往前推，自然而然，就像电影镜头。镜头由外而内，忽高忽低，终定格于美人，只见她"金缕霞衣轻褪"，端的是"盈盈好身段"。当她欲离去时，又想起了什么，"拟回首，又伫立"，还将盖头微微揭起。被眼前这一切惊动的他，忽而就瞥见了她的容貌，"素脸红眉"，眼波流转。

这一幕真真是翩若惊鸿，婉若游龙，他被美击中了，就像在春天偶遇漫山的樱花，被美摇荡的他，和云朵一样，步履蹒跚，"天也醉樱花，云脚乱蹒跚"。然而，美人和樱花一样，轻易地从人生滑过了。"年年岁岁花相似，岁岁年年人不同"，她明年又会在哪里呢？想到这些，如何让他不断肠？

不过是惊鸿一瞥的瞬间，柳永却将其写得摇曳生姿，春意盈盈。对他而言，"今日相乐，皆当喜欢"，一经看见，便不能假装没看见，故柳永真诚地看见并书写女性之美：她们的美丽与哀愁、喜乐与挣扎，以及所有被侮辱、被损害的时时刻刻。这一份长久而专注的看见，让北宋的普通女性显影，风神动人、独出机杼。

据学者赵谦统计，柳永存词约212首，情词149首，占全部词作的70%。其中，写给妻室的仅有3首，除此之外的146首，都是写与歌伎的交往、爱恋，或描写歌伎的情感与生活。柳永用一首又一首词，试图告诉世人，他在生活的时代，曾看见无数个彩虹般的佳人，她们是"潘妃宝钏，阿娇金屋，应也消得"。抑或是"心性温柔，品流详雅，不称在风尘"。和她们的相遇，是柳永的"适我愿兮"，就在这相遇的瞬间，她们的生命被照亮了，不再含糊不清，而成为一个个名字清晰、敢爱敢恨的真实个体。

在传统的文人士大夫笔下，女性是一种依附性的身份或角色，比如母亲、妻子、女儿、情人等等，她们不被视作独立的、具体的人的一种。而有些文人甚至不一定识得人之高下，他们每每玩弄、物化女性。然而，人之高下，不容易说，更不以身份、地位、性别做评判的依据，美人、佳人，自然是高，她们精神丰富、多才多艺，解情趣、谙人性，故而她们一生的宽度和深度，自是不同，常常较之一般的文人更真实、更立体。

那么，柳永的珍贵就在于此了，他持有一种朴素的两性观，一改大众将青楼女性视为玩物、尤物的立场，而与她们并肩站立，既看见她们的外在美与内在美，又对她们的处境和命运，抱持深切的同情与关怀。柳永深知，任何美的人或物，最重要的都在于被看见、被记录，这样，如春花般易逝的美与哀愁，便得以在文字中保存，就比如这首词：

定风波·自春来

　　自春来、惨绿愁红，芳心是事可可。日上花梢，莺穿柳带，犹压香衾卧。暖酥消，腻云亸。终日厌厌倦梳裹。无那！恨薄情一去，音书无个。

　　早知恁么。悔当初、不把雕鞍锁。向鸡窗、只与蛮笺象管，拘束教吟课。镇相随，莫抛躲。针线闲拈伴伊坐。和我，免使年少，光阴虚过。

北宋词的女性，其身份一般是贵族官僚之家的闺中妇，或官伎、家伎等地位较高者，她们的行为、举止、语言、情感诸方面，经文人的渲染，整体风貌是哀而不怨，或"独倚望江楼"，"肠断白蘋洲"；或"独上高楼，望尽天涯路"；抑或"晓看天色暮看云，行也思君，坐也思君"。她们被相当程度地雅化了，或敦厚或柔弱或痴情或惆怅，美则美矣，却少了活泼泼的灵气。试问，她们哪里有"针线闲拈伴伊坐"的女子迷人呢？

　　这个女子主动鲜活，敢爱敢恨，一会儿说"芳心是事可可"，一会儿又"终日厌厌倦梳裹"，她为何如此恹恹呢？没其他的原因，"恨薄情一去，音书无个"，恨就恨薄情郎，去了这么久啊，一封家书都没有。她就像快嘴李翠莲一样，把自己的无奈、抱怨、后悔等，一股脑全部掷给了读者。

　　古代女性很少有这样的机会，直白地抒发情绪或情感，她们太擅长忍耐。此刻，柳永代替她们发声，上阕是恨他，恨他薄情，音书无个，下阕是怨自己，"悔当初、不把雕鞍锁"。正因为要选择，拿不起放不下，所以人生实难，柳永将这些弯弯绕绕的心思写出来，放任她们该恨就恨，该悔就悔。哪怕是假想，暂且说个痛快，明月直入，无心可猜，非常诚和真。而情感又简单，这样，词的格调便有一种清明，所谓的"思无邪"。这个无邪，是天真，是勇敢，不是说要思考无邪的人和事，而是说思本身，居然可以是无邪的。

而这无邪，又源自柳永的创作观："如得其情，则哀矜而勿喜。"在他这里，哀是共情，哀是悲悯，哀矜是努力感知她们的痛苦与哀愁，以及痴情幻灭、黯然神伤，以至于这痛苦有时竟成了柳永的痛苦，她们倒像是一面镜子，既照见词人的身不由己、辗转飘零，又照见彼此的被侮辱与被损害。

更珍贵的是，他的共情不是同情，同情这个词太傲慢了，有一种从上而下的优越感。柳永自不敢轻薄地同情她们，他一直怀抱着温柔的爱意与她们交往，真挚而平等，共情于彼此都相通的痛苦、喜悦和悲伤。比如，切身地关心她们的处境，为她们被抛弃而痛心，提醒她们切莫用情过深，甚至在她们死后，写词悼念。因为懂得，所以慈悲。

哀矜与悲悯，诚挚的书写，同时还充满人性的关怀，这样的柳永，仿佛是为了慰藉底层女性的痛苦而降临到世间的。尽管他的慰藉，或只是一种微光的暖意，来自感性而非理性，仿佛春月情迷之于我们的滋味，但已经足够了。毕竟每首情词的背后，都蕴藏了她的心事，这心事或大或小，或清明或糊涂，她自己说不出、写不出，这个

歌者替她辨识清楚，将之记住，并写成歌，这是多么值得庆幸的事。幸甚至哉，歌以言志。

故柳永赢得了那么多女性的爱和信任，她们乐于和他唱和，惺惺相惜，互为映照。有些歌伎还给柳永写信，"有美瑶卿能染翰，千里寄，小诗长简"，而柳永呢，"锦囊收，犀轴卷。常珍重、小斋吟玩。更宝若珠玑，置之怀袖时时看。似频见、千娇面"。他将瑶卿寄来的书简，用锦囊收好，用犀轴卷起，时常在书房阅读，或置于衣袖中，不时地看一看。对信文的珍而重之，足见柳永欣赏的不仅是瑶卿的娇容，更有对她才华的倾慕，是知己间的性命相见。

爱是什么呢？爱是互相袒护，抑或是"系我一生心，负你千行泪"，爱既会带来心动、快乐、温暖、慰藉，又会带来痛苦、失望、悲伤、不幸，同时会赐予相爱的人击败这些的力量。总之，爱是"若有短处，曲意替他遮护，更兼低声下气，送暖偷寒，逢其所喜，避其所讳，以情度情，岂有不爱之理"。柳永与他的歌伎们，同是天涯沦落人，以情度情，在填词这一小道，创作、表演、切磋、倾倒，不问前世，不问未来，即便只有片刻的爱意与慰藉，依然值得。

至于填词这件事，在某种意义上，其实是一种爱欲的行为，令柳永猛烈地感知充盈与虚空的冲击。在创作的过程中，既看见对方，又照见自身；既不断被外力引领着向上攀升，同时又似乎随时在感受坠落的失重。如此，柳永的爱或许和女性无关，和风月无关，在他心中，爱是浪漫的理想主义，而他对爱的求索，实际上，是诗人对美与自由的追寻。于是乎，所有从感情中衍生的狂热、低回、纠结、困惑，无一不化作诗意的审美体验。而美的发现和创造，乃才华艰难的部分，才高如柳永，最珍视的不过是一些爱与美的瞬间，比如，相爱的两个人久别重逢之后的安宁，如金粉金沙深埋的平静。如此如此，这般这般。

二、不合时宜的边缘人

青年时代，柳永离开家乡武夷山，来到汴京，他立刻被繁华的都市所吸引，投入情词的创作口，痛快炫才，风光无限。然而，歌坛与仕途是相互冲突的，他在歌坛有多风光，仕途就有多惨淡。

真宗大中祥符二年（1009年），柳永参加了第一次试举。他很自负，自信应考一定能过，狂妄地写下"对天颜咫尺，定然魁甲登高第。待恁时，等著回来贺喜"之句。不幸，第一次考试即落第。据《宋史·真宗本纪》卷七载，是年正月庚午有诏："读非圣之书，及属辞浮靡者，皆严遣之。"喜好填词、薄于操行的柳永，初试落第，自然就在情理之中。真宗祥符八年（1015年），柳永第二次落第。真宗天禧二年（1018年），柳永第三次落第。连续落第，柳永自觉怀才不遇，愤慨之下，作《鹤冲天》词：

鹤冲天·黄金榜上

黄金榜上，偶失龙头望。明代暂遗贤，如何向？未遂风云便，争不恣狂荡。何须论得丧？才子词人，自是白衣卿相。

　　烟花巷陌，依约丹青屏障。幸有意中人，堪寻访。且恁偎红倚翠，风流事，平生畅。青春都一饷。忍把浮名，换了浅斟低唱！

　　从"偶失龙头望""明代暂遗贤"句观之，柳永对科考虽然有满腹的牢骚，但还没有完全绝望。"忍把浮名，换了浅斟低唱"，一个"忍"字透露了他的内心，忍即不忍，就是说，他放不下，只暂时任性地随自己的情绪做了一次小小的抗争。

　　仁宗天圣二年（1024年），柳永第四次落第。落第后的柳永，悲慨交集，自称"奉旨填词"的白衣卿相，从此便与乐工、歌伎合作，走上了专业填词的道路，这一去，就是10年。作为负气带性之人的一种反抗，柳永主动投身于绮罗香泽、声色享乐之中，成为偏离于主流之外的、不合时宜的边缘人。

　　但他自己不以为忤，因为唯有偏执能令人兴起，并点燃创作的激情。随之而来的，还有与同时代文人的激烈分歧，以及被嫌弃、被隔绝，包括他本人和他的词。然而，这种偏执并非来自无知，只是对与生俱来的创作热情的执着与回应，至于那些由此引发的道德义愤，柳永是管不了的。

　　从这个角度看，柳永的不合时宜，是天运，又是命运，既有不可阻挡的部分，又有自己选择的成分。落第后，柳永没有选择士大夫的路径。不居庙堂之高，就处江湖之远，他决绝地选了少有人走的路，不进亦不退，干脆在歌楼舞榭中，释放天性，无所顾忌地投入词的创作，就仿佛他天生属于这里，如鱼得水，潇洒自如。此后的10

余年，柳永没再参加科考，在江南、关中一带，一边写词、一边漫游。

如此，被放逐于理想国之外的柳永，将日常的一切，不只好的，还包括偏离于日常之外的行为、情感、实践，甚至不幸、挫折、失败，这所有的一切，都化作填词的工具，高兴时写词，悲伤时写词，依红偎翠，尽得风流。对这位纯正的词人而言，或许，根本就不存在怀才不遇，恰恰是在民间，才使他身上最天才的部分大放异彩。这一次，传统的道德戒律在柳永这儿失效了，他遵循感性的指引，张扬个性、离经叛道，像捏黏土一样，塑造新的自我，赋之以新形态，并提炼成诗词，《乐章集》至今不曾黯淡。

而柳词最被人诟病的是艳情之作，时人说他"好为俳体，词多媟黩"。尤其是那些直接描写爱欲的词，虽然数量不是很多，但因此招来了很多非议，比如《菊花新》一词，被李调元指责："柳永淫词，莫逾于《菊花新》一阕。"词曰：

菊花新·中吕调

欲掩香帏论缱绻。先敛双蛾愁夜短。催促少年郎，先去睡、鸳衾图暖。

须史放了残针线。脱罗裳、恣情无限。留取帐前灯，时时待、看伊娇面。

这首词，写出了人的正常欲望和心理活动，而两情相悦的感官

享受，是多么美。不过，以当时的眼光来看，该词简直离经叛道，卑俗、露骨，有色欲的成分，尤其写女性主动的部分，更使正统文人为之咋舌。在词中，柳永大方地把欲盖弥彰的那层纱给揭掉了，这让主张含蓄蕴藉的文人，如何容忍？大家想不明白的是：你柳永明明属于我们这个群体，为何要自甘堕落呢？分明是藏起来的东西，为什么偏偏要写出来？

因此，统治阶层和士大夫将柳永作为"小有才而无德"的鉴戒，视之为正统儒家的叛臣逆子而深恶痛绝。他们或说柳永"都下富儿，虽脱村野，而声态可憎"，或是说他"词语尘下"，总之，对柳永的态度是贬多于褒，而指责之苛刻，品评之尖锐，愈发显得柳永不合时宜。但即便被批判、被排斥、被孤立，柳永依然无法停止书写，他继续坦率地书写普世的情感和欲望。

另一方面，主流有多排斥柳永，民间就有多欢迎柳永。北宋的词人中，如柳永般落魄者寥寥无几，而如柳永般风光者，同样寥寥无几。"凡有井水处，皆能歌柳词"，这是文学评论上了不起的一句，可见在旖旎繁华的世俗中，柳永是如何的受人欢迎，他完全担得起"风流才子"的美誉。而且，柳永将风流与才子玩味出一种生命之张力，这一点，恐怕连李白都难以望其项背。难怪有人说，宋朝少了柳永，就如唐朝少了李白，将会失去一半风采。

但柳永的叛逆、不合时宜，和李白不一样，李白是懵然不觉自己不合时宜，且常常流露于诗里边。他一直努力地想让自己变得合时宜，而实际上，他作为大诗人的特质，他自己都否定不了。李白或许有一种可称之为"心魔"的诗人天性，这种天性，将诗人搅得一团糟，不仅仅是写诗，还包括生活的方方面面，而这正是创造型人格的一种表现。

柳永呢，他的不合时宜，虽然有被动的成分，但更多是一种主动的选择，包括他自己的人生道路，他这个人，就像本雅明说的："他生活在他的时代，他一刻不停地观看他的时代，他如此地熟知他的时代。但是，他也是这个时代的陌生人，他和他的时代彼此陌生。"柳永的不合时宜就是这样。他熟悉时代的需求，但他和时代保持距离，这来源于他对一个被许诺的未来的不信任，毕竟他本人被深深地辜负了。同时，柳永坚信自己有才华，"变旧声作新声"。到晚年，他真会觉得"且去填词"不好吗？如果时间倒流，他又真会做出妥协，去迎合主流吗？大概率不会的。他仍然会一如既往地做够10年的自己吧，这才是他作为词人的天性。

与柳永同时代的词人，他们自觉身份是士人、文人，而非词人，他们认为，生命中有比写词重要得多的事，故而对自己的文学禀赋并不怎么珍视，只把写词视为小道。柳永不是，他是北宋第一个专业词人，是文人兼歌者，而且音乐才华是一流的，精通音律，自创曲调，使柳词真正做到"逐弦吹之音"，广为传唱。柳永清楚自己的价值乃至天命就是写词，故他不会留意儒雅，不会自扫其迹，而是遵循一种更为通俗、真挚又写实的方式，浅斟低唱，做下里巴人状，或者说，他诚实地做了一个艺术家想做的一切。

可惜，现世并没有为他这样的人预备一条路，绝顶的才华不能当饭吃，在谋爱的同时，还要谋生。如此，柳永不得不回到正统的路上来，这不怪他，须知在封建时代，文人们除科考之外，别无他

途。眼下，科举之路已然不通，柳永决定去外地干谒父亲生前的同僚故旧。10余年后，自传统中出走的柳永，兜兜转转，又回归了传统，欲行未行，于是有了千古绝唱《雨霖铃》：

雨霖铃·寒蝉凄切

寒蝉凄切，对长亭晚，骤雨初歇。都门帐饮无绪，留恋处，兰舟催发。执手相看泪眼，竟无语凝噎。念去去，千里烟波，暮霭沉沉楚天阔。

多情自古伤离别，更那堪，冷落清秋节！今宵酒醒何处？杨柳岸，晓风残月。此去经年，应是良辰好景虚设。便纵有千种风情，更与何人说？

三、漫游者永远在路上

作家王小波的小说《黄金时代》有一段很有名，他写："那一天我二十一岁，在我一生的黄金时代，我有好多奢望。我想爱，想吃，还想在一瞬间变成天上半明半暗的云。后来我才知道，生活就是个缓慢受锤的过程，人一天天老下去，奢望也一天天消失，最后变得像挨了锤的牛一样。可是，我过二十一岁生日时没有预见到这一点。我觉得自己会永远生猛下去，什么也锤不了我。"

在人生的黄金时代，柳永和王小波小说中的人物一样，还预见不到生命的衰败，他相信自己会一直生猛下去，敢做不合时宜的人，敢写不合时宜的词，无惧无畏，离经叛道。这样的他，就像寒冬里从高处跃起、一个猛子扎进水的少年，纵身一跃，做了时代的叛逆者——红莲池里白莲开，我自倚风而笑。

若他就此隔绝于庙堂之外，在民间固守自己的准则，一辈子贯彻之，或许便能获得自洽，逍遥一生。然而，他很矛盾，总是左右摇摆，既要享受世俗的偏爱，为此自得，又想走传统的仕宦之路，求取功名。就这样在被喜爱和被摒弃的两个极端之间，左右拉扯，柳永把自己搞得乱糟糟，爱情、仕途、写作、生活，一切都搅和在一起。若能与仕途两两相忘，做逍遥的填词人，全身心地拥抱世俗，倒是乐事一桩。但柳永不甘心，既想谋爱，又想谋取一官半职，而实际上，谋爱和谋官本质是冲突的，做不到既要、又要，于是在反复的拉扯中，风流才子被生活一再地捶打，终捶得他抬不起头来。

为稻粱谋，柳永不得不奔走于大江南北，周旋于吴楚川峡，貌似游山玩水，实则四处干谒权贵，以求引荐。为此，他写了大量的进献词，《乐章集》中，干谒权贵和颂圣贡议的作品就有20首，占其全部作品的十分之一。比如《永遇乐·熏风解愠》，是为仁宗祝寿而作；另有《倾杯乐》，是歌颂仁宗与民同乐。还有，著名的《望海潮·东南形胜》同样是一首干谒词，拜谒的是杭州知府孙沔，目的是求对方为自己举荐。结果拍马屁拍到了骡子屁股上，弄巧成拙，非常狼狈。

直到仁宗景祐元年（1034年），为了延揽声誉，笼络士子，朝廷决定扩大开科取士名额，且有特开"恩科"，惠泽于历届科场沉沦之士。就是在这一年，51岁的柳永中进士及第。从26岁应考到51岁中举，长达25年之久，实在太漫长了，以至于这成功看起来都像一个

笑话。我们的词人，再拿不出像样的热情与心力，来迎接这决定性的时刻。

而仕途远没有想象中顺利，说来难堪：改了名，上了榜，外派睦州，做了团练使推官——管盐；又到华阴，做了县令——管山。管盐管山，不黩不贪，兢兢业业，政绩显著，本该进城城，好歹做京官。谁知又因写词祝皇上圣诞，不小心犯了讳，升迁无望。后来，皇帝怜他年老，给了个屯田员外郎——管田，小小的从六品，有名无权，落魄晚年，后人于是称他为"柳屯田"。

在生命的后半场，柳永几乎都在漫游，几十年的足迹，遍布半个中国，飘零到老。在羁旅中，他愈发频繁地看见疾痛、生死与离别，再不能像年轻时健步如飞，风流自得。环顾四周，苍苍茫茫，恍若雾中，辨不清方向，不知道为什么，就这样稀里糊涂走到了今天。而仕途的失意、亲朋的隔离、行役的劳苦、身体的衰老，诸多的不如意，使柳永的心境愈发灰暗，黏滞其中，无可解脱，他无端地感慨："一生赢得是凄凉。"

的确，他这一生，无论从哪一方面来看，都是没完成的、落空了的一生。而往后可预见的也只有一天天地弱下去，耽溺于黏稠的哀伤和凄苦中，挣脱不开，慢慢委顿下去。那么，"平生自负，风流才调"的大词人，是如何一步步沦落至这文人末路的悲哀中去的呢？

细究起来，柳永的落空固然有时代的错置，但更多源自他自身，源自他艺术家的天性：混乱、纠葛，摇摆不定，还有骨子里的怯懦、犹疑、自负和软弱，他总是向外求，而没有向内的安顿，因此在生命的每一个点上都站不稳，总没法在第一时间给出正确的回应。爱情不能固定他，功名不能固定他，美好的自然、平稳的日常、温馨的家庭，都不能固定他，他一辈子撕扯于左右相悖的互搏中，受困于混乱和纠葛中，最终他想追求的，爱情、功名、名声，都落空了，分崩离析。

从这个角度看，表面风流的柳永，内心其实激烈得不得了，左右相悖的矛盾之纠葛，迫使他不断逼问自己和世界的终极关系，并由此截然二分地决定完全不一样的生命样式，非此即彼，难以共容。然而，诗人不幸诗家兴，正是这种混乱和纠葛，诸多不合时宜，对弱者的想象力，成就了柳永作为大词人的持续不断的创造力。天涯羁旅，他再一次华丽转身，将人生和词境大大扩宽，写出了最好的词。

八声甘州·对潇潇暮雨洒江天

对潇潇暮雨洒江天，一番洗清秋。渐霜风凄紧，关河冷落，残照当楼。是处红衰翠减，苒苒物华休。惟有长江水，无语东流。

不忍登高临远，望故乡渺邈，归思难收。叹年来踪迹，何事苦淹留？想佳人、妆楼颙望，误几回、天际识归舟。争知我、倚阑干处，正恁凝愁。

"对潇潇暮雨洒江天，一番洗清秋"，这个开篇起得多好，有一种向上的兴起，从无名中忽而孤出，苍苍茫茫，不知今夕何夕。眼前"霜风凄紧，关河冷落，残照当楼"，加之"红衰翠减，苒苒物华

休"，令我们仿佛看见旧时的山水画，一个渺小的、孤独的立于山林或江边的人，芥子般渺小，但又弥天亘地，他既是时间之河上的客人，又是广阔空间中的旅人，忽而与天地万物、个体生命朗然相对。词至此处，终于从闺阁或庭院走过来，来到了广阔的大自然，渐有一种荡开去的空间感。

然而，大自然化解不了羁旅的彷徨与劳倦，无尽的痛苦依旧在。"不忍登高临远，望故乡渺邈，归思难收。"词人终又转入感情，试图从这里找出路，但感情是没有出路的，并不会让他获得真正的慰藉，或解决实际的难题。他偏不管，"想佳人、妆楼颙望，误几回、天际识归舟。争知我、倚阑干处，正恁凝愁"。这些语句，看似阴柔，但并不一味的软绵绵，而有一种韧性，呼应了词的主调：好景不长，人生易逝，此情不渝。既无法不面对别离的悲伤，又不甘心耽溺不返，那么，如何在情感中安顿自身呢？欧阳修说："人生自是有情痴。"东坡说："多情应笑我。"柳永的选择是：身在情常在，不能忘情，不愿逃情，就须面对，勇敢承担，故而"衣带渐宽终不悔，为伊消得人憔悴"。

词至此处，便不单是伊人与"我"的"一种相思，两处闲愁"，而是人类所共有的离别之苦痛了。身在情长在算什么？怅望江头江水声，才是激情退去、繁华落尽，春秋恨皆消、寂寥终将至，却仍然想去爱的耀眼的生命力：换我心为你心，始知相忆深。唯真男儿能多情，有情有义，这多情人就是柳永。

而当年华渐渐老去，这个多情人会如何回望自己的风流生涯呢？他说："狎兴生疏，酒徒萧索，不似少年时。"究竟是自得，还是自惭？是追悔，还是回味？还是兼而有之，或许连他自己都说不清。他这一生，放纵过、空虚过、愤慨过、落空过，将世间最真实的大悲哀和大欢乐，都一一体验过了，故而他必须写——"情动于中而形于言，言之不足，故嗟叹之。嗟叹之不足，故咏歌之。咏歌之不足，不知手之舞之足之蹈之也。"

世人常说柳永怀才不遇，其实这根本不存在，他将才华运用到了极致，以至于生前不被理解、身后还常常被误读。在柳永之前，词开在士大夫的私家花园，要典雅，要蕴藉，要精心布置，这座花园美则美矣，但与广阔的大自然（民间）有隔断。这时候，柳永闯入了花园，将词大胆引入民间，让花朵盛开于街巷里、自然中——"凡有井水处，皆能歌柳词"。他在词中，极尽所能地展现浮世之人、浮世之物、浮世之爱、浮世之旅；在浮世之中，气象万千，有活泼的情味和喜乐，吟咏不尽，真说得上风光旖旎。

与晏殊、欧阳修的挑拣舍弃正好相反，柳永写词是做加法，这个加，既有词的内容，更有词的手法，他开创了词的长调，以赋入词，绞尽脑汁但肆无忌惮，以容纳更多的内容与题材，叙写普通人能歌唱的词。同时，又因为题材的广泛性，而显示出风格的多样性，博采众家之长融会贯通，委婉中不乏高远，放纵中不乏深情，以真为美，自成一家。

而这个在民间大受追捧的词人，竟公然与士大夫阶层对抗，不合作、不妥协，是可忍孰不可忍。这样一来，单就他这个人的存在，就足以令主流阶层排斥了。更何况，柳永和大家的处境不同，迫切想要的东西不同，行为举止不同，甚至连快乐都和大家融不到一块儿。但

偏偏又避不开，总是能听见、读到他的词，这实在令他们不愉快，如鲠在喉，于是他们批评他、否定他，假装看不到他的好。

即便如此，被柳永误打误撞闯出来的新的书写可能，依然被当时最敏锐的写作者捕捉到了。比如苏轼，一方面，他看不起柳永，将其视作反面教材。另一方面，又暗暗地将柳永当作学习对象，写词时有意无意地对标柳永，想与之一决高下。

《吹剑续录》记载："东坡在玉堂，有幕士善讴。因问：'我词比柳词何如？'对曰：'柳郎中词，只好十七八女孩儿，执红牙拍板，唱"杨柳岸，晓风残月"；学士词，须关西大汉执铁板，唱"大江东去"。'公为之绝倒。"

苏轼确实慧眼识珠，他看到了柳永词的高妙处——"不减唐人高处"，但苏轼或其他文人，绝对不会追随柳永，最主要的原因就在于：写柳永词的前提，是得去过他那样子的生活，而这是文人们最不愿做的事，谁愿意做偏离于主流之外的失败者呢？他们甚至都不乐意靠近柳永。

传说，柳永曾有过两位朋友，一位是贫贱时的布衣交孙何，一位是少年时的同年范缜。这两位朋友富贵后，都切断了和柳永的关系，孙何让柳永"欲见之不得"，在杭州吃了闭门羹。范缜则一边感叹柳永"缪其用心"，一边赞赏柳词歌尽太平，却从未对落魄的旧友施以援手。另外，就现存的资料来看，在当时那么有名气的大词人柳永，竟很少有人与他诗词唱和。显然，柳永真的被士大夫阶层远远地疏离和冷酷地抛弃了。

　　这个惨不容于君王和士林的边缘人，晚年陷入穷途末路，孤独无友，辗转飘零。但即更如此困窘了，他依然无法逃逸到隐遁这条路。因为从根本上说，隐逸是否定性的，是不得已的、认输的，所以他不想退。尽管在词中，他屡次写"游宦区区成底事，平生况有云泉约"，或是"一船风月，会须归去老渔樵"，说自己想遁迹林泉、归隐渔樵云云，但实际上，柳永真正关心的，依然是那个他笔下糟糕透顶的现实世界，到晚年乃孜孜不倦地热衷于功名。

　　就这样在进和退的纠葛中，柳永每每瞻前顾后，犹疑不定，进又进不好，退也退不成，时时刻刻沸腾得厉害。在他这里，理想与现实、理性与情欲、功名事业与浪漫生活，乃至个体的生存与死亡等，都成为生命中难解的冲突，故仕宦中的他、爱情中的他、生活中的他，看起来什么都扫不起，什么都落空了。就连引以为傲的词，都不再是芝麻开门的魔法，而越来越像一种才华的负累，璀璨夺目却无用。到最后，只剩下他一个人，孤独地唱着歌；再回头看，他这一生，功亏一篑，真是不知所云。

李清照

忽而盛开

她的孤独如阿多尼斯所说，是一座花园。

一、自是花中第一流

在中国古代社会中，女性的面貌总体是模糊的，她们作为妻子、情人、女儿或母亲而存在，是一群被社会定义的"大我"。在这个群体里，面目清晰的李易安无疑是最大的异数，她就像一朵忽而盛开的花，此花不与凡花同。

李清照是北宋第一个用诗词书写"小我"、定义"小我"的女性词人，循着她的诗词路径，我们得以看见她、理解她。但她又是如此多面，以至于无法被定义，故而在与易安漫游的这一趟旅程中，我们选取了观看她的5个维度。这些维度，不具有故事性，或叙事的连续性，我们能做的是尝试从她漫长的生命里，撷取一些闪烁不定的片刻，如珍珠般耀眼的碎片。那么，第一个碎片就从她的少女时代说起吧。

如梦令·常记溪亭日暮

常记溪亭日暮，沉醉不知归路。兴尽晚回舟，误入藕花深处。争渡，争渡，惊起一滩鸥鹭。

说起易安，我们首先想到的一定有这首《如梦令》，很多人对这句"误入藕花深处"耳熟能详。易安的这首词，追忆的是少女时代，词风轻盈而灵动，我们且随她坠入回忆中。在溪亭游赏后，少女很多次醉得连回家的路都忘了。不过，醉了亦无妨，迷路亦无妨，务必要"兴尽晚回舟"，流连而忘返。这位少女非常任性——人人都要她守规矩，她偏不。这下可好，船不小心误入藕花深处，大家争渡、争渡，将停栖在洲渚上的水鸟都惊飞了。最后，少女顺利回家了吗？作者没有说，也似乎不想说，就留给读者去想象。

李易安的《如梦令》有两阕，一即此篇，另一首是广为传诵的"昨夜雨疏风骤"。将两首对照读，我们发现，二者有许多相似处：截取的都是日常的情景，语言清浅，情感却饱满地流溢于字里行间。我们读出声，或唱出来，在读或唱的过程中，去想象那样的场景，会很愉悦。我们再读另一首《如梦令》：

如梦令·昨夜雨疏风骤

昨夜雨疏风骤，浓睡不消残酒。试问卷帘人，却道海棠依旧。知否，知否？应是绿肥红瘦。

唐人韩偓的诗《懒起》末联云："昨夜三更雨，临明一阵寒。海棠花在否？侧卧卷帘看。"这首诗刻画了一位闺中人的情态。由回忆昨夜的三更雨，而念及院子里的海棠花，但她懒懒地不愿出门看，只是斜倚在床，挑起帘子一角向外望去。韩偓的这首诗，平平无奇，易安化此诗为《如梦令》，没想竟成千古绝唱。

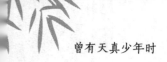

同样是看雨后的海棠花，我们看易安怎么写。她巧妙地将时间倒叙过来了：海棠花开正好，偏那风雨就来逼迫了，想烧高烛照红装都不得，只好借酒消忧，聊以排遣惜花之情。宿醉醒来，天都亮了，披衣未起，词人就急急地问侍女："海棠花尚在否？"但她故意不把问题抛出来，因为回答已然明了，侍女笑着答道："海棠依旧在呢。"词人听了，叹息说："你可知道什么，你再细看，看不出那红的渐少、绿的渐多了吗？"

"绿肥红瘦"，这句新鲜，令人诧异，"肥"这个字不轻易入诗词，一般用于描述动物，但易安执意要颠覆，拿来说海棠花：既然红瘦了，绿自然就肥了。这不是简单的比喻，而是女性独有的、对肥瘦的敏锐感知力：人会消瘦，花同样会消瘦，花与人其实是相通的。易安很爱用"瘦"字，且用得好，比如："新来瘦""人比黄花瘦"。花与人俱瘦，怜花亦自怜，任读者是铁石心肠都化成绕指柔。

一般来说，写词的人最忌人云亦云，否则易使读者潦草地读过去，留不下什么印象，易安词显然不属于这一类，她的词有一种颠覆性——打破我们一贯的秩序感，使人惊奇，"绿肥红瘦""人比黄花瘦"，就是最佳说明。再有，写荷花，她不说荷，而说藕，比如："翠贴莲蓬小，金销藕叶稀""红藕香残玉簟秋""误入藕花深处""共看藕如船"，易安偏爱"藕"字，想来是这个字包含了她对"佳偶"的期盼，与获得"佳偶"的喜不自禁。

《蓼园词评》曾对《如梦令·昨夜雨疏风骤》下过几句评语，书云："短幅中藏无数曲折，自是圣于词者。"所评极是，所谓"曲折"，可将其看作词的空间感，《如梦令》的空间感，十分疏荡，在总共六句的空间里，翻腾自如，我们读来如游名园，移步换景。词人像一个高明的导演，不只表现，更有对话，她邀请读者参与到词中来，靠想象力将场景补完整。而易安词能引发读者想象力的词，还有很多，比如这首：

点绛唇·蹴罢秋千

蹴罢秋千，起来慵整纤纤手。露浓花瘦，薄汗轻衣透。
见客入来，袜刬金钗溜。和羞走。倚门回首，却把青梅嗅。

词摘取的同样是日常一幕，短短的41个字，让一个活泼的少女形象跃然纸上。在词中，少女嗅的一定只能是青梅，换作黄梅或红梅就俗气了，青而涩的梅不正是青葱岁月中的情愁吗？

这三首小令都是易安年少时的作品，是完全自她的心底长出来，男性词人不可能写出来。李白写过一首诗，他说："清水出芙蓉，天然去雕琢。"一朵荷花从水里长出来，天然，无有雕琢，易安最具代表性的词，就是像荷花般长出来的，而她本人，只是"误入藕花深处"，在争渡、争渡的过程里，就盛开了花朵和诗句。

易安的"花朵"们，明白如话，不事雕琢，却偏偏有一种魔力，使我们情不自禁坠入她的词境中，如闻天籁——当鸥鹭"扑棱棱"飞起的一刹那，我们在惊诧之余，又感到多么喜悦，连同这"惊"和"误"，都像一种顿悟，将入世的隔膜给打醒了，直透入敏感而喜悦的心之深处。

陈廷焯评辛弃疾词，"艳语亦以气行之"，此评语同样可拿来评易安词。"易安倜傥，有丈夫气，乃闺阁中之苏、辛，非秦、柳也。"易安的词风总体属婉约派，但她的婉约摆脱了一般女词人的闺阁气，她是有逸兴、有豪情的，而壮怀激越处，更有一股勃然生发的英伟之气，就像她笔下的秋天："水光山色与人亲，说不尽、无穷好。"

双调忆王孙·赏荷

> 湖上风来波浩渺，秋已暮、红稀香少。水光山色与人亲，说不尽、无穷好。
>
> 莲子已成荷叶老，清露洗、蘋花汀草。眠沙鸥鹭不回头，似也恨、人归早。

与宋玉的"悲哉秋之为气也"，或杜甫的"万里悲秋常作客"不同，易安的这首秋词，是活泼而喜悦的。湖光潋滟，秋山点翠，与人格外相亲，说不尽、无穷好。荷花谢了，饱满的莲子已长成，清晨的露水，又将蘋花汀草——洗过。但鸥鹭们怎么回事？扭过头去，不与"我"道别，是赌气吗？噢，原来是怨"我"回得太早。

《金粟词话》说李清照词："以浅俗之语，发清新之思。"该词就是典型代表，用语极为浅显通俗，生发的思致却极新颖：写秋风无萧索之气，状秋情无悲伤之意，哪怕是"秋已暮""荷叶老"，都丝毫无损易安的喜悦，她陶醉于"水光山色""蘋花汀草"的"无穷好"中。

从直说"秋已暮"，到径夸"无穷好"，完全不同于一般的婉约与蕴藉，易安是绰约，是天真，有一种不由分说的妙意在，如电影《春之雪》中女主人公随口念出的俳句："天气和煦，视而不见。"秋光与山色，地久天长好在檐前的日头，明晃晃地理直气壮，而这样的理直气壮，是少女易安独有的：理直气壮地不受限于闺阁，经常外出游玩，溪亭日暮，独上兰舟，甚至喝得酩酊大醉。易安像个男孩一样，饮酒、打马、写诗、游玩，聪颖而博学，发自内心地认可自己，这样的她，令现代人都想要大赞她一声：你好啊，易安大人。

而性格太鲜明的人，难免会偶露峥嵘吧。写词之余的易安，又干了一件出格事——和诗。所谓"和诗"，是指易安在17岁时写下的两首咏史诗：《浯溪中兴颂诗和张文潜二首》。易安的和诗，实际比张文潜的原诗深刻得多，在诗中，她并不热衷于歌颂，而是着力于反思致乱之源。这两首诗，不仅史识可嘉，诗艺也高，显示出易安出众的识见、雄健的笔力。

一个17岁的少女，竟敢用男性化的手笔写长诗，直率地讨论军事叛乱、朝廷失策、官员卑行等政治话题，怎能不令人啧啧称奇呢？我们完全可以想见，这两首诗在文人圈所引发的轰动。更妙的是，这个举动可能是易安有意为之，她要的是一鸣惊人，跻身于文人圈。初生牛犊不怕虎，她意外地成功了，得意扬扬说自己是："花中第一流""此花不与群花比"，何等的自矜自得，真正无人可管得着。

李清照这一朵"造化可能偏有意"的奇花，忽而盛开，风华绝代地傲物傲人——她的不可方物，是花朵的婀娜多姿；她的理直气壮，是晴空白日、一洗如天的天真绰约，她一人将好辰光统统都用尽、占尽，而她有的只是当然。故我们欣喜地看见，被爱着的易安嫣然百

媚，娇俏、放肆得过分，她说："云鬓斜簪，徒要教郎比并看。"

减字木兰花·卖花担上

> 卖花担上，买得一枝春欲放。泪染轻匀，犹带彤霞晓露痕。
> 怕郎猜道，奴面不如花面好。云鬓斜簪，徒要教郎比并看。

1101年，18岁的李易安，与21岁的赵明诚结为伉俪。当时，易安的父亲李格非任礼部员外郎，公公赵挺之刚改任礼部侍郎，赵明诚在汴京为太学生。赵李二人不仅门当户对，而且志趣相投，这首《减字木兰花》，记录的便是易安与明诚的闺房之乐。

这天清晨，丫鬟买来一枝含苞欲放的春花，花枝上还留有颤巍巍的露水。下阕由花转到人："云鬓斜簪，徒要教郎比并看。""徒要"二字值得玩味，无意之意，大有深意：你比较下，是我好看，还是花好看？可想而知的答案，当然是我比花好看，任何与这个相违背的答案，都是故意找打："一面发娇嗔，碎挼花打人。"

李清照的婚姻和她这个人一样，都不似传统的闺阁派，她享有婚后女性难以想象的自由，与丈夫赵明诚既是夫妻，更是朋友——"夫妇擅朋友之胜"，智识相当，势均力致。婚后，易安依然享有宽松的创作环境，同时她又没有孩子，有更多时间投身于写作。文人周辉在他的笔记《清波杂志》记载："顷见易安族人言，明诚在建康日，易安每值天大雪，即顶笠披蓑，循城远览以寻诗，得句必邀其夫赓和，明诚每苦之也。"一个已婚女性能在雪天外出散步，寻诗创作，在当时是何等的潇洒和自由。

除了作诗填词，易安大部分时间是与丈夫一起，致力于书画金石的购置搜集和抄写整理。在《金石录后续》中，她记述了夫妻俩沉迷于收藏的日常："赵、李族寒，素贫俭，每朔望谒告出，质衣取半千钱，步入相国寺，市碑文、果实归，相对展玩咀嚼，自谓葛天氏之民也。"

刚结婚时，赵明诚还是太学生，每月的初一、十五，夫妻俩都会去相国寺的大市场，购置碑文、书画，然后两人一起研究。赵明诚入仕后，一有闲暇，夫妻俩就一起抄写整理稀世典籍和亡诗佚史，一旦发现名人书画，或夏商周三代奇器，就甘愿质衣去换取："获一书，即同共勘校，整集签题。得书、画、彝、鼎，亦摩玩舒卷，指摘疵病，夜尽一烛为率。""浸觉有味，不能自已。"易安与丈夫同为鉴赏家、收藏家，博古是夫妻共有的激情，两人秘而不宣共享这一份智识的快乐。

《金石录后续》还记叙了两人在青州的时光，当时被免职的明诚赋闲在家，易安记述："余生偶强记，每饭罢，坐归来堂烹茶，指堆积书史，言某事在某书某卷第几页第几行，以中否角胜负，为饮茶先后。中即举杯大笑，至茶倾覆怀中，反不得饮而起，甘心老是乡矣。"

纳兰词的名句"赌书消得泼茶香，当时只道是寻常"，就出典易安《金石录后序》中抒写的夫妻之乐。后人对此津津乐道，将易安与明诚的婚姻，视作古典婚姻的美满范本。的确，这份记录非常珍贵，让我们第一次在文学中看到了古典夫妻的日常，而且是家常的、柔软的部分——夫妻俩或携手游赏、相从赋诗，或共同整理、勘校古书，

充实而愉悦。然而，易安在诸多甜蜜的轶事中，反复提到"忧患困穷"，便使得后序的字里行间隐约有一种怅惘。回忆的背面或许有许多粗粝的内容被过滤掉了，这其中，既有赵李两家的变故，还有婕妤初叹，更有中年无子的忧惧。而所谓的美满婚姻样本，或许只是后人一厢情愿的想象罢了。

二、美满的幻象

凤凰台上忆吹箫·香冷金猊

> 香冷金猊，被翻红浪，起来慵自梳头。任宝奁尘满，日上帘钩。生怕离怀别苦，多少事、欲说还休。新来瘦，非干病酒，不是悲秋。
>
> 休休，这回去也，千万遍《阳关》，也则难留。念武陵人远，烟锁秦楼。惟有楼前流水，应念我、终日凝眸。凝眸处，从今又添，一段新愁。

这首词写于易安与明诚"屏居乡里十年"结束之后。在此之前，两人在青州度过了近10年神仙眷侣般的日子，明诚为易安30岁的画像题词云："清丽其词，端庄其品。归去来兮，真堪偕隐。"

这时候，易安产生了长久隐居之意，她在《金石录后序》中说"甘心老是乡矣"，可惜这份甘愿只是她一个人的。1121年，赵明诚被复用，即赴莱州上任。青州和莱州相去不远，而明诚将妻子单独留在了青州，问题就出在这里，无论明诚到哪里做官，均可携妻子前往，但他为何要留下她呢？

为了能同行，易安可能多次请求丈夫，可他就是不肯答应，她便心灰意冷起来——任床头锦被乱陈，无心折叠；任炉中香消烟冷，无心再焚；发鬓蓬松，无心梳理；宝镜尘满，无心拂拭，绝望到几乎麻木，所以一再地"任"，情绪恹恹，什么都无所谓。

易安已预感到，离怀别苦，怕纵有万种愁，终究要付与"欲说还休"，说不得，说了也无益吧。至于那"新来瘦"，与喝酒无关，更不是悲秋，概因难以言说的心事所致。她当然是想说的，但此刻她决定将痛苦生生地吞下去。

词的下阕，则从别前跳跃至别后，怎么分别，怎么饯行，全省略了，易安只说：纵使她将离歌唱了千万遍，也挽留，也哀求，奈何武陵人去意已决，只好作罢。他这一去，秦楼从此哀愁弥漫，独留她一个人，任纷纷的思绪和变动的情意，如楼前的斜阳与流水般，云天渺渺地远去了。"凝眸处，从今又添，一段新愁。"

易安在词中暗用了萧史和弄玉的典故，典故中的两位主人公，在共居秦楼10年后，一朝随凤比翼飞升。易安的隐痛乃在于，丈夫离开青州，赴任居官，却不携她同行。据学者的研究，此时明诚或有"天台之遇"，或携妾前往，这就是易安词"欲说还休"的曲折处。

不久后，易安主动赴莱州，但明诚对这次团聚并不重视，可能拒之不见，或不准妻子进卧室。易安被安置于一破败清冷之室，这让她始料未及，甚至愤怒，因而作《感怀》诗并序。序中说，平生所爱

之文史典籍都不在眼前，几上唯有一本《礼韵》。百无聊赖的她，信手翻开了这本书，正好看到"子"韵，于是即兴作《感怀》一诗：

> 寒窗败几无书史，公路可怜何至此。青州从事孔方兄，终日纷纷喜生事。
>
> 作诗谢绝聊闭门，燕寝凝香有佳思。静中我乃得至交，乌有先生子虚子。

寒窗破室，无聊独坐，易安大有袁术兵败后的穷途末路之感。三四句暗讽丈夫终日为了名利忙于应酬，对独坐一室的她不管不顾。可又有什么办法呢？不如就作诗自娱吧。最后两句貌似超脱，说自己在静坐中交得了至交——"乌有先生子虚子"，这一句出自司马相如《子虚赋》，子虚乌有，是一无所有的意思——热闹是他们的，我什么也没有。即便如此，易安也没有在诗中哀哀怨怨，相反在文字上十分克制，甚至在孤寂中也带有一种刚劲，绝不纤弱。

关于此诗的"子"韵，诗序中虽说纯属偶然翻到这一页，实则暗示：易安遭疏，无子嗣是她最大的问题。在纳妾被视为天经地义，青楼冶游对男性等于家常便饭的宋朝，明诚纳妾几乎是一定的事，更何况两人一直无子嗣。明白这点，我们或许就能理解，易安这时期的词为何充满了孤寂与消沉。

再比如在《念奴娇·春情》一词中，易安写道："险韵诗成，扶头酒醒，别是闲滋味。征鸿过尽，万千心事难寄。"再难作的诗，她也作成了，醉的时间再长，她也醒来了，但恼人的天气和百无聊赖的心情依旧没变。写完《念奴娇·春情》和"险韵诗"之后，易安意犹未尽，在"花事了"的时节，又写下断肠词《点绛唇·闺思》："寂寞深闺，柔肠一寸愁千缕。惜春春去，几点催花雨。倚遍阑干，只是无情绪。人何处，连天衰草，望断归来路。"

往昔的甜蜜有多美好，今日的冷落就有多痛苦，易安此刻真是"人似黄花瘦"。这个瘦，与"绿肥红瘦"的"瘦"不一样，"绿肥红瘦"，说的是海棠花，此花凋谢时，是整朵往下落，决绝而丰沛，有一种爽利的少女美；"人比黄花瘦"，说的是菊花，菊花凋谢时，还会在枝头保持原来的形状，慢慢地皱缩和枯萎，像极了哀怨的妇人。易安的困惑即在此：难道婚姻也像这黄花，逃不掉皱缩的枯萎吗？

我们不妨换个角度，从赵明诚的视角来看这次别离。他不携妻子到任上，算不算一种逃离呢？才华横溢的妻子，聪明又好胜，有极高的知名度，经常令他这个做丈夫的黯然失色。想来在夫妻俩的相处中，惺惺相惜、明心见性的时刻有很多，除此之外，一定还有嫉妒、有竞争，是独属于文人之间的。

易安痴迷于阅读与创作，将文学视为生命的意义，这在当时实属罕见。耐人寻味的是，她对此从未表达过歉意或犹疑，这个天赋极高、志向远大的女作家，公然闯入了男性主导的领域，一次次为获取认可而努力，和诗是其一，之后写作《词论》又是一个惊人之举，而这一次，易安又成功了。

作为词人，易安在《词论》一文，首先谈论了自己对词这一文体的看法，然后简单梳理了词的发展脉络。而文中最具争议的部分，

是易安对当朝作家的评论，她一个都没有放过地贬了一通，其中包括苏轼。要知道，苏轼是父亲李格非的老师，而丈夫更是苏轼的崇拜者，但易安管不了那么多，就是要这么狂，且狂得有资本、有道理，她试图在一个不属于自己的领域争得一席之地，毫无畏惧，如她的词《渔家傲》所写："九万里风鹏正举。风休住，蓬舟吹取三山去。"

作为一介妇人，易安无视当时抵制女子习文的风气，自恃其才，公开批评，无疑会惹恼一部分文人，他们恨不得将这个不合时宜的入侵者赶出去。最早攻讦易安的是胡仔，他在1167年写下这几句话："易安历评诸公歌词，皆摘其短，无一免者。此论未公，吾不凭也。其意盖自谓能擅其长，以乐府名家者。退之诗云：'不知群儿愚，那用故谤伤。蚍蜉撼大树，可笑不自量。'正为此辈发也。"（《苕溪渔隐丛话》后集，卷三十）很不幸，易安没能像《词论》中的八郎一样，在宴会上被众人接纳，无论是在生前，还是身后，评论家对她始终有质疑，《词论》甚至被一些评家认为是指手画脚的狂妄言论。

这些纷扰的批判和不齿，或迟或早，会波及赵明诚的身上，或许迫于舆论压力，他会以对妇人的要求，诸如"妇人专以柔顺为德，不以强辩为美"，这一类话来规劝妻子。但易安会听吗？大概率不会的，对文学、对写作，她是欲罢不能，不得不写，哪怕这么做使自己成为众矢之的。

囿于女性身份，易安没法和文人们唱和，就只能与丈夫就读书习文展开较量，比如"赌书泼茶"，在这个游戏中，易安是常胜方，这个获胜，无疑对她意义非凡，毕竟丈夫有出色的学识。而她博闻强记，对家中收藏的学术文献比丈夫更熟稔，几乎过目不忘，这当然是值得骄傲的。这一点与人们想象的不一样，谁会想到一位妻子会在较量学识的竞赛中胜过丈夫呢？所以，易安"中即举杯大笑"，如此开怀。

面对才华横溢的妻子，赵明诚自然想扳回一局，这就有了"黄花比瘦"的佳话。传说，赵明诚读了妻子的词《醉花阴》之后，起了比试之心，竟日谢客，废寝忘食三天三夜，苦吟出了一大堆作品，与易安的词掺和在一起，匿名找友人陆德夫评判。结果友人品玩再三，只挑出了易安的三句："莫道不消魂，帘卷西风，人比黄花瘦。"这一局，易安完胜。

除了才情上的比拼，在日常生活中，易安还有很多让明诚"每苦之"的小事。《清波杂志》记载："明诚在建康日，易安每值天大雪，即顶笠披蓑，循城远览以寻诗，得句必邀其夫赓和，明诚每苦之也。"一个妇人在大雪天顶笠披蓑，循城远览以寻诗，这是多么不同寻常。而易安这么做，只是为了寻找灵感获取创作的快感，可见写作之于她是一种纯精神层面的渴求。

值得玩味的是明诚的态度，易安每有得意之作，必定邀请丈夫唱和，而他知道自己会输，"每苦之也"。显然，他不想继续与妻子玩游戏，连重在参与的心情都没有了，甚至不准她写类似"南渡衣冠少王导，北来消息欠刘琨"这样的诗句。如此，易安的满腔诗情无处可诉，只得生生地咽下去，以至于"谁怜憔悴更凋零，试灯无意思，踏雪没心情"。夫妻间精神的愉悦慢慢遁形远去了，花还是昔日的花，然而，花相似，人变了。

或许，明诚逃离、回避易安的症结就在这里：妻子是一面过于

明亮的镜子，更勇敢、更纯粹，日日照见他最真实的面目，戳破他的伪善与懦弱。尤其是南渡后，明诚对高宗的不事抵抗不以为非，远没有易安的识见与忧愤。夫妻之间，暴露的恰是人性中最不确凿、最反复、最游移的那一面，故明诚不想和妻子生活在一起，他想逃离，以阻止这个聪明的女人继续洞察他的内心。

同样，易安对明诚的爱也在变。早在《感怀》一诗，易安就说过在莱州任上的丈夫："青州从事孔方君，终日纷纷喜生事。"她批评丈夫中年俗气，奔波于酒宴之间，醉心于钱财之中，成天价无事生非。南渡后，丈夫的行为更是屡屡令她失望，他不再是当初那个重情笃学的良人了。

在江宁知府任上，明诚又做了一件极不上台面的事，他将谢景思的唐阎立本画《萧翼赚兰亭图》据为己有。显然，明诚"越来越把它们（收藏品）当作一回事了，他过于顶真了，以致失去了原先觉得这些藏品的闲适之情，陷到对荣利的计较里去了。在其中，他失去了自己的生命，也几乎失去了自己的令闻广誉"（宇文所安《追忆》）。与丈夫深陷于好古的癖好不一样，易安对这种激情保持了距离，她开始质疑收藏那么多古物是不是荒唐和愚昧，而丈夫的收集癖未必就比其他癖好更高明，或许她一早就明白："爱欲于人，犹如执炬，逆风而行，必有烧手之患。"易安感到丈夫被器物所异化，沦为了物的奴仆，而她不想被物所役，故她直接反抗：余不耐。

而最让易安心中起波澜的，是明诚作为父母官弃城逃跑的行为，丈夫的怯懦与软弱，令她痛心。在乌江凭吊项王庙时，易安触景伤情，写了一首题做《乌江》的诗："生当作人杰，死亦为鬼雄。至今思项羽，不肯过江东。"易安写此诗不是要歌颂项羽，而是旨在讥讽不图恢复的南宋朝廷，以及宋高宗的逃跑主义。可以想见，读完这首诗的赵明诚，内心是何等的煎熬。敏感如易安，自然明白丈夫的难堪，但她执意要写，不吐不快。

如宇文所安在《追忆》一文中所分析的："易安对赵明诚的爱也发生了变化，变得复杂起来，出现了不易察觉的怨恨，和非难的潜流，同由衷的骄傲和恋情掺杂在一起，这是一种强化的不舒适感，加上回忆在一块的快乐的日子，就越发显得压抑。"但无论怎样变，易安在《金石录后序》中还是以回忆丈夫为荣的，尽管有隐秘的抱怨、讽刺，但始终同爱与尊重交织在一起。或者说，正因为看见过丈夫最真实的样子，所以她理解他、尊重他，最终在后序中复现了他们的故事，哪怕那些甜蜜的往事早已一去不复返。

三、流亡与顿悟

1126年12月，金军南下攻破东京，史称"靖康之变"，翌年4月，金军俘徽宗、钦宗和宗室、后妃等数千人，以及大量财物北去，汴京被洗劫一空，北宋亡。易安的命运随之发生戏剧性的转折，当时只道是寻常的生活，像门楣上的一盏灯，上一刻还流光溢彩，照得满庭花木婆娑，下一刻，说熄灭就熄灭了。易安跟随成千上万的北人一起，开始了漫长的流亡生涯，她的个人命运自此与王朝的兴衰交织在一起。

　　1127年3月，当夫妻二人正准备南逃时，明诚得知了母亲在江宁去世的消息，他独自往江宁奔母丧。易安则回青州故居，整理筛选金石文物，以备南运。这年的12月，青州兵变，她携带15车的书册什物匆忙南逃，留下的10余屋书册，很快焚于兵变。

　　易安于1128年春，抵达江宁，与丈夫会合。是年7月，赵明诚起知江宁府，但于1129年3月被罢免，因为他在一场暴乱的前夜弃城逃跑。之后，明诚与易安离开江宁，备办舟船上芜湖，入姑孰，打算择居于赣水。同年5月，赵明诚被重新任命为湖州知事，并在赴任途中受诏觐见高宗。临走前，易安乘船相送，将丈夫一直送到必须上岸改走陆路的途中。

　　这一天是6月13日，易安在《金石录后序》中追忆：是日，明诚"负担舍舟"，坐在岸上，此时的他"精神如虎，目光烂烂射人"，想必是为复职而欣喜若狂，他凝视着坐在船上的妻子，以示告别。易安大声问明诚："如果像传闻的那样城中告急，怎么办？"他拇指上翘，食指向前，手伸得像戟一样，命令似的指着妻子，嘱咐她在逃难中，应按照书画、善本、古器、藏品的重要性兼贵重程度等排序决定去留，并郑重托付道："唯独宗庙礼乐之器，必须亲自负抱，你与这些宗器共存亡，切记。"说完，就骑上马疾驰而去。

　　注意，易安在大声问明诚前，说了一句"余意甚恶"，意思是：我的心里十分不安，她可能预感到了最糟糕的事。果然，7月底，易安就得到明诚病重的消息，她急忙乘舟出发，日行300里，希望马上见到丈夫。但当她赶到时，明诚已经病入膏肓，无力回天，于1129年8月病故，留下易安一个人，孤独地流离于战火纷飞的乱世。

丈夫的死亡，对易安来说是一个巨大的打击，原本，明诚是她与残酷生活之间的屏障，保护她远离战乱的漩涡。当他骤然离去，她便坠入漩涡，无能为力地任由自己随漩涡而流动。在处理好丈夫的丧事后，易安大病一场，只有一息尚存。这一年，易安46岁，死亡离这个未亡人又近了一步。

明诚故去后的数月，时局愈发紧张，金兵重新发动南侵，此次战事，从1129年底持续到1130年初。在"事势日迫"的情况下，易安将寄存在明诚妹妹处的文物尽数委弃。在几乎走投无路的境遇中，她基本遵循高宗自建康出发的逃亡路线，一路向南，最终从黄岩出海，并加入了皇帝的御用船队，于1130年1月末抵达温州。是年4月，易安才在越州下船登岸。

1131年，金兵又发动了新一轮的攻势，在这期间，易安卧榻下的5竹篓珍贵文物被偷，其中还包括明诚亲自题写跋语的《赵氏神妙图》，易安为之悲恸不已。在自身都难保的困境里，易安只得眼睁睁看着昔日收藏的文物渐次散失，而每次想保全它们的努力都失败了。直到1132年春，高宗定都临安，易安在弟弟的帮助下来到临安，才结束历时两年的流寓和逃亡。易安在临安的住处濒临池塘，芳草萋萋，绿荫满园，尚在养病的她吟出了这首《春残》：

春残何事苦思乡，病里梳头恨发长。

梁燕语多终日在，蔷薇风细一帘香。

在明诚故去的两年里，易安四处流亡，居无定所。这一种兵荒

马乱的生活，暂时地将她包裹于茧中，使她表面看来好像是挺得住，尚算冷静。而一旦纷乱的流亡结束，身心慢慢安顿下来，丈夫死亡的现实，才像是子弹般，将易安的精神击穿了——"就像在日食时，一切色彩全部消失了"（伍尔夫语），她陷入避无可避的境地。无尽的哀恸如海浪般席卷易安，现实处处显示出狰狞的模样，而过往的时光，宛如暗室中冲洗的照片，逐渐显露出色彩和轮廓，每一个细节都散发出柔和的光泽。悲哀的是，未亡人所拥有的只有回忆，所以她一遍遍沉浸于往事中，翻阅重读，以至病体日益虚弱，连梳妆都吃力，无来由地怨恨头发太长，甚至于对梁上的双燕都恨恨的，怅恨它们终日相伴，软语呢喃，而自己孤单单一个人，太不公平。

好在诗的最后一句扭转了颓势，易安没有一味往下沉，她忽而闻到了"蔷薇风细一帘香"。这一句化用了高骈的《山亭夏日》"水精帘动微风起，满架蔷薇一院香"，意谓一阵轻柔的风，穿过绣帘，将蔷薇的清香递过来。表面看，易安好像丧失了自控力，被哀恸彻底击倒了，但她却闻到了蔷薇的香气，或许生活依旧艰难，过往的世界也早已荡然无存，但看花的心情依旧在，这就够了，她还能将就着活下去。

然而，屋漏偏逢连夜雨。1132年夏，刚安定不久的易安，又遭遇了再嫁风波。在弟弟的提议下，易安再嫁给张汝舟，没想遇人不淑，她陷入了张汝舟的骗局。仅过了两个月，这个人就露出真面目，明目张胆地夺取她手上残存的文物。原本，在前些年的颠沛流离中，许多文物都已遗失殆尽，剩下的都是被易安视作比生命还珍贵的藏品，她怎么可能轻易给张汝舟呢？一时达不到目的，恼羞成怒的张汝舟便对易安拳脚相加，恨不得置她于死地："遂肆侵凌，日加殴击。"

面对张汝舟的家暴，易安坚决予以抵抗："身既怀臭之可嫌，惟求脱去；彼素抱璧之将往，决欲杀之。"才女岂会为恶男折腰？在明知自己将会被拘押两年的情况下，易安以近乎决绝的态度，告发了张汝舟。此次诉讼于九月初一结案，张被免职，流放到偏远的柳州，这场闹剧就此终结。易安则被投入监狱，但9天后就恢复了自由身。

易安这次非常幸运，得到了綦崇礼的援手，她对此感激不尽，事后写了一封题为《投内翰綦公崇礼启》的答谢信。在信中，她重述了这场灾难性的再婚，并为此感到无尽的沉痛和羞愧，她一再说"败德败名""难逃万世之讥""扪心识愧"等等。易安已预料大众对她再嫁的苛评——"传者无不笑之"，但是无论如何，她都不惜"伤敌一千，自损八百"，宁愿蒙受世人的毁谤与非议，也决不维系这段婚姻。

这时候，历经逃亡、再嫁、离异、出狱的易安，已经49岁了，这个年龄在古代被视为"晚岁"。但晚年的易安，鬓发虽已经花白稀疏了，又多病，但她越老，我们越能看到她坚硬得粗大的神经，仿佛金属脉络一般，有力地保护她完整的自我，不容许他人来控制她、异化她。她不自怜，更不沉浸，探查并接受痛苦所教导的一切，直视它，超越它，她最终打开了顿悟的那扇门，不再戚戚于个人的得失，尽可能地活在当下。晚年的易安，在充满局限的世界中，获得了有限的自由，这种自由不是匡善之斗，而是新的解放，世界重新回到真实的样貌里，拥有了各种可能性。

易安果然按答谢信中所写的："誓当布衣蔬食，温故知新。再见

江山，依旧一瓶一钵；重归畎亩，更须三沐三薰。"隐居一隅，简朴度日，在孤寂中，将自己交出去，交给了永恒的写作。除了继续作诗填词，易安还转向了文章与赋的创作，完成了《金石录后序》，写出了《打马赋》《打马图经序》《打马图经命辞》等作品。作为文人的易安，终于得以自由地舒展羽翼，践行自己的文学理想，她再一次迎来了写作的黄金时代。

四、枕上诗书闲处好

随着丈夫的离世、再嫁风波的平息，以及老之将至，年轻时的喜怒哀乐渐渐远去，岁月赐予易安历经艰辛后的"好"。这个好，不是"怕郎猜道，奴面不如花面好"的儿女私情，而是"枕上诗书闲处好，门前风景雨来佳"的静谧滋味。

摊破浣溪沙·病起萧萧两鬓华

病起萧萧两鬓华，卧看残月上窗纱。豆蔻连梢煎熟水，莫分茶。枕上诗书闲处好，门前风景雨来佳。终日向人多酝藉，木犀花。

清寂的日子里，"终日向人多蕴藉"的木犀花，像老友般陪伴词人。易安与木犀花，相看不厌，就在这妥帖的"酝藉"里，易安又写词了——"枕上诗书闲处好，门前风景雨来佳。"

细说起来，易安是对时代共振最敏感的一类人，而女性身份又使她与时代保持了不近不远的距离，她得以在漩涡的周围做旁观者。但这个才华极高的女作家，不甘心一直做旁观者，她想化身为男性，纵身一跃，去诗词的大海乘风破浪。然而，女性身份虽是保护，更是禁锢，将她禁锢在闺房中，她只能任时代在她周遭振动，却始终进不去。

南渡后，易安茫然四顾，发现自己成了多余的人。挚爱的人离开了，钟爱的时代消失了，剩下她一个人，困守在永恒的孤独国，在这里，没什么可丧失，无所谓再逃跑。一旦看清这个现实，易安反而不再惧怕，无惧于自己性别的限制，她开始频繁地在公共作品中陈述政治与军事议题，并采用一种全新的表达范式。其中，最具突破性的当属1134年创作的"打马"主题作品。

在宋代，"打马"是一种博弈游戏，非常"烧脑"。易安在《打马图经序》一文中谈及自己热衷于博弈时，骄傲地声称道："予性喜博，凡所谓博者皆耽之，昼夜每忘寝食。但平生随多寡未尝不进者何？精而已。"易安承认自己天性好赌，每赌必赢，接着，她饶有兴味地列举了自己精湛的博弈游戏，以及"打马"的不同玩法，并预测说："好事者"将从她这里获悉"打马"游戏之奥妙。

在这些作品中，易安完全摆脱了女词人的闺阁气，其格局和气魄非常开阔，充满豪情。比如她写："木兰横戈好女子，老矣不复志千里，但愿相将过淮水。"（《打马赋》）如果我们细读文本，还会发现，易安显然话里有话，她企图借批评"宣和马"来暗讽玩物丧志的徽宗。同时，她自恃对时代形势和南宋困局洞若观火，自许为像木兰

一样的女战士,意图向执政者提供有关战事与时局的建议。这样的高姿态,连男作家看了都要替她捏一把汗,易安却偏敢写,欲穷尽毕生之力与性别的限制相搏斗。

但很可惜,她一个弱女子发声的空间是如此狭窄,窄到只能借写作"闺房雅戏",来曲折地回应当下的时局。易安最深层的孤独就在于此,作为一个知识分子,跻身于社会的上层,"她看到了许多别人看不到的事情,追求着许多别人不追求的境界,这就难免有孤独的悲哀。她以平民之身,思公卿之责,念国家大事;以女人之身,求人格平等,爱情之尊。无论对待政事、学业,还是爱情、婚姻,她决不随波,决不凑合。李清照骨子里所追求的,是一种人格上的超群脱俗,这就难免像屈原一样'众人皆醉我独醒',难免有超现实的理想化的悲哀"(梁衡语)。

在当时,易安并不属于任何文人团体,这一路,她没有同行者。所有纷繁的情绪、难摆脱的困境,以及世人的非议与指责,她必须一个人去面对。这就不难理解,为何在易安晚年的作品中,孤独几乎成为主调,贯穿了词的所有时间,同时弥漫于词的所有空间:"只恐双溪舴艋舟,载不动,许多愁",是寂寞的忧愁;"寻寻觅觅,冷冷清清,凄凄惨惨戚戚",是悲凉的孤独。寂寞孤独波涛汹涌,高高低低,避无可避,翻涌在易安生命中的时时刻刻,真真是"这次第,怎一个愁字了得?"故她在元宵佳节"怕见夜间出去。不如向、帘儿底下,听人笑语"。

永遇乐·元宵

落日熔金，暮云合璧，人在何处？染柳烟浓，吹梅笛怨，春意知几许？元宵佳节，融和天气，次第岂无风雨？来相召，香车宝马，谢他酒朋诗侣。

中州盛日，闺门多暇，记得偏重三五。铺翠冠儿，捻金雪柳，簇带争济楚。如今憔悴，风鬟霜鬓，怕见夜间出去。不如向、帘儿底下，听人笑语。

这首词是易安晚年流寓临安时所作，词由写新都的元日之夕，转入下阕的汴京旧事。看似说的是今昔之不同情境，实则抒发的是盛衰之感和身世之悲。此刻的临安城越热闹，那仍然怀念"中州盛日"的词人就越发孤独。

历经国破家倾、夫亡亲逝之痛，漂泊流亡之苦，以及再嫁风波、牢狱之灾，易安早已由灵动的少女，变成了形容憔悴、蓬头霜鬓的老妇。她原先拥有的一切都消失了，山寒水瘦，分外凛冽，"物是人非事事休"。她说自己是"人比黄花瘦"，这个瘦，如今再看，其实是非常苍凉的——命运在给她最好的同时，必给她最坏的，这是她无可逃脱的命运。如此，易安对元宵的热闹既无心游赏，也不想再提及该话题。罢了罢了，"不如向、帘儿底下，听人笑语"，暂且去那隔帘笑语中重温旧梦吧。

叶嘉莹说："真正的诗人，都有着一种极深的寂寞感。"易安晚年就是如此：孤绝冷峻，寂寞深沉。但易安又不是普通人，于是她的

寂寞、她的孤独，就不是一般的无依无靠、独来独往，是因为有精神的高度而深陷四顾茫然的悲凉，是一种觉醒后的大孤独。在这样的大孤独中，易安以寂寞对抗寂寞，以词的悲哀，征服生命的悲哀。一个人，没有同类。

五、生而孤独，没有同类

在易安的时代，闺怨词基本是由男性书写的，词中的女性一般是被观察、被描写的客体，或是仅作为男性思量与移情的对象。在词中，男性词人们或凝视或怀想她的情态、思绪、困境，但无论多细致、多幽微，始终是隔靴搔痒，有隔膜的，无法真正地体察并进入女性的内心。

只有到了易安这里，才破天荒第一次以女性的感知为主体——她为她自己代言。若我们把易安词和同时代男性作家的词放一起，就总能一眼挑出她的词来。易安词有独一无二的语感和烙印，"能曲折尽人意，轻巧尖新，姿态百出"（《碧鸡漫志》）。故而，绝不会被陈词滥调所淹没，如学者艾朗诺所说："易安词中的主观元素，往往是最新颖与最容易被记住的。"

比如说，同样是写愁绪，我们读男性词人的词，尤其是词中想象女性的这部分，总觉着差不多，或者说，很难给人耳目一新的惊奇，我们甚至能辨认出，他们有一套固定的写作模式。但易安笔下的愁不一样，她写这个愁和那个愁，在不同的情绪或情境下，其强度和密度都不一样。像"只恐双溪舴艋舟，载不动，许多愁"，与《声声慢》的"这次第，怎一个愁字了得"，这两者的强度明显不同：前者还只是犹豫着，害怕说，不敢说；后者则是累积到了一个极限，愁啊、苦啊喷薄而出，再不想遮掩了。我们再来读易安的另一首愁绪词：

添字丑奴儿·窗前谁种芭蕉树

窗前谁种芭蕉树，阴满中庭。阴满中庭，叶叶心心，舒卷有余清。

伤心枕上三更雨，点滴霖霪。点滴霖霪，愁损北人，不惯起来听。

同样是写芭蕉夜雨，欧阳修的《生查子·含羞整翠鬟》这样写："深院锁黄昏，阵阵芭蕉雨。"温庭筠的《更漏子》如是说："梧桐树，三更雨，不道离情最苦。一叶叶，一声声，空阶滴到明。"抑或是无名氏的《眉峰碧》："窗外芭蕉窗里人，分明叶上心头滴。"这里边的伤心人，都是被观看、被书写的客体，且不乏铺陈与安排的匠心，故而与真实的女性个体有隔膜。

但是，易安的"伤心枕上三更雨，点滴霖霪"，都是她本人的所思、所感。她在词中，呈现了一个本真的、具体的"我"："我"看雨打芭蕉，"我"在枕上伤心，"我"就是被愁损的北人啊！这个"我"，平生所历实在太多伤心事了。如此，"伤心枕上三更雨，点滴霖霪"，才给人最真切的感动，因为它源自李易安——最孤独的人。而易安描

摹孤独最深刻的词，当然属《声声慢》。

声声慢·寻寻觅觅

　　寻寻觅觅，冷冷清清，凄凄惨惨戚戚。乍暖还寒时候，最难将息。三杯两盏淡酒，怎敌他、晚来风急！雁过也，正伤心，却是旧时相识。

　　满地黄花堆积，憔悴损，如今有谁堪摘？守着窗儿，独自怎生得黑！梧桐更兼细雨，到黄昏、点点滴滴。这次第，怎一个愁字了得！

词一开头，易安就无所顾忌，将伤心、憔悴、愁等形容词，一股脑劈过来，犯下了王安石所说的写文大忌："意气未宜轻感慨，文章尤忌数悲哀。"但易安偏不管，不仅要数伤心事，还要换词全说出来，她根本不屑于使用男性词人所信赖的写作传统，这就是高手的写法。

《声声慢》开场之惊艳，与少游《满庭芳》的开篇"山抹微云，天连衰草，画角声断谯门"有异曲同工之妙，如周汝昌评价的："这好比唱戏时名角出场，秀帘揭处，一个亮相，风采精神，能把全场'笼罩住'""只此一个出场，便博得满堂碰头彩，掌声雷动——真好看煞人！"

接下来，易安在词中重复使用了三个"怎"字，这显然又是违例的。反问句更是连用了四个："怎敌他，晚来风急""如今有谁堪摘""独自怎生得黑""这次第，怎一个愁字了得！"奇妙的是，我们通篇读下来，对词评家们所谓的"白璧微瑕"全然不觉，因为一开始我们就被文首的14个叠字带进去了。于是乎，词人的愁绪如雾气般笼罩全词，在其间，我们看不清来路与归途。

晚年的易安，很可能是长时间一个人住。在赵明诚死后，易安又至少活了27年，甚至30年以上。一个人住久了，慢慢会形成一种内在的节奏，任时间如水般从身心流过去，如王小波说的："一个人中了邪躺在河底，眼看潺潺流水，波光粼粼，落叶、浮木、空玻璃瓶，一样一样从身上流远去。"

在绝对的寂静中，易安或许清晰地听到了，孤独在体内如玉帛般裂开的声响，故有了《声声慢》这首词。但易安的孤独不是少游式的，完全地沉下去，入而不知返，也不是东坡式的，有超脱、有飞扬，是入而知返的。她就是一清如水地呈现孤独、书写孤独，这孤独像张爱玲的句子："再好的月色也不免凄凉，她虚无的名声，就像那凄凉的月色。"

王维有一首诗："木末芙蓉花，山中发红萼。涧户寂无人，纷纷开且落。"诗句"涧户寂无人，纷纷开且落"，可借来形容易安晚年的状态。晚年的她，在顿悟生命的虚无后，有如神助一般，获得了静定的力量，她终于活成一个自觉且自足的个体，任诗词如花朵般，"纷纷开且落"。

任何时代，做真诚的作家都是很难的，因为周围总会有非常多的"他人"，异化他、规训他，而做女作家更是难上加难。易安在暮年的一次遭遇，可反证在古代做女作家的难度之大。易安的亲友中，

有一个姓孙的女孩，豆蔻年华，伶俐俊秀，易安对她青睐有加，就提议当她的老师，将毕生的辞章之学传授给她。万万没想到，孙氏小女应声而起，一本正经地拒绝道："多谢夫人厚爱，此事不可，古云：'才藻非女子事也'。"女孩的回答想必使易安极诧异，不承想自己的热心，竟引出这样的一番话，她一生以凌驾须眉之上的文才而自傲，到小姑娘这儿却是不值一提的事，倒显得她好为人师，自讨没趣。

更令人费解的是，这段记载竟出自陆游为孙氏夫人写的墓志铭："夫人幼有淑质，故赵建康明诚之配李氏，以文辞名家，欲以其学传夫人，时夫人始十余岁，谢不可，曰：'才藻非女子事也。'"（《渭南文集放翁逸稿·夫人孙氏墓志铭》）能写进墓志铭的当然是生平最可夸赞之事。显然，孙氏夫人不仅以这句话作为传家的淑质美德，还借"拒绝易安居士"这件事抬高身价，毕竟这可能是她最值得炫耀的壮举了。

我们由此可以推测，在当时的礼教中，以才藻为立身之本的词人李易安，是多么地特立独行——生而孤独，没有同类。用"才女"一词来形容、指代和看待易安，无疑是把她大大地贬低和缩小了。她是一个旷百世而一遇的天才人物，不仅因才华，更是因性情和人生经历而独特，"此花不与凡花同"。

她像极了《刺客聂隐娘》中的青鸾——细雨暂歇，白牡丹盛开似千堆雪，嘉诚公主端坐其间，抚琴而念："罽宾国国王得一青鸾，三年不鸣，有人谓，鸾见同类则鸣，何不悬镜照之，青鸾见影悲鸣，对镜终宵舞镜而死。"青鸾对镜自舞，恰似易安临水照花，遁入一个人的孤独国，以孤独来对抗孤独，到最后，无人知，无人懂，最终与孤独同生同灭。

张岱的《陶庵梦忆》序云："鸡鸣枕上，夜气方回，因想余生平，繁华靡丽，过眼皆空，五十年来，总成一梦。"此数语，或可挪来做易安晚年心境的写照。幸运之处在于，易安因孤独而丰盈，她的孤独如阿多尼斯所说，是一座花园。在这座花园中，易安凭极高的创作天赋，将每一个孤独的瞬息，妙手点化，化作了玲珑的词作，这支笔亦秀亦豪，得未曾有。"扬之有豪气，抑之有秀气，即使在柔婉的时候也带有一点刚劲。"（余光中语）痴人前不得说梦又如何？人事恍惚如来世又如何？李易安正一个人踽踽独行，她的前方，云山苍苍，江水泱泱，宽广自由无限。

朱淑真

叛逆的文艺少女

她大方地书写这段爱，字里行间汹涌而来的，是蓬勃的、流动的情意，以及两颗心激烈碰撞过、燃烧过的火花。

一、美人如花隔云端

生查子·元夕

去年元夜时，花市灯如昼。月上柳梢头，人约黄昏后。

今年元夜时，月与灯依旧。不见去年人，泪湿春衫袖。

这首著名的元夕词，虽只有短短的几句，却感动了一代又一代读者。而关于这首词的作者一直有争议，主流说法大致有四：一说是欧阳修，见《欧阳文忠公近体乐府》；一说是秦少游，见宋元话本《张生彩鸾灯传》；再是李清照，见方回的《瀛奎律髓》；最后是朱淑真，首见于明杨升庵的《词品》。

我们用排除法来考据，先说秦少游，他的词集《淮海居士长短句》或《淮海词》都没有这首词，故宋元话本的记载不足信。再说李清照，该记载只是方回个人的臆断，更不足信。现在，只剩下争议最大的欧阳修和朱淑真。如果将年份往前推，早在宋元人辑录的欧阳修词集中，比如，罗泌编订的《欧阳文忠公近体乐府》，以及南宋曾慥辑录的《乐府雅词》，都将此词系于欧阳修的名下，故欧阳修对此词的著作权当无疑问。

后人以为这首词系朱淑真所作，始于杨慎《词品》一书，他在书中首次张冠李戴，并指斥道："词则佳矣，岂良人家妇所宜邪？"由于杨慎在明代声誉颇高，大概自他提出这个说法后，马上就有人将该词录入《断肠集》，故明清士人多承袭杨氏的说法。比如，明代沈际飞的《草堂诗余》，就是依杨慎之说；清代陈廷焯的《白雨斋词话》、梁绍壬的《两般秋雨庵随笔》，都认为《元夕》词为朱淑真所作。

杨慎的这一说法当然遭到了其他学者的反驳，王士祯在《池北偶谈》中指出："今世所传女郎朱淑真《生查子》词，见《欧阳文忠公集》一百三十一卷，不知何以讹为朱氏之作，世遂因此词疑淑真失妇德，记载不可不慎也。"之后，况周颐的《蕙风词话》，以及唐奎璋的《宋词四考》，均认为该词作者系欧阳修。尤其是唐奎璋，他特意在《朱淑真〈生查子·元夕〉辩论》一文中，详细地申述了此词系"欧阳修《生查子》误入《断肠词》"，而"非朱淑真之作"，并说此论"确凿可信"。

根据上述考证，当可得出《元夕》词实为欧阳修所作，而非朱淑真之作。之所以被归入朱淑真名下，实在是一个误会。好笑的是，在一些道学家的眼中，这首词是否为朱淑真所写，竟成为她有无"爱情走私"的证据。一首词的归属都能引发一桩公案，众说纷纭，而关于朱淑真这个人，更是迷雾重重，"美人如花隔云端"。

的确，当我们考证与淑真相关的文献，就会发现，她的家世、籍贯、生平、婚姻等，通通扑朔迷离，难有定论：北宋人耶？南宋人耶？固有不同说法。祖籍何处？是钱塘，是海宁，还是归安，各执一

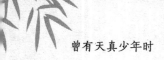

词。至于家世，有说是朱熹的侄女，有说是普通的民女，不一而足。再有，她的婚姻，其夫家究竟是市井民家，还是庸俗官吏，也不确定。

而涉及淑真"贞或不贞"的问题，或者她有无"公然走私的爱情"，就更复杂了，还因为这些事牵扯到《元夕》词，搅得连作者的归属都成了一团疑云。还有，她是如何死的，是病逝，还是自杀……总之，要解读淑真就必然会碰到一连串的疑问，有学者甚至怀疑其人、其诗是否真实存在，因为她缺席于宋代的文献，这显然不合理。

所幸在况周颐的《蕙风词话》中，有目前能读到的最详尽的淑真小传：

淑真，自号幽栖居士，钱塘人。或曰海宁人，文公侄女，居宝康巷。或曰钱塘下里人，世居桃村。幼警慧，善读书。文章幽艳，工绘事，晓音律。父官浙西。绍定三年（1230）二月，淑真作《璇玑图记》，有云："家君宦游浙西，好拾清玩。凡可人意者，虽重购不惜也。"

其家有东园、西园、西楼、水阁、桂堂、依绿亭诸胜。夫家姓氏失考。似初应礼部试，其后官江南者。淑真从宦，常往来吴、越、荆、楚间。与曾布妻魏氏为词友，尝会魏席上，赋"小鬟妙舞"，以"飞雪满群山"为韵，作五绝句。又宴谢夫人堂有诗，今并载集中。淑真生平大略如此。

再结合淑真的诗词，我们大致可以推断：朱淑真，钱塘人，大约是生活于南宋高宗绍兴（1131—1162）至孝宗淳熙（1174—1189）年间，擅诗词，工书画，晓音律，多才多艺，是仕宦人家的闺秀。在淑真去世后，她的诗词即被好事者编成文集《断肠集》，保存至今。诗集数量相当可观，共录有337首诗，词作亦有30首之多。诗的类别非常丰富，咏物、时令、闺情、咏史、农事等等，皆有涉猎。词的数量虽少于诗，但和诗一样出彩，有些佳作甚至要好过诗。而淑真词的妙处，正如魏仲恭的评价："清新婉丽，蓄思含情，能道人意中事，岂泛泛者所能及。"

无论是诗还是词，都和淑真的名字一样，珍贵之处全在一个"真"字——"真字是词骨，情真，景真，所作必佳。"（《蕙风词话》）淑真将爱情、离情、欢情、悲情、怨情、愁情，通通倾泻于诗词中，字字出自肺腑，可说是最坦率、最真实的至情之语。正因为她够真实，故我们读《断肠集》时，就仿佛在读她这个人，她充沛的情感，或惊或喜或悲或哀或叹，凡此种种，依然鲜活，并未因时间的磨损而枯干，就像杜甫说的"元气淋漓障犹湿"。

陈廷焯《白雨斋词话》云："朱淑真词风致之佳，情词之妙，真可亚于易安。宋妇人能诗词者不少，易安为冠，次则朱淑真，次则魏夫人也。"此评当为确论。故我们读朱淑真的诗词，无须做过多的注释或解读，只作为读者面对她就够了。在诗句间，跟随她纷纷的情绪，去共情，去共舞，诸多情思意会即可，甚至都不必说出来。有时候，非要说出来或强行解卖，反而会破坏了诗意的圆融，硬生生成为一个闯入者。这一次，我们且抛开"贞与不贞"的偏见，回归诗词，与淑真展开对话，还原这个真性情的女诗人。

二、闺中的杜丽娘

对被禁锢于闺房的女性来说，她们对爱情的想象来自何处？而在她们的想象中，爱情的面目又会如何呈现呢？作家罗兰·巴特在其著作《写作的零度》中回答过这两个问题，他借法国19世纪爱情小说《多米尼克》主人公的故事，指出一种爱情法则：一个人经历的爱情往往来自对某一个，或某一些爱情故事的"搬演"，确切地说，爱情来自古籍，你怎样想象爱情，爱情的定义就会是什么样。

从文本中搬演爱情的事例，我们很容易就想到《牡丹亭》。在汤显祖的生花妙笔下，杜丽娘与柳梦梅因梦生情，花园定情，人鬼通情，最终情定胜天，结局圆满。在这个爱情文本中，以"情"为最美好、最天然之事，并付诸行动的杜丽娘，赢得了古典女性的共鸣，她们在读至"原来姹紫嫣红开遍，似这般，都付与断井颓垣"时，纷纷潸然泪下。

借由阅读、评点《牡丹亭》的文本，她们得以进入到那个"生者可以死，死者可以生"的虚构世界，并跟随书中人物的演绎，构建起自己对爱情的想象，无数次在浪漫的梦里或飞翔，或坠落，"每日价情思睡昏昏"。

然而，袅袅情思终究无所寄托，丽娘之梦易得，丽娘的美满却难得。有极端的女读者，因怅恨自己不能如丽娘一般获得好姻缘，抑郁成疾，以至于分不清现实与虚构，终付出了生命的代价。汤显祖尚在世时，就有一娄江少女俞二娘，她生平最大的嗜好是阅读《牡丹亭》，日复一日沦陷于文本中，不得出，哀感情思，日久弥深，年仅

17岁便断肠而亡。

此后的数十年间，类似的悲剧还在上演。17世纪初叶，杭州女伶商小怜最擅长饰演杜丽娘，她心有所属，因故不能得偿所愿。一日，她在演《寻梦》这一出戏时，忽然倒地，气绝而亡，于众目睽睽下香消玉殒。1612年，一个叫冯小青的女子，死于对《牡丹亭》的沉迷，临终前，她作绝命诗云："冷雨幽窗不可听，挑灯闲读《牡丹亭》。人间亦有痴于我，岂独伤心是小青。"

对无数个"小青"来说，《牡丹亭》是一剂良药，引她们沉浸到浪漫的情之世界。然而，《牡丹亭》终究是一出虚妄的童话，所有企图将文本爱情搬演到现实的努力，都注定要失败。与花团锦簇、美梦成真的《牡丹亭》相映照的，正是无数个迷而不知返的"小青"们梦的破灭与难以被救赎。

那么，在《牡丹亭》尚未面世的宋朝，朱淑真对爱情的想象来自何处呢？我们不妨做一个大胆的猜测，淑真对爱情与婚姻的想象，很可能是以易安和明诚的婚姻故事作样本，李赵婚姻即是她的《牡丹亭》。

到南宋时，易安的习名已相当显赫，南渡后，她晚年又仆居浙江，故她的诗词在南方流传甚广。我们很难推断朱淑真比李易安到底小多少，但不可否认的是，少女淑真一定仔细研读过易安词，学习她的写作技巧，尤其在表达愁情、描绘意境、遣词造句等方面，都有模仿。比如，李易安说"绿肥红瘦"，淑真说"绿肥红浅"；李易安说"试灯无意思，踏雪没心情"，朱淑真说"写字弹琴无意绪，踏青挑菜没心情"；李易安说"又是寒食也，秋千巷陌人静，皎月初斜，浸

梨花",朱淑真说"寒食不多时……闲却秋千架……寂寞梨花落"。更鲜明的还有,李易安写"非干病酒,不是悲秋",朱淑真则概括为"非干病酒与悲秋"。不难看出,朱淑真不仅熟读易安词,且有意与易安比兴。

与少女李易安一样,少女朱淑真终日赋诗抚琴,赏花吟月,天真的少女们气质相似,文采相类,兼有同样萌动的春心,对爱情抱同样的憧憬。淑真的诗《秋夜舟行宿前江》:"扁舟夜泊月明秋,水面鱼游趁闸流。更作娇痴儿女态,笑将竿竹掷丝钩。"与易安的词《如梦令》一样,落笔轻快,活泼明亮。易安的词,用沉醉、兴尽、误入、惊起等动词;淑真的诗,则用夜泊、娇痴、笑将、掷丝钩等动词,都将泛舟的欢愉抒写得淋漓尽致。

甚至于在喝酒这方面,淑真都丝毫不逊色于易安。前人说易安词氤氲着酒气,这是对的,那豪情不掩、愁苦直抒的淑真,又怎会不好酒?《断肠集》几乎卷卷不离酒,提及酒意象的作品有60多首,占整部作品的五分之一,泼洒的酒气简直要溢出来。无疑,酒是她们共同的密友。和易安一样,淑真沉醉酒乡多是消愁抒闷,或闲情遣兴,她甚或比易安更好酒,品花时、赏雪时、围炉时、祝寿时、交游时,样样离不开酒。

同为有觉醒意识的女性作家,在苦闷的现实中,想来她们都领略了相似的迷惘与孤独,酒便是解脱的方法之一,"何以解忧,唯有杜康"。哪怕这解脱只是暂时的,而不是彻底的,她们仍然想要抓住,以至于"沉醉不知归路"。

另外,淑真一定读过易安的《金石录后序》。后人熟知的赵李婚姻图景——情深义重、志同道合，几乎都来自《后序》的叙述。易安和明诚的婚姻，虽不象《牡丹亭》有完整的故事，但两人流转的情意，如闪光的珍珠，散落于诗词的片段中，呈现于《后序》的讲述与回忆里，而这些就足够淑真想象它、搬演它，并据此塑造她的爱情观。

幸运的朱淑真，的确在婚前遇到了她的"赵明诚"，两人志趣相投、情深意笃，她可预见的人生道路，看起来与易安的无异。但命运无情地戏弄了她，淑真没能嫁给理想的爱人。王士祯《池北偶谈·朱淑真璇玑图记》记载："嫁为市井民妻，不得志殁。"另据魏仲恭《断肠集诗词序》记载："（朱淑真）早岁不幸，父母失审，不能择伉俪，乃嫁为市井民家妻。一生抑郁不得志……竟无知音，悒悒抱恨而终。"

在对情人的眷眷不舍之下，淑真嫁给了一位庸俗官吏，所遇非偶，从此深陷不幸的泥淖中——"风韵如此，乃下配一庸夫，固负此生矣。"故淑真的诗词中，很多忧愁怨恨之句，或诉说深闺的孤独，或叙述无爱的幽恨，"每临风对月，触目伤怀，皆寓于诗"。春来，她便伤春、恨春、怨春、感春，"十二阑干锁画楼，春风吹损上帘钩""满院落花帘不卷，断肠芳草远"；夏至，石榴花开，她又抱怨，"榴花照眼能牵恨"，嫩荷初张，她又要，"待封一罨伤心泪，寄与南楼薄幸人"；秋日，愁绪更是绵绵无尽，"哭损双眸断尽肠，怕黄昏后到昏黄""鸣窗更听芭蕉雨，一叶中藏万斛愁"。春花秋月、四时流转，无不浸染悲凉气息，矢淑真可谓是"一身都是愁"。而她的词亦不例外，愁绪满怀，无可排遣，最具代表性的是这首《减字木兰花》，可看作闺中人的写照：

减字木兰花·春怨

独行独坐，独唱独酬还独卧。伫立伤神，无奈轻寒著摸人。

此情谁见？泪洗残妆无一半。愁病相仍，剔尽寒灯梦不成。

独行独坐，独唱独酬还独卧，两韵连用5个"独"字，仿佛孤独贯穿了词人的日常，行、坐、唱、酬、卧，无一不独，伫立伤神之际，无奈那春寒还来撩惹人。下阕则是纯抒幽怨之情，她久久独坐于妆台前，看脂粉被眼泪洗去大半，寒灯剔尽，长夜无眠，梦也梦不成。

像这样悲戚的日子，不是一日，不是一年，而是无穷无尽，更愁闷的是"此情谁见"，无人知晓，无可解脱。这境况岂止是悲哀，简直苍凉。触目只见庭院花草，平日不过针黹女红，淑真像个怨女一样，爱了一辈子，恨了一辈子——深闺的爱，令她深邃；深闺的恨，使她寂寥。她一生都在爱与恨中沉沦，一个人消磨悲与喜，一遍遍抒写爱而不得的幽与怨。故而，朱淑真的《断肠集》有太多的哀怨与不甘，存在着无尽的愁闷和自怜。

而同为"闺阁词人""一样才女"的李易安，她的命运走向却与淑真截然不同。南渡后，在历经流亡、再嫁、拘禁、离异等困境之后，这个神经异常坚硬的女作家，坚韧地借写作重构自我，再一次迎来了写作的黄金时代。所以，现代人更偏爱李易安，爱其洒脱，爱其自由，纷纷喊她"易安大人"，而偏爱朱淑真，确实是需要一点幽闭和自怜况味的。

与易安的"丈夫气"相比，淑真的"闺阁气"浓得多，这既是她的局限之处，又是她的动人之处：闺中人的身份使她本真地从女性视角出发，审视"我"的生活，表达"我"的情感，但还不止于此。"女儿家的娇痴，并不是淑真的全部面目。女儿家的慧眼，以及通过此慧眼洞悉的世情冷暖、生活悲酸、社会不平、人生险诈等成熟心态，才是朱淑真的真面貌、真性情。"（黄嫣梨，《朱淑真研究》）

在群星闪耀的宋朝，朱淑真不属于技艺最高超的诗人群体，她的诗词，在一些士大夫眼中甚至不入流。好在淑真从未有"诗言志""文载道"的野心，她只是诚实地表达自己，如她自己所说，是为了消长日、遣新愁、销日恨、赋新诗的"不觉自鸣"，所以她写："消破旧感冯酒盏，去除离恨赖诗篇。"或是："娣滞酒杯销旧恨，禁持诗句遣新愁。"抑或是："诗书遣兴消长日，景物牵情入苦吟。"如此如此，这般这般。

如果说，易安写诗作词还有一种较劲，试图用温柔敦厚的方式，融入主流。那么，淑真的创作就是用"女性本位"的方式，偏离主流，刚烈凄厉，比正如学者邓红梅的评论："淑真的词，在表现爱情的获得与匮乏诸体验方面，显示出最为真实、细致，因而极不一般的面貌。"（《女性词史》）换句话说，淑真凭女性的敏感、细腻和灵气，真实地抒写了古典女性的心灵样本，延续到今天就成为独一份的记录。这记录，不会因时间的磨损而枯干，而岁月亦完全攻不进淑真的氛围，她活在自己的水月宝塔——"娇痴不怕人猜，和衣睡倒人怀。"

三、与有情人，做快乐事

清平乐·夏日游湖

　　恼烟撩露，留我须臾住。携手藕花湖上路，一霎黄梅
细雨。

　　娇痴不怕人猜，和衣睡倒人怀。最是分携时候，归来懒
傍妆台。

　　这首词像一部简短的舞台剧，将恋爱中的少女心思完美呈现：
上阕，写两人携手游湖赏荷，却遭遇"一霎黄梅细雨"，两人于是避
雨小驻。下阕，写两人的亲密无间，情至深处，她甚至连旁人的目光
都顾不得了："娇痴不怕人猜，和衣睡倒人怀。"

　　这举动真大胆、真前卫，她心心念念的分明是打破清规戒律，
享受这被点燃的此刻。在男女授受不亲的时代，这么写简直是大叛
逆，难怪此词一出，朱淑真就被卫道士讥讽为"无仪""放诞"。好在
淑真不乏隔世知音，清吴衡照的《莲子居词话》拿易安的词与该词并
举，评得最是妥帖："易安'眼波才动被人猜'，矜持得妙；淑真'娇
痴不怕人猜'，放诞得妙，均善于言情。"

　　词的最后一幕尤为高妙，"归来懒傍妆台"，这是何等心荡神迷，
享尽了甜蜜的她，回家后慵懒地倚靠妆台，一面要检查自己的妆容是
否完美，一面要回想刚才的举动有无失态。只见她忽喜忽忧，或因之
而羞涩，或因之而幸福，或因之而失落，脸上的桃花尚未褪去，芳心

却已无所依傍。

淑真将女性的娇痴写得坦率又真切，毫无文人的矫揉造作。像这样的风月之事，男生作家虽然也写，但定然要含蓄、要蕴藉，淑真偏不，她大方地书写这段爱，字里行间汹涌而来的，是蓬勃的、流动的情意，以及两颗心激烈碰撞过、燃烧过的火花。

淑真懂音律，工书画，擅诗词，当然知道"言情之作，易流于秽"（朱彝尊《词综发凡》），抑或"女子弄文诚可罪，那堪咏月更吟风"的说教，同时作为大家闺秀，她必然接受过严格的规训。但在眼下，她实在顾不上这些了，哪怕预料到将来会被道学家斥为"淫娃佚女""有失妇德"，她仍然是情不自禁。淑真深谙，与危险硬碰硬是如此畅快，这畅快就像张爱玲在《更衣记》写到的"一撒手"："一个小孩骑了自行车冲过来，卖弄本领，大叫一声，放松了扶手，摇摆着，轻倩地掠过。在这一刹那，满街的人都充满了景仰之心。人生最可爱的当儿，便在那一撒手罢？"而朱淑真这个礼教的叛逆者，在爱着的当下，就只想"一撒手"：与有情人，做快乐事，急急地与意中人携手，"和衣睡倒人怀"，纵然前路凶险多多，她亦不顾。

令淑真倾心的这个良人究竟是何许人？我们不能妄下断语。从她的诗来看，这个人可能住在朱家的"东轩"，是一个读书应试的少年，年岁与淑真相若。她早期的诗有很多是写给这个少年的，比如这首《探梅》：

温温天气似春和，试探寒梅已满坡。

笑折一枝插云鬓，问人潇洒似谁么？

易安有"云鬓斜簪，徒要教郎比并看"之句，出自词《减字木兰花·卖花担上》，这是首簪花词，淑真的这首《探梅》可视作簪花诗。两个明媚的少女，在人生的好时候，都簪上了梅花，落落大方问眼前人，我好不好看？这对宋词双姝恍如"照花前后镜，花面交相映"。

淑真与少年从认识到相互爱慕，曾有过一段很甜蜜的时光。比如，她的《湖上小集》写道："门前春水碧于天，坐上诗人逸似仙。白璧一双无玷缺，吹箫归去又无缘。""坐上诗人逸似仙"，少年的文采风流可见一斑。不知何故，二人未能像萧史和弄玉般乘凤归去，有学者推测，可能是由于双方的家世或辈分问题。

但在每一个爱着的当下是真喜悦啊，因为眼前人是心上人。这一刻的少年，如同巫师，唱着爱的魔咒，将浓情蜜意全汇入她的心间，淑真深陷其中，仿佛蜡烛不点自明，光彩熠熠。但深陷于蜜与光中的淑真预料不到，这敢于"一撒手"的放肆，日后将成为她一生悲剧的开端。

造化弄人，朱淑真未能嫁给她眷恋的"赵明诚"，而是嫁给了热衷利禄的庸俗官吏。淑真对丈夫最不满的地方，倒不是世俗意义上的职位不高，或权势不大，而是彼此没有共同话题，无法进行精神沟通，故她在诗中写："共谁裁剪入新诗""与谁江上共诗裁""纵有风流无处说"，皆表达出她对丈夫乏才异趣的不满，这不是她期待的生活。后来，丈夫常年在外游宦，又纳妾冷落她，更使得朱淑真对丈夫产生了十分的厌恶，甚至语露鄙视，这些情绪，在她的诗《愁怀》和《圆子》中表现明显。

愁怀

鸥鹭鸳鸯作一池，须知羽翼不相宜。

东君不与花为主，何似休生连理枝。

圆子

轻圆绝胜鸡头肉，滑腻偏宜蟹眼汤。

纵有风流无处说，已输汤饼试何郎。

第一首，朱淑真将自己比作斑斓的鸳鸯，视丈夫为鸥鹭；第二首，朱淑真自负如轻圆滑腻的圆子，而丈夫却不是面若傅粉的刘郎。她认为，两个才貌不相称的人强做配偶，何如世间根本无夫妇一伦。

我们的女诗人，对情感的需求是如此迫切，渴望让爱充溢自己的心，对她而言，对爱的渴望与激情依其本性不可束缚，但事实上又深陷重缚，淑真的断肠就根源于此。如果愿意委曲求全，淑真和丈夫或许如古代平凡的夫妻，无惊无喜度过一生。然而，享用过爱情之甜美的人，又如何肯回到庸禄的泥淖中？因而她感到被禁锢、想逃离，想要在充满局限的环境中，为爱做一点小小的抗争，可惜这里边的空间实在太小了，她最终失败了。

细究起来，朱淑真的悲剧是生为古典女性的悲剧，她掌控不了自己的命运，如学者谭正璧所说的："生来是个女性，命运已给予她

终身的不幸。如果没有知识，浑浑噩噩像牛马般地过一世，倒也令人省事。最不幸的是自己去吃了'智果'，从模糊中清醒过来，认识了自己也是一个人。"无疑，淑真是一个偷食了"智果"的女性，那个少年是她生命中独一无二的星光，闪耀心底，永不坠下，"天不老，情难绝"，很难说这到底是幸，还是不幸。

四、我就要每一个"此刻"

关于淑真的爱情，最具争议的地方有两点：一是，她少女时的恋情是否在婚后便终结？二是，她本人是否就此在无数次的断肠中郁郁而终呢？事实可能超出我们的想象，据学者黄嫣梨《朱淑真研究》考证，她认为：由于性格与情趣的迥异，婚后，朱淑真与丈夫琴瑟不和。后来丈夫另宠新欢，携妾远宦，淑真独守空房。大约在25至30岁，淑真再度与旧爱相会，两人关系若即若离。这段隐秘的恋情，可能持续到她40岁左右，最后"春光泄露"，她选择了赴水而死。

黄嫣梨这个推断来自《蕙风词话》："其夫远宦，淑真未必偕从。""容有窦滔阳台之事，未可知也。"再结合《断肠集》的文本，我们发现，里边的确有好几首欢情之作，比如这首《夏夜有作》：

> 暑夕炎蒸著摸人，移床借月卧中庭。
> 更深露下衣襟冷，梦到阳台不奈醒。

再比如这首词《鹊桥仙·七夕》：

鹊桥仙·七夕

巧云妆晚，西风罢暑，小雨翻空月坠。牵牛织女几经秋，尚多少、离肠恨泪。

微凉入袂，幽欢生座，天上人间满意。何如暮暮与朝朝，更改却、年年岁岁。

《夏夜有作》中的这一句"梦到阳台不奈醒"，是写得很明朗的，相似的还有《元夜》"但愿暂成人缱绻，不妨常任月朦胧"，另有《恨春》"春光正好须风雨，恩爱方深奈别离"，以及《清平乐》"缱绻临歧嘱付，来年早到梅梢"，等等。这些诗句的弦外之音，非常明显，里边分明有朱淑真最眷眷的情意，殷殷切切，可谓中心藏之，何日忘之。

这种有悖于礼教的爱本不可告人，更不宜记录于诗文中，但淑真她偏要，屡屡在诗中抒发相思之苦，比如"须到年年寒食夜，情怀为你倍伤神"，再有"别后大拌憔悴损，思情未抵此情深"，以及"东君有意能相顾，蛱蝶无情更不来"，等等。这些大胆而直率的诗句，自然会引起卫道士的指责和诸多揣测，朱淑真因此落下不羁放荡之诮。

尽管如此，我们的女诗人在爱的狂风吹向她时，依然无法说服自己逆风而行。莎士比亚曾说："爱情是悬崖边的花朵，想要采摘

是要勇气的。"淑真无疑是这样的勇者。与少年的这一段情，她真是"天上人间满意"，并向牛郎织女许下了"暮暮与朝朝"的心愿。无奈受限于礼教的压力，两人被迫若即若离，故她发问：既然牛郎织女的相会这样好，为何不朝朝暮暮在一起，而去守一个年年岁岁的约定呢？"何如暮暮与朝朝，更改却、年年岁岁"，这一句，是朱淑真发出的最悲切的呐喊：她不要天长地久，而只要与他共舞的每一个"此刻"。

世人咒骂朱淑真有失妇德，她的词更被道学家斥之为淫娃荡妇狎昵之词，但淑真不在意，在她的生命中，唯有爱能令她兴起，"宁可抱香枝上老，不随黄叶舞秋风"。飞蛾扑火，决绝果敢，爱恨激烈而形于色。这种个性，在她的咏竹诗中，表现得更彻底。比如，《咏直竹》诗云："四时同一色，霜雪不能侵"，再有诗《竹其一》云："凌冬不改青坚节，冒雪何伤色转苍。"淑真借竹的劲节与凌霜不凋，来比喻凛冽的人格，恰如她对爱的信仰——爱就爱到底，恨也恨到底，二者之间几无中间地带。

加缪有一句诗说得好，他说："尽管世界黑暗，偏要尽情燃烧。"朱淑真就属于"我偏要"的一类人，偏执地燃烧内心那一团烈烈的火，近乎殉道。为此，她不遗余力把生活搞糟糕，亲人责备，乡人鄙弃。于是，她的结局就可以想见了，"其死也，不能葬骨于地下，如青冢之可吊。"魏仲恭在序言如是说。

然而，淑真的爱之痛苦，不是因为爱的消失，而是爱的继续。如果旧爱狠心与淑真分离，不再给她任何期望，或许她能慢慢挣脱出来。但很显然，旧爱对她同样不舍，两人或借诗词暗通心曲，或在节日密会，就这样持续了很多年，直至被夫家窥破，淑真赴水而死。

朱淑真当然知道自己的行为冒天下之大不韪，但她没法说服自己停下，因为她"只有在爱情里，才找到致电生命的支持力，如果她在爱情方面遭遇不幸，她就会像一道光焰，被第一限狂风吹熄掉"（黑格尔语）。受激情的驱使，淑真一生致力于爱与被爱，她从来无意像身边那些庸人行尸走肉般生活于波澜不惊中，她要冒险，哪怕这冒险时时使她置于被羞辱乃至毁灭的境地。从这个角度看，淑真是一个爱情的殉道者。

作家乔治·桑说："我并不是一个道德完善而高尚的人，我的爱就是我的全部。"这句话若由淑真说出，也格外有力量。对于婚后与恋人续旧情这件事，淑真一人定，她追求的是她两相情愿的忠诚又专一的爱，就如她在《直竹》一诗的自喻："四时同一色，霜雪不能侵。"荒诞的是，忠诚于自己的爱，却让她背上了"不贞"的罪名，时人对她多有指责，淫词艳曲、有失妇德，这一切逼迫她，最终使她饮恨而终。

故我们今天解读朱淑真，就不应对她抱有贞或不贞的迂腐成见，而应当抛弃道德的藩篱，予以理解，赏其才，谅其心，哀其遇。学者黄嫣梨在结合《断肠集》文本做解读时，将朱淑真还原为真实的女性，不再以贞与不贞做考量，她认为，淑真的诗词展露的是人间之至情，这无疑是一个令人称赞的视角，她写道：

"我们今日对朱淑真的研究，采取的是'论世知人'的态度，亦不需要任何语言，假借'道学'的规范去曲解事实……我们今日所尊重的，是真挚的感情与崇高的心态。男女爱慕，情真意诚，是人间的

至情，绝不应有贞与不贞的迂见。朱淑真生于礼教森严、封建思想浓厚的社会中，却能大胆强烈地追求诚挚的爱情，实在令人敬佩之至。她的思想可说已走向时代之先了。"

因为懂得，所以慈悲，朱淑真若有知，当引黄嫣梨为知己。与之相比，道学家们对淑真品行贞与不贞的批评，实在是太固化、太单一了。若我们能脱离古代的语境，用今日之眼光看淑真，便能得出，我们的女诗人其实是一位现代性十足的叛逆者——深闺的桎梏未能束缚她，她选择"向内体察心之所需"（乔治·桑语），终生凝望浪漫的、温柔的爱，故而懂她的人，深知她是肝肠寸断，满腹伤心事更与何人说。

朱淑真在诗词中忠实地记录个人的情感，既幽暗，又敞亮，实则是另一种意义的贞洁：她忠诚于她自己，这种贞洁无关婚姻，只关乎爱。在《断肠集》中，淑真勇敢地为我们展示了人身上最美妙的部分：对可望而不可即的爱与美的追求，以及我们无可回避又羞于承认的、为了体面而不敢追求的爱与欲。

有人曾这样比较易安和淑真："朱淑贞的诗词，像前八十回的《红楼梦》，少有事故，多有风光。李易安的词，则像八十回以后，感动人而不感兴人。"这个比较很有意味。李易安是大家，"自是花中第一流"，她的诗有英雄气，比如"生当作人杰，死亦为鬼雄"，并不令人十分亲近，但有敬佩，这就是"感动人而不感兴人"。但朱淑真不一样，她是一个渴望爱的小妇人，温柔地依偎在我们的身旁，絮絮诉说：爱情究竟是怎样令她念念不忘，此恨是如何绵绵无绝期，这便是"少有事故，多有风光"。

在个人气质上，易安与淑真确有很大的不同：易安的美，是柔中带刚的坚韧与热烈，当然她的烈是建设性的，不具有毁灭性，对她来说，爱情重要，生活同样重要。易安是中年人，她懂节制。而淑真是一个叛逆的文艺少女，她的美是不安的、危险的，同时又极脆弱、极炽热，一旦陷入爱情，便要玉石俱焚，物我两忘。

按照常理，一个古代的闺秀嫁人了，她的情感到此就该止住，无论所遇非偶，还是佳偶天成，过去的都只做个人的回忆。但朱淑真她偏不，对她来说，爱是信仰，爱即生死，故而婚后的她仍然放任情感奔逸，且这奔逸是倾泻式的，损毁别人的同时，损毁自己。或者说，她主动将自己置于一种不安的命运中，烈而迷人，心中有不息的火，眼中有凛然的傲。

朱淑真这一生太执着于爱与被爱，凭本能来行事，不管不顾，其中夹杂有至深的痛苦、孤独，以及剧烈的混乱和挣扎，这些是相当残酷乃至致命的。可她的感染力，又奇妙地在于美的毁灭本身，在于这毁灭所带来的不确定、不彻底，她因此氤氲于变化的、流动的爱之中，质地轻薄、盈盈一握，像大梦一场，像花事谢了。而我们作为旁观者，有幸亲历一位古典女性对爱情的想象与实践，这太珍贵了，仿佛海天低昂回荡，闪过一道青白电光，一经失去永不再来。

姜夔

临水照花人

他想给世间的，是一个孤独者的全部内心，人生愈难，
愈发坚定。

一、晚树新蝶，当年旧梦

姜夔，号"白石道人"，无论是名字还是号，都很特别。"夔"是个生僻字，据考证，夔是尧舜时代掌管国家音乐的官员。姜夔的父亲姜噩，是一个好古的读书人，特意给儿子取了这个不常见的字做名字。巧的是，姜夔长大后果然成了一位才华横溢的音乐家，人如其名。

"白石道人"这个号，则来自朋友的戏称。有段时间，姜夔住在湖州的苕溪附近，与"白石洞天"为邻，他的朋友潘得久和他开玩笑，称他为"白石道人"。姜夔答以诗云："南山仙人何所食，夜夜山中煮白石。世人唤作白石仙，一生费齿不费钱。"

被人唤作白石仙，"一生费齿不费钱"，表面看是自嘲，实则字凝句重，是姜夔人生与词境的对照。他的人生漂泊江湖，布衣终生，身如不系之舟；词境则"如野云孤飞，去留无迹"（《词源·清空》）。无论人生，还是词境，都落到了虚处，是不确凿的、漂浮着的，如果用一个诗意的说法来描述，或可以这么说：他是南宋词坛的"临水照花人"。

当然，白石的临水照花，并不是说他多自恋，而是指他的人生状态，布衣终身，四处流寓，是全无着落的来也飘零、去也落寞。他的词正是该状态的映照，两者恰好互为镜像，宛若"照花前后镜，花面交相映"。在理解这个定义之前，我们有必要先回到南宋的历史现场。

南宋中叶是江湖诗人很盛行的时代，这些诗人多是落魄文人，以诗歌作为行谒的工具来博取衣食，游走于达官贵人之门。谒客的行为不被重节气的士大夫所认可，故而社会对江湖诗人的评价，总体上并不高。加之，该群体的下流者，不惜以行谒作为敛财发家的手段，难免为后世的评论家所诟病。

方回就曾十分尖锐地批评过这种习气，他的《瀛奎律髓》卷二十有载："如壶山宋谦父自逊，一谒贾似道，获褚币二十万缗，以造华居是也。钱塘湖山，此曹什佰为群，阮梅峰秀实、林可山洪、孙花翁季蕃、高菊涧碉九丁，往往雌黄士大夫，口吻可畏，至于望门倒屣。"方回的批评或有夸大，但说的确是部分事实。

作为江湖诗人中的一员，白石的生活方式与其他江湖诗人虽无大的分别，但绝不是宋谦父之流，亦与仰人鼻息的食客有所不同。在这种生活中，白石有自己的分寸和底线，是浊流中的清者，这从他自己的一篇序中可窥一二。

在自序中，白石说："旧所依倚，惟有张兄平甫，其人甚贤，十年相处，情甚骨肉，而某亦竭诚尽力，忧乐同念。平甫念其困踬场屋，至欲输资以拜爵，某辞谢不愿。又欲割锡山之膏腴，以养其山林无用之身。惜乎平甫下世，今惘惘然若有所失。"序中，白石怀念的人是知己张鉴。张是甘家子弟，家境豪富，其人甚贤，因为有他的资助，白石在杭州度过了近十年的安稳生活。张鉴非常仰慕白石的才

学，希望能帮助他，而且不止一次，第一次是资助白石金钱，让他去买一个官；第二次是在无锡锡山，想送一片地给白石，供其养老。

第一次，白石辞谢了。与当时的读书人一样，白石有建功立业的抱负，他曾在淳熙元年（1174年）至十年（1183年），4次回乡参加科考，但都名落孙山。科考不成，白石又寄希望于获得朝廷的识拔，在43岁这一年，向朝廷献《大乐议》《琴瑟考古图》各一卷，并上书论雅乐，建议整理国乐，可惜未被采纳。

尽管白石与当时的名公巨儒多有交游，《姜尧章自叙》提及的就有范成大、杨万里、萧德藻、辛弃疾以及内翰梁公、枢使郑公等，他们都推许白石的才华：翰林梁公喜欢"其诗似唐人，谓长短句妙天下"；范成大认为，白石的"翰墨人品皆似晋宋之雅士"；杨万里认为"于文无所不工，甚似陆天随"；辛稼轩则"深服其长短句"，但很可惜，这些嘉许都"未有能振之于窭困无聊之地者。"张鉴的"输资以拜爵"，就是在这个背景下提出的。但白石婉言辞谢了，恃才傲物的他不屑于用这种方式入仕，这是白石的不为。

第二次，张鉴想割让锡山的土地来供养白石，可惜该计划尚未实施，张鉴就去世了。白石为之"惘惘然若有所失"，这惘然中，既有惋惜之意，但更多是对失去知己的悲痛。对白石来说，张鉴不单是依附多年的主人，更是情胜骨肉的知己，故他发出慨然长叹："人生百年有几？宾主如某与平甫者复有几？抚事感慨，不能为怀。"

从白石与张鉴的交游中，我们或可一窥他的心态。尽管不可避免要依附于他人，但白石依然很看重人格的独立，渴求真挚的交往，期望被看见、被懂得，这里头有一种极不好拿捏的分寸感，但白石把握得非常好，对交游这件事，他是得固可喜，不得亦淡然，生活中虽时时有忧患，内心却始终有余裕，既来之，则安之。张鉴离世后，白石无枝可依，重又被推上了漂泊之路，生活困顿，在人生最后的余年，他南游浙东过桐庐，至括苍，客扬州，最终卒于西湖。

能够在颠沛的流离中视富贵为浮云，始终保持平和心态，耐得住孤独和寂寞，可见，白石这个人是有静气的，孤高幽寂，湛然似水。如张羽在《拟白石道人传》所说："性孤僻，尝遇溪山清绝处，纵情深诣，人莫知其所入，或夜深星月满垂，朗吟独步，每寒涛朔吹凛凛迫人，夷犹自若也。"这段话可以做白石的自画像，这个于溪山清绝处，任寒涛朔吹凛凛而忘情于内的人，瘦伶伶的，他决定与世界保持一个"温差"——既在这个世界里头，又与世界隔开一段距离，站在此岸，观看和抒写对岸之人，"寂而照，照而寂"，像雕空的花窗，照见明月来投影。

这样的一个人，他笔下的世界自可想见，绝不是热闹的、入世的，而是出奇的"冷"和"寂"：词人自外界打捞起诸多静寂的意象，如行云、烟水、寒月、冷香、孤舟等，铺排入词，经过层层滤静、细细打磨，终成一空静自足的世界。这个世界清冷幽独，自此停留在完成的那一刻，不再变动，像一幅画，承载着白石的晚树新蝶，当年旧梦。

同时，又因为临水照花的词人，在营造世界的那一刻，夹杂着情感和回忆的映照、当下与过往的错杂，故白石词读来雾蒙蒙的，令人想到冷、寒、隔、幽，总归是看不太分明的。闯入这个世界的读者，需要有意开启感官，方能捕捉到白石词的精妙。

　　所谓感官，即声音的听觉、色彩的视觉、滋味的味觉、肌理的触觉。一旦我们开启感官，再读白石词就会有不一样的感受。他的词，原本是静止的、固定的状态，忽而变成了流动的、变换的状态，就像是桃红的颜色，闻得见香气。我们大可将白石词看作一个活的有机体，全方位地感知。

　　拿视觉来举例，白石词的视觉意象以青绿色为主，比如，苔藓、愁漪、翠眉、翠澜、绿曹、寒碧、残柳、衰草寒烟、冷云迷浦等，偏向于冷色调。即便有许多红意象，皆不是"桃之夭夭，灼灼其华"的艳红，而是冷红、湿红、乱红、坠红、落红等晦暗的红，他甚至用"红"来指代花，例如，"乱红万点""看槛曲萦红"等。

　　白石写视觉最妙的词是《阮郎归·为张平甫寿》，词的上阕写西湖的晨景："红云低压碧玻璃，惺忪花上啼。静看楼角拂长枝，朝寒吹翠眉。"红云、碧玻璃、长枝、朝寒、翠眉，有声有色，读来宛如置身清晨的西湖，清朗而有寒意。而且，这寒意是微寒，一缕缕如水波般，荡开去。写视觉至如此妙境，真化工之笔也。

　　尽管在感官开启的状态下，或许还不能完全理解白石词，但能感知到了，在某种程度上，这感知比理解还要好——因为白石词的朦胧美，并不诉诸理性，而是诉诸想象、诉诸感官。感知一旦到位，我们的心，就像澄澈的水一样，映照出白石词的意象——冷月、寒碧、梅花、衰草、残柳、迷浦等，在摇荡的水波中，山还是山，水还是水，原先朦胧的、不分明的意象，历历在目，我们终于看见它们，得以进入到空明澄澈的词境中。

二、见莲不分明

对白石词的朦胧感，有人喜欢，就有人不喜欢。不喜者以王国维为代表，他在《人间词话》中评道："白石写景之作，如'二十四桥仍在，波心荡、冷月无声'、'数峰清苦，商略黄昏雨'、'高树晚蝉，说西风消息'，虽格韵高绝，然如雾里看花，终隔一层。"还有："觉白石《念奴娇》《惜红衣》二词，犹有隔雾看花之恨。"

隔雾看花，即隔着一层雾看花，朦朦胧胧，看不分明，这里化用了杜甫《小寒食舟中作》"春水船如天上坐，老年花似雾中看"的诗意，杜甫原是形容老眼昏花，王国维则借来品评白石的词作。王在肯定白石词"雅健""有格"的同时，还evenue到了白石词的"隔"，仿佛读词人不是站在花树下，而是隔岸看花，因为雾蒙蒙的，所以看不真切。

王国维虽赞赏白石词格调高，但转而批评其词有格无情，用力不足，连带地看不起他的人品："东坡之旷在神，白石之旷在貌。白石如王衍口不言阿堵物，而暗中为营三窟之计，此其所以可鄙也。"

王国维的这段批评太偏于主观了，我们应该用客观的态度，来评说风格各异的词。词人主重自然感发，让读者能轻松触摸到事物或情感的本质，自然极好，像东坡、少游、稼轩等，皆可归入直觉派。而像周邦彦、姜白石、吴文英等，则属于自觉派的词人，他们以思力和技巧描写景物、抒发感情，从而使读者产生如雾里看花，水中望月的朦胧感，同样是很妙的。对这两者不必评个高下，孰优孰劣，全依读者的喜好而定。

当然，直觉式词人和自觉式词人，并不是判然两分的。靠直觉来照见世间相、心中想，就要求作者像一面镜子，清晰如见，雪亮无比，小到最细的事物、最幽的情绪，都能立刻照见。但如此透彻的敏感度，是可遇不可求的，两宋的词人中，东坡无疑是这样的天才，一通而百窍皆通，像飞翔的鸟雀，自由进出各个领域，而且每个领域居然都对得上话，他是向四面八方扩展的。但同样重感发的稼轩，却专修词这一小道，从直觉到自觉，在持续的创作中，修炼出独属于自己的、有生长力的词风，对读者亦能提供感发和书写的路径，这种是传承演绎型。

白石的创作与东坡、稼轩又不一样，他完全是自觉的，知其然，且知其所以然，一旦确定个人风格，他便一以贯之，对创作有清晰的认知。在晚年整理词集时，白石删除了与整体词风不一致的篇章，仅留下84首词。同时，为词集精心撰写词序，84首白石词，除3篇外其余篇目皆有序，其中长序31篇，短序50篇。这些序多用来交代作词的缘由，有的是创作之初所作，有的是创作多年之后补写。

比如，《扬州慢·淮左名都》的序："淳熙丙申至日，予过维扬，夜雪初霁，荠麦弥望。入其城，则四顾萧条，寒水自碧，暮色渐起，戍角悲吟。予怀怆然，感慨今昔，因自度此曲。"据夏承焘先生推断："此词小序末句乃后来所增。"从白石对一首相隔几十年的词补序就能看出，他是一个拥有强大创作自觉的词人。

作为一名江湖诗人，白石深知，自己不适合为时局高亢呼号，所谓"诗人不预平戎策"，与辛弃疾、陆游、陈亮等诗人的激昂悲愤不同，白石面对"南渡以后，国势日非"的时局，尽管会"目击心伤，多于词中寄慨"，但与宏大叙事是疏离的，他极少写激昂的主旋律，更偏爱个人的、日常的、审美的部分。比如，著名的《扬州慢》，上阕仅用一句"自胡马窥江去后"写实，就转以"废池乔木，犹厌言兵"来借物寄托；下阕，则用怀古式联想来展开今昔的对比，再托之"波心冷月"和"桥边红药"来表现悯时伤乱的低回心曲。

与稼轩的高亢呼号、陆游的悲愤无限不一样，白石进入了另一种状态中："闲云野鹤，超然物外。"在词中，他常常以"鸥客"自居，但这只鸥客是孤飞的状态，天涯羁旅，无枝可依，如浮云般无定踪地漂流。故白石的超然，隐含了无法被慰藉的孤寂与虚空，而长期寄人篱下的清客生活，又使他尝够了人生的苦楚，他的内心，有无数伤心的哀音和私语，要如何解脱呢？他抓紧了词，像溺水的人抓住浮木，他把词作为人生的定风珠，来定住他自己，他做到了。

偏爱杜甫和辛弃疾的顾随，与王国维一样，对白石的评价不高，说他太"干净"，"白石太爱修饰，没什么感动，白袜子不踩泥，此中人不肯出力，不肯动情"；"姜白石没劲，就因为干净"。说白石太"干净"确是知言，但白石词是否没劲，就见仁见智了。

顾随说的"没劲"具体是什么意思呢？以白石的《长亭怨慢》为例，词的小序，用的是东晋北伐英雄桓温的典故，接着却引出一首男女私情之词，这很没劲。再有《凄凉犯·绿杨巷陌》，词序和上阕都是感伤国事，似也悲壮淋漓，下阕竟又转入言情，好不容易提起来的一口气，忽而就泄掉了，这也是顾随说的"没劲"。

顾随偏爱的"有劲"是稼轩式的怒发冲冠，是行动派，以单薄的个人与国家机器相抗衡，偏爱宏大。而白石呢，是稼轩的反面，他

躲到宏大的背后，偏爱细微，所以即便是途经"自胡马窥江去后"的扬州城，词人看到的、感受到的不是金戈铁马，而是月光、青青荞麦，以及荷花，近乎无邪。

不可否认，在南宋的大背景下，白石的纤弱、寻美都显得不合时宜。可恰恰是这份不合时宜，方显出白石的珍贵——英雄有英雄的战场，词人有词人的坚守。白石所坚守的，是乱世中的人依然能保有的个人生活：不战不逃，终生持有词人的高敏感与洞察力，抒写并构建独一无二的冷寂世界。他想给世间的，是一个孤独者的全部内心，人生愈难，愈发坚定。从这一点来说，白石非常"有劲"，他具备一个人之所以成为大词人的特质，清醒地执意追求之。比如，这首《汉宫春·次韵稼轩蓬莱阁》就很有劲。

汉宫春·次韵稼轩蓬莱阁

一顾倾吴。芷萝人不见，烟杳重湖。当时事如对弈，此亦天乎。大夫仙去，笑人间、千古须臾。有倦客、扁舟夜泛，犹疑水鸟相呼。

秦山对楼自绿，怕越王故垒，时下樵苏。只今倚阑一笑，然则非欤。小丛解唱，倩松风、为我吹竽。更坐待、千岩月落，城头眇眇啼乌。

此词当作于宋宁宗嘉泰三年（1203年）下半年。这年六月，稼轩被重新起用，任命为知绍兴府兼浙东安抚使。到任后，曾与白石等人同登蓬莱阁，稼轩作《汉宫春·会稽蓬莱阁怀古》，白石作此词和之。

上阕，词人从对世事无常的感慨，跳转到一宽广的视角："大夫仙去，笑人间、千古须臾'，千年变幻有如昨天。我们以为词人要继续发慨叹，他却戛然而止，忽而落入到一己的悲欢中："有倦客、扁舟夜泛，犹疑水鸟相呼。'下阕，词人转身逍遥而去，进入到更缥缈的境界："秦山对楼自绿"、"千岩月落"，而在其间听"小丛解唱"、邀松风伴奏的词人，只纯粹地存在于这个静静生灭与流转的世界中。

这就是白石词的叙事美学：或呈现某一种场景，或抒发某一类情感，或叙述某一个事件……是碎片化、片段式的，他写词绝非为了环扣，或起承转合，真正的兴趣通常只在于酣畅地呈现某一个被情感浸透了的片段，不做介绍，没有说明。词的各个意象之间有断裂、有往复，终氤氲成一整体的氛围，词人便在这游离的空气中流动，以至于经常从凡尘的低回中，突变至渺远的时空。我们无法预测，白石词会往哪里走，像是游动的鱼，充溢着无目的的自由气息。

故而所谓的"干净""没劲"，说到底，是白石主动做出的选择，他很早就知道自己的长处，擅长化实为虚、化浓为淡的写法，像稼轩、陆游式的直抒感慨、面对现实，他写不来。既然如此，干脆就由外转入内，由实入虚，临水照花，"无穷哀感，都在虚处"。据此来看，白石作为一个词人的自觉性，无疑高出时人许多。

学者梁宗岱对白石推崇备至，他认为，白石词是旧诗词中的纯诗，而纯诗是诗的最高境。在阐释白石词的词境时，梁宗岱说："其实有些字是诗人们最隐秘、最深沉的心声，代表他们精神的本质，或

灵魂的怅惘，往往在他们凝神握管的刹那有意无意地流露出来，这些字，简直就是他们诗境的定义或评语。试看姜白石的'数峰清苦，商略黄昏雨'、'二十四桥仍在，波心荡，冷月无声'、'千树压西湖寒碧'或'嫣然摇动，冷香飞上诗句'，哪一句不是绝妙好诗，同时又具体道出此老纤尘不染的胸怀？"

诚然，与直抒心意的感发相比，白石的写作是趋难避易的，他自己就曾说"难处见作者"，《白石道人诗说》有言："吟咏情性，如印印泥，止乎礼义，贵涵养也。"这里说的情性，指的是词的功能，白石认为，词是吟咏情性的，与诗言志不一样。要如何吟咏呢？止乎礼义，贵涵养也。止乎礼义，即《毛诗序》说的"发乎情，止乎礼义"，是指抒发情感要有节制。贵涵养呢？则是指抒发的方式，同样要有节制。一旦有所节制，就会生距离感，进而使世界和词人相分离，世界整个地往后退，词人则被留在外面，成为一个远远的观看者，并负责捕捉冷与寂的意象，比如旧时月色，比如暗香疏影。

我们不妨以白石词出现了近30次的梅花为例。白石写梅花，真穷尽了梅花的美。"此树婆娑一惘然，苔藓生春意"是写梅姿，梅枝纷披，枝间有一丛碧苔藓；"高花未吐，暗香已远""香冷入瑶席"是写梅香，暗香清远；"十亩梅花作雪飞"是写落梅纷纷如雪。还有，"美人呵蕊缀横枝"，写的是美人手中的梅；"露黄斜映鬓边犀"，写的是美人头上的梅，别出心裁，各具风姿。

通读白石词的梅花，我们便会发现，词人极少正面写梅，而是与月、雪、春等意象连在一起写，句句都从虚处落笔，读来空灵而迷离。甚至于，我们常常产生一种错觉，仿佛白石已消融于笔下的梅花中，或者说，他笔下的事物，如梅花、柳树、荷花，通通都变成了这个人。正是这样一种若即若离、似真似幻的朦胧感，使我们读不分明，觉得白石欲言又止、吞吞吐吐，或者指代不明、留白过多，但这不正是白石词的高妙之处吗？

雾里看花的美感，正可以看作是朦胧多义、纤细幽微的代名词，恰如《子夜歌》写的："雾露隐芙蓉，见莲不分明。"在水雾缭绕中，莲花若隐若现，有时候，看不分明，有诸多很难被定义的不彻底、不确定，和一些闪闪烁烁的波光，反而能生发更多的想象，与无名的美的战栗，这也是极好的。

三、暗红尘霏时雪亮

一般来说，两宋的情词多是一时一地的产物，且抒写的对象经常换。比如，晏几道的情词，多是写给莲、鸿、蘋、云四位歌伎的；秦少游的情词，书写对象有边朝华、娄琬、陶心儿、长沙义娟等，少游巧妙地将情人的名字嵌入词中，书写钱钟书笔下"公然走私的爱情"；柳永的情词，抒写的对象则更加多样而立体，堪称宋朝女性的情感文本。

白石却不一样，他的情词专为合肥女子一人而写，从1176年初遇合肥女子，至1186年治有合肥情词，到1197年确认有最后的怀人词，这段情事绵延20余年。用一生来怀想一个人，在两宋几乎是孤例。

　　情词约占白石词的四分之一，与淫艳轻佻的逢场作戏之词不同，白石情词的抒写对象明确且专一，都是合肥女子，他终生将她当作秘密。而与白石用情之热烈相对照的，是其词境的"冷"与"寂"，仿佛高出世表，不近人事，这易使人产生错觉，以为词人是冷血动物，回绝温存。但白石就是要颠覆读者的认知，将爱情与词境做一种参差的对照，仿佛在皑皑的白雪中，漫天遍地尽归苍茫，忽然见苍茫中开一树红梅，这树红梅点燃了永恒的荒芜与孤寂。

　　甚至可以说，这段爱而不得的情事成就了白石词。词人将百转柔肠的眷恋，融入清冷的词境中，使情词闪烁出迷离的意味。于是，透过白石的词，我们得以勾勒出词人的"爱情地图"，诸多隐秘的、变幻的、幽微的情愫，因此有了具象的"肉身"。在43岁这一年的元宵节，白石连写了4首词，这些词成为他怀念伊人的绝笔。那么，命运是如何将白石带到1197年元宵节这一夜的悲欢中去的呢？

　　对这段旧情事，白石词中偶有鳞爪露出，但总归是语焉不详，不曾完整地讲述过，加之该女子没有在史书上留下过任何记载，故800年来，白石的情事始终是个谜。直到60年前，经词学家夏承焘先生的考证，这段情事才完整地浮出来。

　　夏先生在著作《姜白石词编年笺校》一书，对白石的生平、交游、笺校、作品版本、编年、后人评传等都做了研究，内容丰富，考证精审，有许多惊人的创见。在"行实考"一章中，夏先生特辟"合肥词事"一节，解析了白石的情事，之前许多难以意会、词旨模糊如雾里看花的词，因明确了属于合肥怀人系列，终于"隐旨跃然矣"。

　　据夏先生的考证，白石年轻时往来于江淮间，有一段刻骨铭心的爱情，夏先生称之为"合肥情事"。白石与合肥女子的初遇在何时何地，已不可考。据夏先生推测，白石在"淳熙三年尝过扬州，作《扬州慢》，疑来往江淮间，即在其时"，大致可推测词人第一次来合肥的时间是1176年，即写下《扬州慢》之后。这一年，白石22岁。

白石与合肥女子皆擅音乐，乃是知音，两人的爱情之内蕴高雅而深厚，他的词写："梅边吹笛，唤起玉人，不管清寒与攀摘……长记曾携手处，千树压，西湖寒碧。"情不知所起，一往而深，白石与伊人在梅边吹笛、赏花、填词、唱曲，情好绸缪。两个不完美的人，完美地契合了，被对方看见，被对方懂得，是彼此的幸运。

据词中透露的信息，白石来合肥可能是径直前往合肥女子的住处。她的住处，门前有柳树，院内有梅树，故白石的咏柳、咏梅词特别多，这些词有很多都暗指合肥女子。而且，白石每次来，停留时间应不会短，想必两人的相处是浪漫而愉悦的。1195年，白石写下一组诗：《送范仲讷往合肥三首》，在诗中对合肥情事做了简单的回顾，组诗其二写道：

> 我家曾住赤阑桥，邻里相过不寂寥。
> 君若到时秋已半，西风门巷柳萧萧。

诗的首句"我家曾住赤阑桥"，明确了当年在合肥与伊人居住的地方就是赤阑桥。白石一生浪迹江湖，从未将任何一个地方视作家，赤阑桥是例外。显然，这个"家"对白石而言意义重大。作为一个江湖客，词人"平生最识江湖味"，深感"乾坤虽大知者少"，他渴望被

看见、被懂得。合肥女子正是知晓他心事的那个人，故白石说，有她在的地方就是家。或者说，她是他在长夜里提着孤灯寻找的星辰，风雪半生，只愿归去，与她长相厮守。

然而，合肥是南宋与金国交界的边城，几经战乱，极不安定，加之生计无着，白石只得被迫离开合肥。从1176年至1186年的10年间，白石有没有来合肥，又来过几次，已不可考了。这10年间，词人基本上是在客游、旅食、漂泊中度过的，个中冷暖，唯有自知。他自己说："少小知名翰墨场，十年心事只凄凉。"想必这凄凉里，既有身不由己的无奈，更有爱而不得的惆怅——现实生活与最爱的她，终究只能分道扬镳。

时间来到1186年，这一年，白石在湖南游历时，偶遇诗人萧德藻。当时，萧德藻在长沙任通判，他与白石的父亲曾同在湖北为官，白石以故人之子往见，向他学习"诗法"。萧德藻很欣赏白石的才华，自谓"四十年作诗，始得此友"，并与他结成忘年交。1186年冬，萧德藻约白石往浙江湖州，将侄女许给他为妻。正是在这一年，白石突然有《一萼红》等怀念合肥女子的诗词，夏承焘认为："怀人之词，殆以此为最早，时白石约三十二岁。"

1186年正月初七，这一天是人日，白石正客居萧德藻的观政堂。观政堂有曲池，池西背靠古城墙，池畔植有枇杷、竹林，曲径通幽。白石穿径南行，忽见梅花成林，满树花蕾，小的如花椒，大的如豆粒，少许梅花初绽，有红梅，有白梅，枝影扶疏。白石与朋友漫步其间，不觉动了游兴，于是立即动身，出游城东的定王台，又渡过湘江，登上了岳麓山。在俯瞰湘云起伏、湘水粼粼时，词人忽而悲从中来，醉吟成词，有了第一首怀念合肥女子的词《一萼红》。

一萼红·古城阴

> 古城阴，有官梅几许，红萼未宜簪。池面冰胶，墙腰雪老，云意还又沉沉。翠藤共、闲穿径竹，渐笑语、惊起卧沙禽。野老林泉，故王台榭，呼唤登临。
>
> 南去北来何事？荡湘云楚水，目极伤心。朱户黏鸡，金盘簇燕，空叹时序侵寻。记曾共、西楼雅集，想垂柳、还袅万丝金。待得归鞍到时，只怕春深。

据白石后来的词揣断，在1184年或1185年，他曾与合肥女子共度新年，还可能相约1186年一起共度。但如今，他无法赴约了，所以在与朋友们游山玩水时，突然兴尽悲来，不可抑制，大新年的词兴大发，一吐块垒。

想一个人，不能说、无法见，环绕在身边的亲朋虽多，依然觉得形单影只，这就是白石的心境。此刻，他清楚地意识到，自己放弃的是与合肥女子之间怎样的一种可能性，两人曾一起共度的好时光、许多具体而微的日常，都会因生活步入新轨道而丧失。往日有多幸福，当下就有多痛苦。

或许再坚持、再努力一下，结局就会不一样，可就是拿不出一丝一毫的勇气，在唾手可得的安稳面前，白石顺流而下地妥协了。若能就此放下旧爱，一别两宽，倒可以获得安稳的幸福。可白石偏偏是

个狷介之士，他不愿辜负自己的心，故他的妥协里，仍然有千万分的不甘心、放不下，这导致他一生都活得很用力，不轻盈。

1187年正月初一，白石从汉阳东去湖州途中，夜泊金陵。尽管南京离合肥不远，但这次白石可能是携妻或随萧德藻一家同行，无法脱身，只能独自在船头怅望久之。这天晚上，白石梦到了合肥女子，写下了著名的词《踏莎行》：

踏莎行·自沔东来丁未元日至金陵江上感梦而作

燕燕轻盈，莺莺娇软，分明又向华胥见。夜长争得薄情知？春初早被相思染。

别后书辞，别时针线，离魂暗逐郎行远。淮南皓月冷千山，冥冥归去无人管。

词的上阕写梦中相见，久别重逢的两个人，你侬我侬，卿卿我我。在梦中，她向词人抱怨道："在迢迢春夜里，薄情人呀，你怎能尽知我相思的深重呢？我对你的思念，早已如陌上的春草，更行更远还生。"

词的下阕写睹物思人，她寄来的书信，检阅如新；她缝制的衣服，尚着在体。在梦中，她竟然让魂魄脱离躯体，跨越千山万水来看词人。梦醒后，词人才惊觉，她终究要一个人回去呀，淮南的皓月下，千山清冷，这一路没有人照顾她，只能任伶俜孤单的离魂，踽踽独归。

整首词可归于三个字，想见你——用尽所有方法，都只为见到你。在梦中，词人想，用什么能留住恋人呢？他决定在梦里，以情度情，换我心为你心，如此，彼我之情有如水乳交融，双方之境，亦如"照花前后镜，花面交相映"。或许两人终将行踪不明，但终生在心底为对方而动情，是彼此在莽莽苍苍之旷野上的方向。

大概心中还是惘然，第二天，白石又写了词《杏花天影》：

杏花天影·绿丝低拂鸳鸯浦

丙午之冬，发沔口。丁未正月二日，道金陵。北望淮楚，风日清淑，小舟挂席，容与波上。

绿丝低拂鸳鸯浦。想桃叶、当时唤渡。又将愁眼与春风，待去，倚兰桡，更少驻。

金陵路、莺吟燕舞。算潮水、知人最苦。满汀芳草不成归，日暮，更移舟，向甚处？

自1186年到1187年，白石从两湖沿江而下，前往浙江吴兴定居。这期间，在萧德藻的帮助下，白石一边过着家居生活，一边拜访名士大家，以期获得经济上的独立。直到1190年，白石才再次与合肥女子重逢。

1190年，白石再次来到合肥。这一年，他应该有两次往返于合肥。第一次，在1190年寒食节前后；第二次，是直到1191年正月二十四才离开。这意味着，白石与合肥女子共度了他们此生的最后一

个新年。正月二十四的晚上，白石即将离开合肥，启程前，他写下了《浣溪沙》这首词：

浣溪沙

辛亥正月二十四日，发合肥。

钗燕笼云晚不忺，拟将裙带系郎船，别离滋味又今年。

杨柳夜寒犹自舞，鸳鸯风急不成眠，些儿闲事莫萦牵。

　　词的上阕，从合肥女子这一面写，盛装打扮的她，一路送白石到码头。依然是旧时的码头，可离别的悲伤比往年来得更重些，她预感到，从今往后，可能再见不到情郎了，一来他已有家室，二来自己年岁渐高，处境是愈发艰难了。

　　但真的要就此别过吗？她不能，不可以，于是"拟将裙带系郎船"，恨不得用裙带将郎船系牢了，永不开船。可裙带如何系得住郎船？这简直是胡闹，又痴又傻，但痴语最见真性情，无理而妙。黯然销魂者，唯别而已矣。

　　词的下阕，从词人这一面写，白石试图安慰恋人：你看这寒夜的杨柳，被风吹得枝条乱舞，哪得安宁？你看这水上的鸳鸯，一对对被风吹散了，不得安眠。天下事不如意者十之八九，又何止你我的离别？"些儿闲事莫萦牵"，别离自不会久，再见可期，你可莫要萦心牵怀、放不下啊！

在这里，词人想要慰藉伊人，说着再见可期、此情可待云云，但话里却透出很深的哀伤。"鸳鸯风急不成眠"，不幸一语成谶，两人这一别即成永别，有词为证："问后约，空指蔷薇，算如此溪山，甚时重至？"

离开合肥后不久，白石又写了一首《长亭怨慢》忆合肥女子，词中有两人离别时的对话："韦郎去也，怎忘得、玉环分付？第一是、早早归来，怕红萼、无人为主。"韦郎二句，用的是唐韦皋事。韦皋游江夏时，与女子玉箫有情，离别时留玉指环，约定数年后来娶她。后来诺言成空，玉箫绝食而死。引用典故意思是说：我姜夔不会像韦皋那样"忘得玉环分付"，不日必将归来。可即便得了情郎的承诺，合肥女子还是不安心，要他早早归来，否则"怕红萼无人为主"，其情甚笃，其词甚哀。

据推测，这一年白石36岁的话，合肥女子应该是32岁左右的年纪了，即使再小一些，至少是30岁的人了。与白石分分合合这么多年，她用尽了最好的年华，想托付终归不可得，或许在这次别离后，她做出了自己的选择：嫁做他人妇。古代歌伎地位低下，难以掌控自身命运，她有她的身不由己。

1191年秋，白石再次回到合肥。但这次她消失了，因为遍寻恋人而不得，白石感慨自己"无人与问"，一口气连作了《摸鱼儿》《凄凉犯》《秋宵吟》三首词，每一首都透出难以言说的凄苦。此中情怀，正如他的词《水龙吟》所写："我已情多，十年幽梦，略曾如此。"悲欢离合，皆如梦幻，悲多欢少，大抵如此。

在自度曲《凄凉犯》中，白石表达了对合肥女子"人归甚处"

后"不胜凄黯""情怀正恶"的情绪，以及"怕匆匆，不肯寄与，误后约"的担忧。1191年的整个秋天，白石都陷在悲伤的情绪里，他在合肥一直待到冬天，终未能再见到合肥女子。

一别又是五六年，白石仍不甘心，可能于1196年重返合肥。但是伊人早已下落不明，他失去了最珍爱的她，故人故情都落空了——暗红尘霎时雪亮，热春光一阵冰凉。此后，两个人就真是生死两茫茫了。

四、只余眉样在人间

1196年底，白石由无锡泛舟回杭州家中。或许是新年情结在作怪，白石忆起了往昔令他刻骨铭心的爱，竟罔顾路途的辛劳，从1197年正月初一至正月十六，他满怀对合肥女子的眷恋，连写5首《鹧鸪天》，这组词，即是白石怀念旧爱的绝笔。这一年，距离1176年初遇合肥女子已有20余年，但由这段少年情事所激荡的涟漪，一波又一波蔓延到了今日，鲜活如昨。或许正因为爱不得圆满，现实无法安逸，爱情才愈发令词人念兹在兹，魂牵梦萦。

在漂浮不定的人生中，与合肥女子的爱成为白石在世间最确凿的事，像出生地一样确凿，所以他将她居住的地方称作"家"，不无骄傲地说，"我家曾住赤阑桥"，情好甚笃。在这段感情中，白石得以完成他自己，对他来说，合肥女子意味着沙漠里的甘泉、荒野中的花树。能够于茫茫人海中找到爱、笃定爱，就像在黑夜中注视星辰，是会心怀感恩而非诅咒生活的。哪怕她最后不辞而别，白石也始终是哀而不怨，一次次地在词中云抒写，去怀念。怀念的第一首词，写于正月初一。

鹧鸪天·丁巳元日

柏绿椒红事事新，隔篱灯影贺年人。三茅钟动西窗晓，诗鬓无端又一春。

慵对客，缓开门，梅花闲伴老来身。娇儿学作人间字，郁垒神荼写未真。

新年新岁，斟上一杯碧绿的柏叶酒，盛上一盘火红的花椒子，端的是柏绿椒红，事事新。竹篱外，拜年的人身披夜色，正提着灯笼走过去。待到西窗晨光熹微，吴山上三茅观的钟声响起，新的一年便到来了。

"诗鬓无端又一春"，这个无端大有深意，是什么令人变老的呢？无端端的。这其中有一种难以名状的、无从追究的迷惘之感。这"无端"与李商隐"锦瑟无端五十弦"的"无端"有异曲同工之妙，此中妙处，如清人薛雪的评："此诗全在起句'无端'二字，通体妙处，俱从此出。意云：锦瑟一弦一柱，已足令人怅望年华，不知何故有此许多弦柱……遂致无端有此怅望。"

无端端被时间抛到今天的词人，在新年的第一天，闭门谢客，意绪慵懒，"慵对客，缓于门"。他决定要教女吟诗，课儿学字，让

门前的梅花陪伴自己度过余生了。看起来，白石已听从家居生活的召唤，将合肥女子放下了。可惜，这宁静的心绪只维持了10天。正月十一日，白石早早出门赏灯，写下了第二首元宵词。

鹧鸪天·正月十一日观灯

巷陌风光纵赏时，笼纱未出马先嘶。白头居士无呵殿，只有乘肩小女随。

花满市，月侵衣。少年情事老来悲。沙河塘上春寒浅，看了游人缓缓归。

这首词，写的是灯节前的预赏。这一年，白石正"移家行都（临安），依张鉴居，近东青门"（《姜白石系年》），拟进《大乐议》，因慨叹年老而功名未立，故自称"白头居士"。

临安的赏灯处设在城南吴山脚下，此时正值"公子王孙，五陵年少，更以纱笼喝道，将带佳人美女，遍地游赏"（《梦粱录》）。但热闹是他们的，我们的词人一介布衣，没有随从，唯有小女骑在肩头，看满街的花灯与月交相辉映。热闹如斯，词人突然悲从中来，心中郁郁，此种心境，像极了石川啄木的俳句："浅草的热闹的夜市，混了进去，又混了出来的寂寞的心。"他怅然地想起伊人，忆起与她携手同游的元夜。而一怀想，思念就如潮水般涌上来，词人想要说点什么，却什么都说不出，只道得这一句："少年情事老来悲。"

七个字，道尽了爱而不得的无奈、孤独、脆弱、空虚，非常动人，但这个悲哀呢，具体是怎样的，又说不清，道不明，是张爱玲说的"暧昧的悲哀"。张说："假如我们能痛痛快快地哭一场倒好，我写出来的，是那种哭不出的悲哀。"这种悲哀，"如匪浣衣"，湿漉漉的，挣脱不掉，顽固地、长久地黏附于心底。白石的"老来悲"就是这样一种悲哀，他唯一能做的，就只是尽可能疏离些："沙河塘上春寒浅，看了游人缓缓归。"

"看了游人缓缓归"，似借用吴越王寄给王妃信中的一句："陌上花开，可缓缓归矣。"这句话，端的是波澜不惊中的情深义重，只能意会，很难言传。然而，白石的"归"，却不是王妃有去处的归，他已无家可归，回不去了，日思夜想的伊人早已是"只余眉样在人间，相逢艰复艰"。

浮生何如？如梦之梦。白石在词中写道："扬州梦觉，彩云飞过何许？"大梦既觉，他矢道，彩云已经飞过，自不必再痴痴回忆了，可这个深情人，如何做得到呢？他仍然一次次地，情不自禁乃至身不由己，"仗酒祓清愁，花销英气"。

到了元宵节这一天，白石反而是"元夕不出"，他当然知道"而今正是欢游夕"，却用一个不像理由的理由说服自己闭门不出：怕春寒。殊不知，4天前他自己还在说"沙河塘上春寒浅"呢。可知，天气其实不怎么冷，他真正怕的是触景伤情，元宵节，唉，是情人节。罢了罢了，就在家垂帘看月吧。或许对词人而言，看灯或不看灯都是一样的，他看到的、想到的始终是伊人，正所谓"此情无计可消除，才下眉头，又上心头"。

鹧鸪天·元夕不出

忆昨天街预赏时，柳悭梅小未教知。而今正是欢游夕，
却怕春寒自掩扉。

帘寂寂，月低低，旧情惟有绛都词。芙蓉影暗三更后，
卧听邻娃笑语归。

芜杂思绪绵绵不绝，半夜里，词人听到邻家少女嬉笑而归，这
声音听在他耳中，仿佛是伊人的声音。当年的她，也曾与自己在元夕
灯影里尽情地嬉游，不知如今的她，是否还有观灯的兴致呢？就这般
沉浸在回忆中，诗人沉沉入梦。这天晚上，白石做了一个梦，第二天
仍用同一词牌写下来，副题为"元夕有所梦"：

鹧鸪天·元夕有所梦

肥水东流无尽期，当初不合种相思。梦中未比丹青见，
暗里忽惊山鸟啼。

春未绿，鬓先丝，人间别久不成悲。谁教岁岁红莲夜，
两处沉吟各自知。

"肥水东流无尽期"，意思是说，在漫长的岁月里，相思别恨如
东流的肥水般，绵延不绝，没有尽期。如果说，之前的诗词中，白石
对合肥情事仍然隐约其词，今夜再控制不住了，种种的放不下、挣不

脱、不敢看、不愿想，终于在这一刻如决堤的水，倾泻而出。

恨极处，词人说："兰初不合种相思。"时间过去这么多年，汹涌而至的依然不只是思念，还有分离的痛楚、刻骨的怅恨，哪怕掠过山河湖海，依旧逃不过去。真正是"万里乾坤，百年身世，惟有此情苦"。这种怅恨像生长的植物般，与时俱增，坚牢不消，早知如此，当初就不该种相思啊！

更怅恨的是，"梦中未比丹青见，暗里忽惊山鸟啼"。现实中未圆的梦，在梦中亦无法圆，鸟啼声像命运的敲门声，惊醒了梦中人。在过去，春郊绿遍之时犹有所待，不是"此情可待成追忆"的可待，而是可以等待——待，可待之人，望，可望之事。可现如今，词人的鬓发已如丝般白了，即使良辰美景可待，心爱的那个她早已成追忆，再无可待。

于是就有"人间别久不成悲"，这是词人情至深处的呐喊。有时候，入骨的相思并不表现为热烈的爆发或持久的悲痛，而是像深藏于地底的熔岩，在平静的外表下，潜行着炽热的激流。最沉痛的莫过于，两人离别太久之言，连悲哀都说不出了。诚然，大悲哀是说不出的，所谓寂寞流年，所谓幽恨难言，中年滋味。

台湾诗人周梦蝶的诗《菩提树下》有一句："谁能于雪中取火，且铸火为雪？"白石便是一个于雪中取火，且铸雪为火的人。这个外冷内热的人，外在是与人世有隔，冷静孤绝，生生让火冷下来，结成冰；内在却热烈而真挚，深情如斯，多情却似总无情。同时，白石是深情而不耽溺，豁达而又不悔，其情怀如雪般洁净，如此，词人一生便都在雪与火中挣扎着了。

雪与火看似是不可调和的，但在白石这里却形成一种参差的对照，对他而言，非得是那样热烈过，冷下来才格外清劲，如雪清空，洗尽铅华。他的人亦如周梦蝶所践行的"以诗的悲哀，征服生命的悲哀"。

不同的是，周梦蝶内心的明镜是一半照着婆娑，一半照着菩提；白石呢，是一半照着江湖，一半照着爱情。这段绵延20余年的爱恋，因为混杂了世情和回忆而愈发荡气回肠，如木心《芹香子》一诗的讲述："当年的爱，大风萧萧的草莽之爱，杳无人迹的荒垆破冢间，每度的合，都是仓猝的野合。"

过了元宵，白石终于出门看灯，写下最后一首《鹧鸪天》，副题"十六夜出"。

鹧鸪天·十六夜出

辇路珠帘两行垂，千枝银烛舞僛僛。东风历历红楼下，谁识三生杜牧之。

欢正好，夜何其，明朝春过小桃枝。鼓声渐远游人散，惆怅归来有月知。

这是白石为合肥情事写下的最后一首词，到这里，词人完成了一次情感的回溯。不求解脱，方得大解脱，仿佛一条溪流，终于平缓汇入海洋。当然，这不是最后的终结，再往后还是会想念她，像张枣的诗所写的："只要想起一生中后悔的事，梅花便落了下来。"但最终，种种的求不得、爱别离、堪不破，会渐渐减少吧。

"明朝春过小桃枝"，明天又将是另一个春天了，时间如水般滑过去，旧时的爱与月色，终归是回不去了。会惆怅吗？还是会的，尽管春天的到来令人雀跃、令人欣喜，但春天和今夜之人无关，词人仍旧满目旧情，眷眷地向失落的爱投去最后一瞥——但得你平安愿，我就任得你天边明月照别人圆。

"曾经沧海难为水，除却巫山不是云。"白石对合肥女子的爱恋，始于20多岁，不是短暂地心动了一下，而是波光粼粼，起起伏伏，至死都不曾泯灭过。对自己的一生，白石有过怀疑吗？应该有的，他在词中一再重复："文章信美知何用？漫赢得，天涯羁旅""谁念漂零久？漫赢得、幽怀难写。"抑或是："一声何处提壶鸟，猛省红尘二十年。"但白石对爱情有疑惑吗？从来没有，他这一生"怨而不怒"，是无可救药的痴，一如他老年的自嘲："仙人云表，笑汝真痴绝。"

诗人奥登晚年有一首诗叫《爱得更多的那人》，有一段是这么写的：

当星辰以一种我们无以回报的激情燃烧着
我们怎能心安理得？
如果爱不可能身对等
愿我是爱得更多的那人。

而在这一趟绵长的、坚韧的爱的实践中，白石无疑是奥登笔下爱得更多的那个人。哪怕早已预知爱的悲剧，依然要朝她游过去，非

如此不可，他看重每一次甜蜜的共舞——前后不管，尽力贪欢。在此后的漫长人生中，回忆里的一点点甜，就足以支撑他熬过无尽的冷寂与虚无。

在白石漂泊的一生中，爱是唯一确定的事，即便他自己都懊恼，"当初不合种相思"，可白石真的后悔吗？他从未有过的，不悔，无怨，最终将这股熊熊的烈火，隐忍成清明的星光，照亮了孤独的长夜。

如此，白石的情词便恍如一个春盏，沉淀着这一份专一的、古典的爱情。当我们端起这一杯春酒，饮下的，是词人无瑕的白日梦。在这个梦境中，我们得以看见，爱情与时间是如何深幽地流动与变化：时而猛烈，时而温柔，有扬起，有跌落，绵延不绝，哀婉无尽，仿佛是阴暗中熠熠发光的金箔花纹，幽幽渺渺，忽隐忽现，流经你，流经我，流经所有的多情人。或许，这就是爱的慰藉。

蒋捷

局外人的逍遥游

空白的时间，补一点微不足道的慰藉，以便在雷声隐隐的黑夜，走得稍稍轻快一点。

一、流亡是我的美学

公元1275年冬，元兵长驱直入，占领了宜兴及常州、苏州一带。次年春，又攻占临安，南宋灭亡。蒋捷的词《贺新郎·兵后寓吴》，即作于南宋灭亡后。此时，他正流寓吴门一带，为衣食而奔波，困顿不堪，这首词即词人流浪生活的写照。

贺新郎·兵后寓吴

深阁帘垂绣。记家人、软语灯边，笑涡红透。万叠城头哀怨角，吹落霜花满袖。影厮伴、东奔西走。望断乡关知何处，羡寒鸦、到着黄昏后。一点点，归杨柳。

相看只有山如旧。叹浮云、本是无心，也成苍狗。明日枯荷包冷饭，又过前头小阜。趁未发、且尝村酒。醉探枵囊毛锥在，问邻翁、要写《牛经》否。翁不应，但摇手。

词的上阕，写精神的孤寂，"影厮伴、东奔西走"，在孤独中，词人忆起往昔时光：庭院深深，秀帘垂地，在柔和的烛光下，和家人轻言细语，谈至会心处，妻子嫣然一笑，脸上氤氲出迷人的酒窝。何等温馨，何等甜蜜。而此刻又是怎样的情景呢？"万叠城头哀怨角，吹落霜花满袖。"为生计奔走的词人，每日茕茕独立、形影相吊。有时登高远望，更不知乡关在何处，唯有羡慕那归巢的寒鸦，"一点点，归杨柳"。

词的下阕，转写生活的困顿，"明日枯荷包冷饭，又过前头小阜"，词人在谋划下一步的生计：明天要带上枯荷叶包着的冷饭，越过前面那座小山，去找点活儿干。一个"又"字，暴露出他处于这样的窘境已非一日，且不知何时有尽头。身如不系之舟。

可即便如此困窘了，词人还是留了几分达观："趁未发，且尝村酒。"暂时不要思烦恼事了，且长醉樽前吧。饮罢村酒，词人踉跄着出门，颤巍巍探手空无一文的口袋，庆幸那唯一的谋生工具毛笔尚在。他试探着问乡里的老翁："您需要抄写《牛经》吗？"老翁不应，只是摇手。

这一首流浪者的悲歌，是蒋捷人生的写照。我们对这位流浪者了解有限，只粗略地知道：蒋捷，号竹山，出身于宜兴蒋氏望族，生卒年多异说。据史料称，蒋捷的先辈在宋朝时多居高官显位，他本人于南宋度宗咸淳十年（1274年）中进士。当他正要一展抱负之际，元兵南下攻宋，两年后，南宋即告覆亡。

原本设定好的人生道路被外力野蛮中断，在这种现实中，如何定位自己显得分外迫切。宋亡后，读书人或投笔从戎求复国，如文天祥，或隐居不仕，如周密、王沂孙。蒋捷选择了后一条路，浪迹江湖，遁隐山林。但他的隐与同时期的词人周密、张炎等不一样，他是彻底地游离于江湖与庙堂之外的"局外人"。

蒋捷与周密、张炎、王沂孙为同时代人，年龄、家世、经历十分相似，活动区域都在吴越之间，又同属由宋入元的"遗民词人"，但蒋捷和他们没有任何的酬唱往来。我们知道，宋亡后文人的唱和与结社蔚然成风，周密、张炎、王沂孙、吴文英等词人，都是以杨缵为盟主的西湖吟社中人，他们同怀遗民情结，互动相依，往来唱和，共抒山河之痛、离乱之苦。唯蒋捷游离于小帮派之外，一个人往来于山水间，混迹在最底层的江湖。

从这个角度看，蒋捷的隐逸实则激烈得不得了。在与时代、与他人相隔绝的孤岛里，他必须直面自己与世界的终极关系，没有可参照的人和事。用尼采的话表述，就是"在自己的身上克服这个时代"，这是一条少有人走的路。故我们可以说，蒋捷是真正意义上的独行者——一辈子不合时宜，一辈子干干净净。他甚至能自豪地说："流亡是我的美学。"（乔伊斯语）

其实，入元之后，蒋捷至少有两次机会出仕新朝。第一次是在元初，元朝初灭南宋，统治尚未稳定，为了立稳根基，笼络人心，曾选用南宋士子为官，只要愿意合作，他们便可重返官场。与蒋捷同为宋末进士的臧梦解，在1276年"从其乡郡守将内附"，得知海宁州。但臧的行为，在蒋捷看来无异于奇耻大辱，他根本不屑为之。

第二次是在元成宗大德九年（1305）五月。"诏求山林间有德行、文学、识治道者。"（《续资治通鉴》卷一九五）当时已经是肃政廉访使的臧梦解，在得知蒋捷的住址后，奉旨前来荐官。此时，距离宋亡已近30年，元朝统治渐趋稳固。许多遗民的亡国之痛已然淡薄，开始接受现实。比如，张炎于1290年应元世祖诏，北上游历大都一次，次年南归；王沂孙则一面感叹伤心月照旧山河，一面又在元朝做了官。

诚然，到元朝做官的文人各有迫不得已的情况，或是为稻粱谋，或因为"不仕者至于无以自容其身"（戴表元《送屠存博之婺州教序》）。反观蒋捷，他面对着同样的形势，在生活上更是困顿寒苦，但他依旧不愿妥协，坚守气节，遁迹不仕："只把平生，闲吟闲咏，谱作棹歌声。"

随时代顺流而下是容易的，因为所谓的"对"与"错"都是集体给予的，融入其中便能获得安稳。但蒋捷决意做时代的局外人：既不融于遗民的小团体，更不融入元朝的大团体，而是实践一种道家式的自放逍遥的生活。做这种选择自然要付出巨大的代价，为了谋取口粮，蒋捷东奔西走"枯荷包冷饭"，甚至做过算命先生。他的一生颠沛流离，物质上困窘、精神上凄寒，悲凉心酸，无以名状。

但这个反叛者没有被困难打倒，而是凭着自己的毅力、达观，以及词人的心性，感受生活，超越苦难，有所为、有所不为，既不沉溺，亦不对抗。最终，苦难反过来滋养他，正所谓"天以百凶成就一词人"。试问，还有什么，比失败的人生更像一首词的呢？当我们以《竹山词》为路径，就能窥见，这个孤绝的局外人，在苦难中或挣扎或困惑或果敢的决心与取舍。更重要的是，通过他，这个真正活过的人，窥见有限人生的别样定义。

又因为蒋捷活得比同时代人更通透、更自觉，便使他的词呈现出一种异质的面貌："既有宏大的历史概括，又有奇妙的微细精雕。"（陶尔夫语）蒋捷词虽然有师承，但在类与不类之间独创一格，和词

人一样只可有一，不可无二。内容上，既有个体生存的困境、悲凉孤独的心境，又有郁郁难抑的亡国之恨、温情脉脉的民间日常，彼此交织，包罗万象；风格上，既有雄放激荡的壮语，又有委婉幽怨的倾诉，同时不乏清新爽朗的白描；结构上，既有繁复庞大的长调，又有短小精悍的小令，博采众长，自成一家。

学者袁行霈在他主编的《中国文学史》中，这样评蒋捷词："在宋末词人中，蒋捷词别开生面，最有特色和个性。在社交上，他与声同气应的周、王、张等不见有任何来往，词风也是另辟蹊径，不主一家，而兼容豪放词的清奇流畅，和婉约词的含蓄蕴藉，既无辛派后劲粗放直率之病，也无姜派末流刻削隐晦之失。"

袁的评价非常中肯，表面来看，蒋捷词似乎与时代没什么大关联，但精彩处正在于此：词人决绝地将自己放置于时代的边缘，以文字对抗荒芜的生活。而且，他的对抗不是动物性的，而是植物性的，一边承担，一边前进，不声张，慢慢长，最终长成一棵大树——他终于在自己的空气中自由呼吸。现在，让我们坠入蒋捷词的空气里，做一次逍遥游。

二、绣出花枝红袅

一剪梅·舟过吴江

一片春愁待酒浇。江上舟摇，楼上帘招。秋娘度与泰娘娇，风又飘飘，雨又萧萧。

何日归家洗客袍？银字笙调，心字香烧。流光容易把人
抛，红了樱桃，绿了芭蕉。

"风又飘飘，雨又萧萧"，偏偏还逢上恼人的天气。何时才能归
家呢？归去后，要与亲爱的她一起洗客袍、调笙、燃香。接下来，是
本词最出彩的三句："流光容易把人抛，红了樱桃，绿了芭蕉。"时间
是如何流逝的呢？它悄悄把樱桃染红了，将芭蕉浸绿了。

红与绿，在这里都是作动词用，词人将时光的流逝，转化为可
观可感的物象：红了樱桃，绿了芭蕉，春光虽难留驻，伤逝中却存留
热情。与李清照的"知否，知否？应是绿肥红瘦"有异曲同工之妙。

整体来看，蒋捷词弥漫的多是一种淡墨般的哀愁，即淡笔写哀，
或者说，以亡国的阵痛做了这几点淡墨的广大背景，既干净，又苍
凉。比如，写月亮是："霜浓月淡三更梦""淡月里，疏钟渐撞""半
规黄昏淡月"，写秋天是"秋太淡，添红枣""冷淡是秋花，更比秋
花冷淡些"，写美人是"爱把淡罗轻叠""珠痕淡印芳汗"，写人生是
"淡处还他滋味多"，等等。

而在这些如淡墨般氤氲开的哀愁中，有红了的樱桃，有绿了的
芭蕉，在鲜活地跳脱，如此，这哀愁就有了审美的意义，此又正是
"春雨如丝，绣出花枝红袅"。花枝红袅，秾丽极了，但这秾丽，是
"淡极始知花更艳"。至于词人的情绪，比如沉痛、哀愁、怅恨、遗
憾，便都是流连光景与追忆似水年华了，不哭不喊，但更蕴藉。

当我们通读蒋捷词，便会发现，他最喜用红绿两大色系的颜色
词。有人统计，在现存的94首蒋捷词中，有71首涉及红、绿两系的

词，或单一出现，或同时出现。其中，红色系色彩词具象的物品有：红烛、红豆、红裳、红牙、红绡、红杏、红绸、朱栏、朱户、绛纱等等，竟然多达61处。这类词语，多与年少轻狂、深闺香暖、荼蘼花事相关联。与之相对，绿色系词语也很多，比如：翠阴、翠鸳、青屿、翠绡、翠云、绿袖、绿华、嫩绿、蛾绿、新绿、翠缬、翠靥、碧荷、旧绿等。

因为有红绿二色的点染，蒋捷词便焕发出既富有生机，又静谧清冷的氛围：怡红快绿，恰到好处。而词内的意象与词外的人生相互交映，使读者一下子就进入到他的世界：虽有悲凉，但也明丽；虽有萧索，但又疏朗。这一特质，又使蒋捷词独立于遗民词的哀声之外，另成一家。我们从中可以窥见，哪怕面对家国沦亡，珍贵的人与物都远去了，蒋捷仍然保有炽热率真，不曾消减对生活的热爱，就像沉眠的火山，看上去孤绝静默，但内里有炙热在流转。他愿意在时代与自身的局限之外，尽心竭力投入世间的每一份情意。比如，在日常生活中抒写折花人与卖花人。

霜天晓角·人影窗纱

人影窗纱，是谁来折花？折则从他折去，知折去、向谁家？

檐牙，枝最佳。折时高折些。说与折花人道：须插向、鬓边斜。

这是一首很别致的小令，词人截取了生活中的一个小场景，用口语化的语言记下来，玥白爽快，近似元曲。顾随评价这首词"似河鲜儿"，这个说法太妥帖了，我们且来细读：

爱花的她，看到有个人影映在纱窗上，想着，是什么人来折花呢？她可能想制止，转念一想，还是算了，就让他折去吧。接着又想，他是哪家的？要把花折到哪儿去呢？不猜了，就索性告诉他：我家的花，靠檐牙处的开得最好，要折就折这上边的。末了，还特意叮嘱道：要把花插在鬓发旁，才不算辜负呀。

蒋捷的这类小令，看起来好像是乱写的，像庾信写"一寸二寸之鱼，三竿两竿之竹"。淡而有味，语浅情深，如唐圭璋的《读词札记》所言："竹山小词，极富风趣，诗中之杨诚斋也。"好花好天，这里头有轻盈的喜悦，文字中流转的分明是词人对花朵的喜爱，与生活的相拥，宛如山林间流过的风和鸟鸣。我们再来读另一首《卖花人》。

昭君怨 · 卖花人

担子挑春呈小。白白红红都好。卖过巷东家，巷西家。
帘外一声声叫，帘里鸦鬟入报。问道买梅花？买桃花？

这首小令与上首一样，是蒋捷词的旁逸斜出。上一首写的是折花人，这一首写的是卖花人，截取的同样是日常中生动的一幕。春来，雨后，卖花人挑担花，白白与红红相映照。走东巷，过西巷，一路香风细细，卖花声"一声声唤最娇匀"。叫卖的间歇里，还要顺带看看东家的照眼榴花，西家的苍绿苔藓。这边厢，小丫鬟听到了，兴

冲冲掀帘问："小姐小姐，你说我们是买梅花，还是买桃花？"

这个场景令人怀想陆游的诗："小楼一夜听春雨，深巷明朝卖杏花。"卖花的具体情形，可参照《梦粱录》："卖花者以马头竹篮盛之，歌叫于市，买者纷然。"买者纷然，可想见临安花市的热闹。尽管南宋江山半壁，风雨飘摇，然而，民间里巷却保持着流水潺潺，江月年年。在民间游荡的蒋捷，敏锐地采撷到了这份情意，并将其写成词。这首小令，这么平常却这么美，字是平常字，句是简单句，字里行间又有空隙，自得其乐，让风往来，让情满溢，将花光与春光拽在了一起。因此，读这首词就是一件亲切的事，容我们的精神略做愉悦的小憩也。而除了折花人和卖花人，蒋捷还亲自带我们看见了秋月下的牵牛花。

贺新郎·秋晓

渺渺啼鸦了。亘鱼天，寒生峭屿，五湖秋晓。竹几一灯人做梦，嘶马谁行古道。起搔首、窥星多少。月有微黄篱无影，挂牵牛数朵青花小。秋太淡，添红枣。

愁痕倚赖西风扫。被西风、翻催鬓霙，与秋俱老。旧院隔霜帘不卷，金粉屏边醉倒。计无此、中年怀抱。万里江南吹箫恨，恨参差白雁横天杪。烟未敛，楚山杳。

全词看似漫不经意，信手写来，看到什么就写什么，想到什么就写什么，如前人的评论："多不接处（法度不谨严）。"但若仔细吟味，便会发现，跳跃的语句中饱含着情感的起伏，极其微妙。如果说，整首词如一个波浪，那么，词人的"怀抱"就是波浪上闪闪烁烁的光点。在这些光点中，最出彩的当属这两句："月有微黄篱无影，挂牵牛数朵青花小。"

这一天，词人早早地醒来了，他首先听到的是一阵凄切的鸦啼声，随时间的推移，鸦啼越来越弱，最终听不见了。此刻，天空已泛出鱼肚白，忽而寒意袭来，这寒意是从湖中的山岛侵袭而来的吧。恍惚中，词人记起昨晚的一个梦，梦见古道上马嘶人行，有凄凉意。这会儿反正睡不着了，不如披衣起床，"摄衣行露水"，观看天上还有多少残星。晨光熹微，月光稀薄，连篱笆的影子都显示不出来，却看见竹篱上的牵牛，绽开了好几朵青色的花。

"月有微黄篱无影，挂牵牛数朵青花小。"这一句真是好，顾随先生对这一句尤为赞赏，评价道："写牵牛，写出'月有微黄篱无影，挂牵牛数朵青花小。'真是不能再好了。'月有微黄篱无影'不是牵牛，至'挂牵牛'始写牵牛，但上句绝不可去，无下句，上句无着落；无上句，下句也没劲。如照相之阴阳影，即所谓阴阳，这是艺术，文学描写亦然。'挂'字用得好。'数朵青花小'是牵牛，这是明面，是牵牛面貌，而牵牛精神全在上句——'月有微黄篱无影'。"

顾随先生这段评价是从鉴赏的角度切入的，说得极好，但我更欣赏写词人的心境。与文人式的伤春悲秋不一样，蒋捷接地气，他是在乱世打滚的人，但他的词，并不过多展示悲苦的一面，或诸如"面目全非，美景难再"之类的感怀。在芜杂的现实中，蒋捷看见的是牵牛花的静、红枣的艳 是万物纷乱中的安宁，他知晓，"山形依旧，

流水澹澹，江月年年，星汉灿烂，原都不是为了要衬得人世无常的"（《平如美棠》）。就在与青花相对的这一刻，词人得着了静定与闲雅，幽独而忘言，他乐意借观照万物，来看见并呈现美的流动，哪怕身心风雨飘摇，依然要竭力从日常中看见一点多余。

我们完全可以想象词人流浪江湖的窘迫，时刻要像打怪兽般，解决具体的难题，可一旦进入写作中，他便只想呈现日常之外的事物——挂牵牛，数朵青花小；秋太淡，添红枣。这青花与红枣，是多么亲切又可喜，令词人艰难的岁月里氤氲出温柔意，如一枝芙蓉斜出来，疏枝中尽是温润的秋好。

正因为蒋捷词有这样的旁逸斜出，我们读他的词就不会老陷在灰蒙蒙的气压中，他极少带着哀怨来写词，而是于悲苦中有旷达气，甚至于有些词的格调十分高扬，比如这首《贺新郎·浪涌孤亭起》：

贺新郎·浪涌孤亭起

浪涌孤亭起，是当年、蓬莱顶上，海风飘坠。帝遣江神长守护，八柱蛟龙缠尾。斗吐出、寒烟寒雨。昨夜鲸翻坤轴动，卷雕翚、掷向虚空里。但留得，绛虹住。

五湖有客扁舟舣，怕群仙、重游到此，翠旌难驻。手拍阑干呼白鹭，为我殷勤寄语；奈鹭也、惊飞沙渚。星月一天云万壑，览茫茫、宇宙知何处？鼓双楫，浩歌去。

这首词纯从想象着笔，书写宋亡前后垂虹桥的变化。词的下阕尤为出彩：词人泛舟太湖，目睹垂虹桥上旧亭残破，不禁悲从中来。照一般的写法，接下来是直抒感慨，词人却是别出心裁："怕群仙、重游到此，翠旌难驻。"意思是说，垂虹亭原是群仙游居的地方，可如今，群仙有兴，故亭不存，群仙若真重来此地，又将在何处留驻呢？

词人思越奇，而情也越幻，他对此事显然忧心如焚，焦急地用手拍打栏杆，想呼唤白鹭为群仙报信，向他们说明人间山河已改，劝阻他们不必再来。奈何白鹭不解人意，惊飞而去，远遁沙渚。在这里，词人呼仙遣鹭，驰骋想象，打破了仙界、人间和动物的界线，于是乎，整首词氤氲出一种浪漫的色彩，和苍苍莽莽的混沌之力。

"星月一天云万垒，览茫茫、宇宙知何处"，这两句读来像词人的悲呼：万重乌云遮蔽一天星月，四海茫茫，何处是我的容身之所呢？闻之，我们既为蒋捷孤独的流亡心酸不已，又肃然起敬于他不合作的决绝与勇敢。结语'鼓双楫，浩歌去'，大有屈原《渔父》的意味，余音袅袅，遗世独立，暂且摇动双橹，高吟浩歌，去山水间做逍遥游吧。

三、山水间与神佛前

后世公认蒋捷最好的词一般是《虞美人·听雨》，整首词仅用了56个字，就将一个人生命的跨度，与人世的起伏、时代的变幻，全容下了。若换作现代的表达，56个字能写什么？能表达的实在有限，不够抒情，无法记事，大概只容得下人心片刻的犹疑。那么，蒋捷是

如何将这一切囊括进一首词的呢？我们且来细读。

虞美人·听雨

少年听雨歌楼上，红烛昏罗帐。壮年听雨客舟中，江阔云低、断雁叫西风。

而今听雨僧庐下，鬓已星星也。悲欢离合总无情，一任阶前、点滴到天明。

词人截取了人生中最具象征性的三个阶段：少年、壮年、老年，分述不同时期的环境、生活与心境，更妙的是，以"听雨"作为贯穿一生的线索，没有比雨更富于想象力的元素了，像诗人海子所说的：雨是一生过错，雨是悲欢离合。

首句，少年听雨歌楼上，红烛映照、罗帐低垂，昏昏然的少年，不识愁滋味；壮年听雨客舟中，水天辽阔、风急云低，落魄的中年人如失群孤飞的大雁，颠沛流离，老尽少年心。人生诸境皆融入听雨的氛围中，像极了在宣纸上洒点淡墨，淡笔写哀，而亡国的怅恨、羁旅的艰辛，都做了这几点淡墨的背景，既干净，又悲凉，只有不可说，只有不必说。

顾随先生盛赞《虞美人·听雨》的上半阕："没有商量的，没一字不好。"但他笔锋一转，接着说："可惜下半阕泄气了，好仍然是好，可惜落在中国传统里了。'少年……'买笑、快乐；'壮年……'悲愤；'老年……悲欢离合总无情'，一切不动情，不动心，解脱，放下，凡事要解脱，要放下。"

顾随认为，解脱和放下都不好，一切皆空，万念俱灰，彻底陷入虚无之中。但事实真是如此吗？我们不妨换个角度来读，词的结句"一任阶前、点滴到天明"，"一任"二字，看似冷漠，近乎决绝，但实在是无法听任、难以释怀的表现。不然，词人怎么会一夜听雨至天明，分明是心有所思，夜不能寐，而檐前点点滴滴的冷雨，不仅打在阶前，更敲打在心头，词人在孤独中审慎地检视自己。

许昂霄的《词综偶评》对"悲欢离合总无情，一任阶前、点滴到天明"点评道："此种襟怀固不易到，然亦不愿到也。"所谓"不易到"，是说一般人很难有这种看破世事的襟怀；所谓"不愿到"，则是指这种经历实在令人难以承受，哀莫大于心死，心都死了，谁还愿意到呢？可知，词人并不是不动情、不动心，实则他的苦痛是哭不出、喊不出的，是稼轩式的"欲说还休"。诸多想说却说不出的沉痛，是需要读者自己去品的。

从这个角度看，下阕才是整首词最沉痛、最有力之处，蒋捷述说的实则是一种人生的劳卷。从少年到中年，再到老年，情随境转，而人生的两端无可更改，中间不过是人心的跌宕起伏，得失揣度，任是热闹也罢，凄凉也罢，终归是如梦幻泡影，唯阶前的雨，无言地点滴到天明。

后世黄遵宪《出门》诗云："无穷离合悲欢事，从此东西南北人。"既已选择东西南北人之路，蒋捷便做好承担无穷悲欢离合的决心。而今鬓已星星的老词人，无哀伤、无悲怆，亦无嗔痴，欲寻找解缚的途径，故他要"鼓双楫，浩歌去"，以至于"听雨僧庐

下"，可是寻寻觅觅，何处可得解脱呢？或许可得解脱处，唯山水间与神佛前。

在流徙与书写中，蒋捷晚年可能皈依佛门，他的词中写道："叹晴干不去，待雨淋头"，这一句是《五灯会元》守初禅师之语，表明词人熟读经典。此外，蒋捷词中屡次出现诸如："多事西风，把斋铃频擎""老去万缘轻""听雨僧庐下"等词句，说明他信佛，晚年或有剃度的可能。

而最终，蒋捷有没有找到一尾渡海苇叶呢？很可能，他至死都没有得解脱，他的貌似无情，"一任阶前、点滴到天明"，不知揉进了多少凄凉和悲痛。面对无常的现世，他能做的有且只有活下去，并接受最坏的生活。无论是在客舟听雨，还是僧庐听雨，说的是听雨，殊不知，他听的全都是命运的崩溃之声。

在尝尽孤独与悲苦的反刍中，蒋捷以写词对抗荒芜的生活，为漫长的、趋于空白的时间，补一点微不足道的慰藉，以便在雷声隐隐的黑夜，走得稍稍轻快一点。故他的词，超越了狭隘的身世之痛，触及一种普世的情感，比如，孤独与超脱、理想与现实、生与死、苦难与命运等具有永恒意义的生命课题。尽管他最终未能找到解缚的路径，结局是远遁青埂，不知所终，但他的苦痛和求索本身，已具有动人心魄的情感力量，使我们得以借他的词"永结无情游，相期邈云汉"。

在文章的开端，我们说蒋捷的生长是植物性的，行文至此，更可确定，他就像一棵生长极缓慢的松树，枝干有力，不畏严寒。他的苦痛如同枝干上的痂，每一次的悲痛愈合后，结成痂，一个个痂叠上去，生长为愈发粗壮的躯体。这棵树在荒野，是意境，有骨感，无须被看见；君子慎独，或许一解脱不可得，但到底寻得了"听雨"的静定，不算虚度，人间值得。

将进酒，觉有情，蒋捷的冷雨淅淅沥沥下到了今天，我们且随他取一瓢饮。

范成大

和素心人共晨夕

有风邀风，有月邀月，看花朵懒懒地开，看蝴蝶静静地飞，这是一个天真者的率然。

一、石湖之畔的稻香老农

淳熙四年（1177年）5月，诗人范成大因病离四川制置使任，乘舟东归，结束多年外宦生涯。当年东望而不得的故乡，即将从梦想变为现实，诗人欣喜地写道："归程万里今三千，几梦即到石湖边。"（《荆渚中流，回望巫山，无复一点，戏成短歌》）数千里的归程，自5月29日至10月3日，范成大歌之咏之还不足够，又事无巨细写下了日记体游记《吴船录》，书名即取自杜甫诗"门泊东吴万里船"。

8月14日，范成大和同伴行至鄂州。15日晚，赴知州刘邦翰设于黄鹤山南楼的赏月宴。《吴船录》记载："天无纤云，月色奇甚，江面如练，空水吞吐，平生所遇中秋佳月，似此夕亦有数。况复修南楼故事，老子于此兴复不浅也。"就是在这样的情境下，范成大写下了词《水调歌头·细数十年事》。

水调歌头·细数十年事

细数十年事，十处过中秋。今年新梦，忽到黄鹤旧山头。老子个中不浅，此会天教重见，今古一南楼。星汉淡无色，玉镜独空浮。

敛秦烟，收楚雾，熨江流。关河离合、南北依旧照清愁。想见姮娥冷眼，应笑归来霜鬓，空敝黑貂裘。酾酒问蟾兔，肯去伴沧洲？

词云："细数十年事，十处过中秋。"确切地说，范成大是"十二年间十处见中秋"，这12年里，有10年的中秋节是在异乡度过的。今夕如何？"今年新梦，忽到黄鹤旧山头。"未曾料到，在此良辰美景，能偕鄂州的旧雨新知来登黄鹤山。有新梦又忽到，难道我们也是仙矣？

诗人与友人吟咏谈笑，开心地说："老子于此兴复不浅也"，他以东晋的庾亮自况，感叹今日又重演了900年前的南楼会！眼前只见江南江北，长烟一空，皓月千里，长江如一匹熨平的白练，何等壮观，何等广袤。可一旦诗人从神思漫游中醒过来，就要直面残酷现实："关河离合、南北依旧照清愁。"现状依旧是：南北山河分裂，想到这些，再抬头看月亮，便觉得月亮被无边的清愁罩住了。

再往下，诗人自然地联想到自己的身世："想见姮娥冷眼，应笑归来霜鬓，空敝黑貂裘。"这一年，范成大52岁了，他这一生，宦海沉浮，既受过器重、敬仰，也遭到过排挤、冷落，荣辱皆历，悲欣交集。他曾数次担任封疆大吏，南至桂广，北使幽燕，西入巴蜀，东达邓海，所之之处，创义役、兴水利、减赋税、赈饥民，政绩卓著。范成大的一生诚如宋孝宗的评价："可谓贤劳，宜其多疾。"

然而，"浮生有几，叹欢娱常少，忧愁相属。富贵功名皆由命，何必区区仆仆。燕蝠尘中，鸡虫影里，见了还追逐。山间林下，几人

真个幽独"(《酹江月》)。外宦半生,劳劳碌碌,如今年华老大、功业无就,范成大不免生出"隙中驹,石中火,梦中身"之叹息。同时,他的身体每况愈下,这年春天,他刚从一场大病中逃出来,在诗《二月二十七日病后始能扶头》写道:

二月二十七日病后始能扶头

复幕重帘苦见遮,暮占栖雀晓占鸦。

残灯煮药看成老,细雨鸣鸠过尽花。

心为蠹衰元自化,发从无病已先华。

更蒙厉鬼相提唱,此去山林属当家。

范成大与欧阳修一样,体弱多病,他在《问天医赋》中自述:"余幼而气弱,常慕同队儿之强壮,生十四年,大病濒死。至绍兴壬申,又十三年矣,疾痛痏痒,无时不有。"而在《二月二十七日病后始能扶头》一诗中,诸如苦、残、老、早衰、病、先华、厉鬼等这类颓废、衰残的字眼,屡次出现,足见诗人已被疾病折磨得心灰意冷,将养维系着枯槁的病体。

如今,终于乘舟东归,鲈乡在望,范成大"自此归田园,带月荷锄"的念头愈发强烈了。看惯了异乡的月亮,有时朦胧,有时清亮,独不知家乡的月亮如何?兴之所至,诗人举杯邀月,天真地发问:"酾酒问蟾兔,肯去伴沧洲?"东归这一路的归程,目之所见全都是好山好水,从成都到青城山、都江堰、峨眉山、长江三峡,接着，写到武昌，写到常州，《吴船录》最后一句是："己巳。晚，入盘门。"

可惜回临安后，依然未能归乡，范成大病愈后又复出，前往明州、建康两地赴任。赴任建康之初，诗人两次上书请辞，原因都是"疾痛日深，实恐有误委寄"。皇帝皆不准。不得不赴任后，范成大写下了许多因病老而盼归的诗，足有30余首，比如"年年客路黄花酒，日日乡心白雁诗"，比如"饮罢此身犹是客，乡心却附晚潮回"。

孱弱多病又身不由己的老诗人，屡次上书求辞，终于在淳熙十年（1183年）除资政殿学士，提举临安府洞霄宫。这一年，范成大58岁，已是垂垂老矣。"十年旧事，醉京花蜀酒，万葩千萼。一棹归来吴下看，俯仰心情今昨。'（《念奴娇·十年旧事》）卸下了劳形之案牍，远离了朝廷纷争之倾轧，回归石湖的老诗人，褪尽铅华，终于可以做回稻香老农，按照自己的意愿生活与写作。

自此，出使金国的胆战心惊、广西任上与盐商的斗智斗勇、任四川制置使时的苦心经营，都可以放下了。归去来今，脚踏的是吴地山水，口食的是吴地果蔬，耳听的是吴侬软语，还有哪儿比此地更令诗人心安呢？

致仕后，范成大在石湖度过了10年闲适生活。而石湖的确是归隐的好去处，这里物产丰饶、山水清嘉，而且人文荟萃，底蕴深厚。范成大的别墅就建在太湖之滨，《齐东野语》之《范公石湖》一条载：

"文穆范公成大，晚岁卜筑于吴江盘门外十里。盖因阖闾所筑越来溪故城之基，随地势高下而为亭榭。所植多名花，而梅尤多。别筑农圃堂对楞伽山，临石湖，盖太湖之一派，范蠡所从入五湖者也，所

谓姑苏前后台,相距亦止半里耳,寿皇尝御书'石湖'二大字以赐之。公作《上梁文》,所谓'吴波万顷,偶维风雨之舟;越成千年,因筑湖山之欢'者是也。又有北山堂、千岩观、天镜阁、寿乐堂,他亭宇尤多。一时名人胜士,篇章赋咏,莫不极铺张之美。"

这10年间,范成大往来于石湖的佳境里,看"行人半出稻花上,宿鹭孤明菱叶中",抑或"和烟种竹聊医俗,带月闻蛙不在官",无论是下雨还是天晴,白天还是黑夜,诗人都带着氤氲得化不开的云气水意,在梅边诵词,在稻田写诗,与素心人共晨夕。他的词《朝中措》则是此心境的告白。

朝中措

长年心事寄林扃,尘鬓已星星。芳意不如水远,归心欲与云平。

留连一醉,花残日永,雨后山明。从此量船载酒,莫教闲却春情。

淳熙十三年(1186年),范成大开启了《四时田园杂兴诗》的书写。在诗题的小引中,他写道:"淳熙丙年,沉疴少纾,复至石湖旧隐,野外即事,辄书一绝,终岁得六十篇,号四时田园杂兴。"于是,就有了中国诗歌史上体系最完整、内容最丰富的田园组诗。诗依岁时流转而写,分春日、晚春、夏日、秋日、冬日5组,每组各有12首,共60首,每首都是七言绝句,写江南的风物、节气、习俗、劳作等。

整体诗情意兴飞扬，一发不可遏止，其体例与题材结合之完美，是许多诗人所无法企及的。

故田园杂兴诗历来被评家所看重，评家多认为范成大在陶渊明、王维、孟浩然之外，别设藩篱，开拓了田园诗的新境界，"纤悉毕登，鄙俚尽录，曲尽田家况味"（《柳亭诗话》引王载南语）。如果说，陶、王、孟的田园诗好比是写意国画，充溢着文人的气息，那么，范成大的田园诗就像是工笔细描，具体而写实，风物与景致更日常、更自然，读起来，就像呼吸和风一样，令我们忍不住想抒情：多谢纷纷云雨，相忘渺渺江湖。

二、且陶陶，乐尽天真

在造访范成大的田园前，我们先来读《豳风·七月》的选段："七月流火，九月授衣。春日载阳，有鸣仓庚。女执懿筐，遵彼微行，爰求柔桑。春日迟迟，采蘩祁祁。女心伤悲，殆及公子同归。"

诗三百中，最具叙事感和画面感的非《豳风·七月》莫属。整首诗以月令为兴，颠倒错综，讲述了一整年的故事，仿佛这故事亘古以来就一直在人世流淌。"七月在野，八月在宇，九月在户，十月蟋蟀入我床下……六月食郁及薁，七月亨葵及菽，八月剥枣，十月获稻，为此春酒，以介眉寿。"就这样从六月、七月，到八月、九月、十月，每一句都是一件事，且事中有画面、有人情，生机勃勃。此正如孙扩的评论："衣食为经，月令为纬，草木禽虫为色，横来竖去，无不如意，固是叙述忧勤，然即事感物，兴趣更自有余。"四时的节

序之美、人情的流转之美，一器一物，一饮一啄，无不使读者赞叹且看到——在浩荡的人世中，人是如何的典雅温文、和厚谦怀。

遗憾的是，《豳风·七月》这种叙事古风很久无人继承、发展，直到范成大写田园诗，我们才忽而发现，诗三百独有的"一派古风，满篇春气"，终于给续上了。这当然不是今人独有的体悟，宋人吴沆早在《环溪诗话》就说过："且如农桑樵牧之诗，当以《毛诗·豳风》及石湖《田园杂兴》比熟看，梦中亦解得诗，方有意思长益。"

钱钟书对范诗亦持有相似的评价，由他编选的《宋诗选注》一书中，收录了范成大的12首诗，数量仅次于苏轼和陆游，钱评述道，"《诗经》里的《豳风·七月》，是中国最古的'四时田园'诗"，然而"这首诗没有起示范的作用，后世的田园诗都是从陶潜那里来的榜样，着重在'陇亩民'的安定闲适、乐天知命，内容从劳动过渡到隐逸"。只有到"范成大《四时田园杂兴》六十首，才仿佛把《七月》《怀古田舍》《田家词》这三条线索打成一个总结，使脱离现实的田园诗有了泥土和血汗的气息，根据他亲切的观感，把一年四季的农村劳动和生活，鲜明地刻画出一个比较完全的面貌"。自此"田园诗又获得了生命，扩大了境地，范成大就可以跟陶潜相提并论，甚至比他后来居上"。将范成大和陶渊明相提并论，这是以前没有过的。在这里，我们不妨拿陶渊明、王维、孟浩然的田园诗，与范诗做一个小小的对比。

先说渊明，在他之前，还没有人像他这样，热情地歌咏田野、墟烟、农家，乃至一朵游云、一株柳树，正是他发现了田园之美："有风自南，翼彼新苗"——暮春的南风像鸟的翅膀，轻柔地拂过新生的禾苗，陶渊明在其间，"载欣载瞩"，流连忘返。潇洒之南风、归巢之暮鸟、依依之炊烟，全落入渊明的诗中，诗人与万物，相看两不厌。

但有一点，无论是"长吟掩柴门，聊为陇亩民"的负耒躬耕，还是"暧暧远人村，依依墟里烟"的且歌且咏，诗中的主人公始终是陶渊明。乡下的农民呢？基本上隐去了，渊明独自喝酒、感怀、会友、种地，"常著文章自娱，颇示己志""衔觞赋诗，以乐其志"。

再说王维与孟浩然，他们的田园诗虽写了鸡犬、桑梓、豆麦之类的场景，但多是站在"负杖阅岩耕"和"即此羡闲适"的文人角度。这样，田园诗几乎是诗人心境的外化，要么寄情田园，要么审视世情，而这与真实的田园生活是有隔的。或者说，他们是站在岸边观看乡村的人，而非参与其中的人。

范成大和他们不一样，他是真实地沉浸于乡村的人，身体好时还会亲自下田："今朝南圳试开荒，分手耘锄草棘场。下地若干全种秫，高原无几漫栽桑。"(《检校石湖新田》)在石湖，范成大不仅是旁观者，更是参与者、记录者，于是乎，乡村的人与事通通入诗来——麦黍桑麻之景、鸡犬蝶虫之物、山童老翁之人、耕作纺织之事、压迫剥削之苦、劳作丰收之乐，无所不包，其中有辛酸、有欢乐、有同情、有赞美。一年四季，岁时流转，范成大把日子当画卷，一寸寸展，一笔笔描，邀读者一同浸入到真实的田园生活中。

李慈铭在《越鳗堂日记》评范诗云："诵其石湖养闲诸什，东园归老诸诗，杂缀园亭，经营草木，乡居琐事，吴俗岁华，亦足以陶写尘襟，流传佳话，雅人深致，故自不凡。"诚如斯言，无论内容还是

篇幅，范成大的田园诗都达到了空前的广度和深度，既拾起了诗经时代断裂已久的田园诗的源头，又赋予了田园诗崭新的内涵，称他是田园诗的集大成者并不过誉。如果非要找一句话来概括范诗的风貌，我们想到的或只有东坡这一句：且陶陶、乐尽天真。

当然，范成大并不是一直这样子写诗的，他与同时代的其他文人一样，关怀过时局，期盼过统一，感伤过身世，寻求过各种介入世界的途径，使用过各种写作的体裁，文、词、志，以及长短不一的诗。直到隐居石湖，他的诗与他的人，才回到自然的状态里——不再言志或说愁，只写此时此地正在感知的人与事，是孔子所说的"从心所欲，不逾矩"。至于过往的苦学仕进、宦海飘零与家难国仇，通通在岁月的流转中隐遁成了一种背景，只偶尔在湖光山色中如疏影横斜，从诗人的心头轻掠过。

终于，时间从遥不可及的未来，转变为坚实可感的现在。范成大在石湖依次"看了十分秋月，重阳更插黄花。消磨景物，瓦盆社酿，石鼎山茶。饱吃红莲香饭，侬家便是仙家"（《朝中措·身闲身健是生涯》）。眼前万物，明亮清晰，再无闲杂琐事劳神，每一天都完整地属于他自己。于是乎，田园诗的每一句皆呈现真实的质地。我们且来细读。

《春日田园杂兴》其二：

土膏欲动雨频催，万草千花一饷开。

舍后芳畦犹绿秀，邻家鞭笋过墙来。

地气回苏，春雨淅沥，催生万草千花。屋后的荒地里，新增一大片葱茏。邻家的竹笋，悄悄地潜过墙，从"我"家院子里钻出来。这就是整首诗了，特别日常，不过是土膏、花草，以及荒畦、鞭笋，但读来就有一种摇曳的情态，我们看见：春生万物，该发芽的发芽，该开花的开花，各尽所能，蓬蓬勃勃。

再有《春日田园杂兴》十二：

> 桑下春蔬绿满畦，菘心青嫩芥薹肥。
> 溪头洗择店头卖，日暮裹盐沽酒归。

从这短短的两首诗，我们能读到桑、菘、芥、笋等时新，而像这一类岁时风物，杂兴诗中所在皆有，比如：麻、芹、韭、莲藕、芦根、菽粟、枸杞，再有：茭白、菜花、菊花、芙蕖、槐、桃、杏、青梅、樱桃等，有蔬菜，有果实，有家花，有野花。范成大像导演般，将视角从一览而过的、广阔的野外收回来，由远及近，聚焦于田园的一草一木，俯察身边细微却各异的存在，如诗人黑塞般，将"所有的毛孔都张得大大的，酣饮着周遭的一切"。而无论是天气好，抑或天气不好，在石湖的每一天，诗人都有喜悦，既可"喜晴"，也可"喜雨"。

喜晴

> 窗间梅熟落蒂，墙下笋成出林。
> 连雨不知春去，一晴方觉夏深。

喜雨

昨遣长须借踏车，小池须水引鸣蛙。

今朝一雨添新涨，便合翻泥种藕花。

在晴天，或雨天，范成大与友人，或一个人，沉醉于石湖的云气水意中。理学家程颢的诗《春日偶成》中有一句，"时人不识余心乐"，意思是说，大家不理解我此刻的快乐啊！这一句可作为范成大的心声，在这样好的辰光里，何必求理解呢？诗人内心静定得很，他一个人看蝴蝶飞过，看新笋成林，看春雨涨池，享受当下的每一刻。

我们再来读诗人笔下的动物：

静看檐蛛结网低，无端妨碍小虫飞。

蜻蜓倒挂蜂儿窘，催唤山童为解围。

看到被蛛网困住的蜻蜓、蜂儿，诗人动了恻隐之心，向孩子们发出急切的催唤：快来呀，救救这小虫子。下一刻，诗人又饶有兴致地抓住了蝴蝶化蛹的瞬间：

橘蠹如蚕入化机，枝间垂茧似蓑衣。

忽然蜕作多花蝶，翅粉才干便学飞。

范的田园诗中，既有结网于檐下的蜘蛛，又有受困于蛛网的虫子，还有蜻蜓、蜜蜂、蝴蝶、蝉，鱼类则有鲶鱼、四腮鲈，另外，像马、鸡、犬、猪、鸭、鹳鸟、青蛙等动物，纷纷然跳出来，活泼可爱，神态毕肖，诗人下笔却很简洁，寥寥数语，生动得很。

汪曾祺在文章《读廉价书》中写自己逛小镇沙岭子的集市："若是逢集，则有一些卖茄子、辣椒、疙瘩白的菜担，一些用绳络网在筐里的小猪秧子。我们就怀了很大兴趣，看凤穿牡丹被面，看铁锅，看扫帚，看茄子，看辣椒，看猪秧子。"就是这般，心底无事，散漫着一路看过去，想来范公在石湖是同样的心境：有风邀风，有月邀月，看花朵懒懒地开，看蝴蝶静静地飞，这是一个天真者的率然。那么，要怎么形容这一种率然呢？或许就如他的词《眼儿媚》的情态：

眼儿媚

萍乡道中乍晴，卧舆中甚困，小憩柳塘。

酣酣日脚紫烟浮，妍暖破轻裘。困人天色，醉人花气，午梦扶头。

春慵恰似春塘水，一片縠纹愁。溶溶泄泄，东风无力，欲皱还休。

此词作于范成大调知静江府、广西经略安抚使赴任桂林途中。这一年闰正月末，诗人途经萍乡时，时雨方晴，他突然觉得很困乏，就临时歇息于柳塘畔。此刻，云脚低垂，紫烟浮腾，轻暖的风像长了

手，挠得人将薄衣脱也不是、穿也不是。暖乎乎的花香，一阵阵袭过来，益发使人乏困，午梦昏沉沉的。

"春慵恰似春塘水，一片縠纹愁"，真真神来之笔。诗人的感知极微妙：不知从何处袭来的春困，恰似春塘中那细小的波纹，是丝丝缕缕、似有非有的软软搭搭。春水溶溶，东风无力，好像吹皱了春水，又好像没有，诗人便只管随这一池春水，浮浮沉沉。

沈际飞评此词："字字软温，着其气息即醉。"这个评论可真妥帖，我们的诗人不期然被春风撞了一下脸，春意便如水般漾开去，可大家不知道他此刻的快乐啊！快乐是什么呢？就是时时刻刻不知如何是好，而诗人能做的仅仅是"闻风坐相悦"。

三、我与世人喜结同心

四季更迭，岁时流转。从一月到十二月，乡下人都有事等着做，日子与自然整合在一起。时间在乡下不是断裂的，每一天、每一年皆依节序循环而往复，而诗人范成大要做的，就是用诗歌来抒写乡下人身居其中却不曾感知到的情意。这情意，是哪怕在兵荒马乱中也依旧流转着，虽然少了大江大河，却也仪静体闲，不慌不忙。我们来读：

《晚春田园杂兴》其三

蝴蝶双双入菜花，日长无客到田家。

鸡飞过篱犬吠窦，知有行商来买茶。

大家都忙着干农活，村子里很安静，只有蝴蝶在花间飞舞。突然间，鸡飞狗叫，原来是茶商来买茶了。他们的到来就像是静谧的水面投下了小石子，随即涟漪一圈圈荡开去。

再有《春日田园杂兴》十一：

吉日初开种稻包，南山雷动雨连宵。
今年不欠秧田水，新涨看看拍小桥。

"吉日初开种稻包"，记录的是苏州人择吉日浸稻种的民俗。清人袁景澜《吴郡岁华纪丽》卷四记载："布谷鸣时，农功兴作……吴农于是择谷种，每亩以一斗，用蒲包之，绳缚之，陂塘浸之，或盖瓦盎盛之，昼浸夜收。凡数日，自五六日至七八日，名曰浸种。芽茁二三分，候天晴明，撒布田间，盖以稻秸灰。"待稻包种好后，雨还在下，诗人觉得甚是欣慰：今年是不欠秧田水了。再一次涨水前，去看看山那边的小桥吧——采采流水，蓬蓬远春。

还有《晚春田园杂兴》其六：

三旬蚕忌闭门中，邻曲都无步往踪。
犹是晓畦风露下，采桑时节暂相逢。

在吴地，以农历四月为蚕月，凡养蚕人家皆闭户，邻里往来庆吊等活动都暂停。南宋诗人项安世《建平县道中》云："村村煮酒开官坊，家家禁忌障蚕房。"赵汝燧《耕织叹》云："昼饲夜喂时分盘，扃门谢客谨俗忌。"叶绍翁《田家三咏》写："家为蚕忙户紧关。"范诗记录的就是这个蚕忌的风俗。

再有《秋日田园杂兴》其八：

> 新筑场泥镜面平，家家打稻趁霜晴。
> 笑歌声里轻雷动，一夜连枷响到明。

明月当空，农人们趁霜晴打稻子，歌声、笑声夹杂着连枷声，此起彼伏。就这样辛苦劳作了一整晚，到清晨，大家的兴致依然很高呢。丰收的喜悦像一朵芙蓉饱满地开了，荡漾在秋日的晨光里。

当然，范诗呈现的乡村日常远不止这些。在《腊月村田乐府十首》中，诗人细致地书写了村民舂米、祭灶、逛灯市、分口数粥等民俗。在节气的流转中，农民与植物、动物、泥土、清泉为友朋，为一小块土地，连同上面生长的草木蔬果尽责。村庄虽微小如一粒芥子，生活于其间的人，却遵循有条不紊的节序，定时收获土地的馈赠，有什么是比这更令人心安的呢？

在乡下，人世与自然两相美好，且时间与空间是合一的。时间的变化，随自然万物的流转而显现，万物则因人的珍而重之，生出融融情意。正是在这样的显现中，文明得以延续。范成大将这可喜、可亲的文明之显现，记录于诗，描写生活又能解脱生活，得大自在，幸甚至哉。

在岁时的流转中，还穿插了有仪式感的节日："元宵很华丽，中秋就是玉洁冰清，端午有荒莽气和异味，中元好像黑棕色，而清明便真的是寒跟细雨，那时纵有艳遇，也是'借问酒家何处有，牧童遥指杏花村'。"（朱天文《淡江记》）每一个节日的气息、氛围、乐事都不同，一期一会。就说寒食节吧，石湖的寒食节是怎样的呢？

《春日田园杂兴》其二云：

寒食花枝插满头，旧裙青袂几扁舟。

一年一度游山寺，不上灵岩即虎丘。

清明时节，梨花风起，万物生长此时皆清洁而明净，踏春出游的人们，花枝满头，茜群青袂，荡着几叶扁舟，或上灵岩，或上虎丘，乐陶陶而忘归。风物流转，世事清明，谁能想到此刻的人们，是生活在一个动乱的时代呢？

另外，春日祭社是怎样的呢？

《春日田园杂兴》其五云：

社下烧钱鼓似雷，日斜扶得醉翁回。

青枝满地花狼藉，知是儿孙斗草来。

在江南，祭社是很热闹的节日，热闹到何种程度呢？家家扶得醉翁回。这一天，孩子们也玩得很尽兴，看这满地狼藉的青枝花，一定是他们玩斗草丢下的。此间种种，活泼可喜，自有温润祥和之气。还有，"荻芽抽笋河鲀上，楝子开花石首来"；再有，"梅子金黄杏子肥，麦花雪白菜花稀"；以及，"五月江吴麦秀寒，移秧披絮尚衣单"，等等，像这一类农谚，在范诗中俯拾皆是。而每一首农谚的背后，蕴藏的都是久历时变而活泼不减的真实生活。

就这样将《四时田园杂兴》诗一首首读下来，我们只觉人仿佛在田埂上漫步，泥土软凉，湿漉漉的，一旁的菜地里长着粗粗大大的青菜，金灿灿的油菜花，将金黄泼洒得仿佛要溅出来。远处的山中，一树树檫树花，如烟花般绽放，忽而点燃了沉寂的山野。从稻田到菜地，从菜地到山野，其间散落着三三两两的房屋，炊烟袅袅，鸡鸣狗吠之声起起落落。斜阳寸寸，正一点点往回收。这既是《诗经》中的人世，又是范诗中的田园，沉静而绵远，就是这样一种自然的生活。

范成大饱含满腔热爱，将乡下的日常捕捉到诗里，以白描手法织出，毫无涂饰，看似不动声色，实则深厚有情，故读来朴素舒缓，如风行水面，纯任自然。而这个风，是令诗人喜悦的人世的情意与风光，他与人世不隔，对万物心存爱悦，故能静定，映照万物。故而，当诗人深情地注视乡村时，乡村亦回馈他以浓情蜜意，花草、虫鱼、农人、野趣、儿童，纷至沓来，自动落入他的诗中，率性潇洒，任意天真，像汪曾祺说过的："坐在亭子里，觉山色皆来相就。"

甚至于，诗人连典故都不用了。我们知道，用典故是古诗一贯的写法，用最少的文字联结最深的寓意，范成大不这么做，他绝非炫技，而是洗掉了所有浮华的装饰，让诗回归诗经时代的朴素，世界就是他此时此刻看到的样子，而不是别的任何想象或回忆。

或者说，纵然心头花团锦簇，下笔亦要繁华落尽，此又对应《二十四诗品》的"实境"说："情性所至，妙不自寻。遇之自天，冷然希音。"这个实境的"实"，是铅华洗尽后的物我相映，浑然天成，但又不假雕饰，朴实清浅，其中自有深远情致，是"且陶陶、乐尽天真"。

有评家说范诗太过美化田园生活，尤其是写农民悲苦的部分，说他既不像唐代的悯农诗充满了剑拔弩张的讥嘲和抨击，也没有杜甫"朱门酒肉臭，路有冻死骨"般激烈的宣泄。然而，这才是范成大珍贵的地方——他的诗意发自赞美，而不是发自嘲讽或批判。尽管诗人早年曾体验过贫苦生活，对农民的疾苦感同身受，但诗中最激烈的呈现不过是："无力买田聊种水，近来湖面亦收租。"

范成大想呈现的，是人世与自然最可喜的部分，是具体的人和事，以及人和人、人和自然之间的情意。他这一生，怀抱着赞美、慈悲与温柔，用诗人的欢喜心，歌颂爱、美与善，与人亲，与物近，真正与人世喜结同心。

故而，在他这儿，赞美不是美学手法，不是修辞领域，而是生存方式，是尽情从大自然领受浓情与蜜意。当我们读范诗，就只需将感官全打开，去啜饮古雅生活中庞杂而朴素的诗意，一缕缕沁入心，然后渐有喜气袭来，直氤氲得漫天遍地皆有喜悦，忽而就"连雨不知春去，一晴方觉夏深"。

后记

忽有斯人可想

　　《碧岩录》有一则南泉普愿禅师的公案，原文如下：陆亘大夫与南泉禅师语次，陆云："肇法师道，天地与我同根，万物与我一体，也甚奇怪。"南泉指庭前花，召大夫云："时人见此一枝花，如梦相似。"

　　对我来说，宋词就是那如梦相似的一枝花。年少时见这枝花，是好读而不求甚解，见花人在好花好天的当下，唯任美的情意在心底氤氲开；如水波般激荡回环，我在其间，争渡争渡，沉醉不知归路。

　　年龄渐长，感知兴味的锐敏力迟钝了许多。但好处是，渐能窥见词的筋骨，看见写词的人，是因阅历之深浅，故所得有深浅。此时读词就像看冬天的树，叶落了，树的轮廓显露出来，写词的人、读词的人，都和树一样通透了，所谓"山高月小，水落石出"。

　　之后，在翻阅古籍的很多个时刻里，我惊喜地看见词在灯光下升腾起的袅袅轻烟，这便是宋朝的烟霞了。摇曳于烟霞间的，是春山夜月，云朵轻漾，风花隔水来；是茜纱曼摇，镜分鸾影，今朝风日好；是蝉声悠虚，鸟鸣睍睆，山河草木深；是蓼花映月，一潭星动，终回归万径人踪灭。写词人与读词人携手走向时间的纵深处，成了甘心于去白梦和诗中讨生活的烟霞旧友，如玉屑纷纷落。

在纷纷的玉屑里，我坠入了词之世界，日子在读词与书写中交替进行。这一年，在时间的"量"上很少，时间的"质"却很重："山中三日，世上千年"，这是属于书写者的时间。在这段时间里，我获得了静谧的激情，找到了稠密的坚实感，这种由笃定的书写所带来的不畏不惑感，得未曾有。

我将这一段时间定义为"漫游"：穿越一千多年，与宋朝的词人一起漫游。刚开始，词人们的形象是朦胧的，恰似"雾露隐芙蓉，见莲不分明"，再往下，一本本读词集、读传记，多主题地延展开。然后，在不断地离题与分岔中，词人们的面貌逐渐变清晰、变立体，我沉浸于其中，观之不尽，赏之不完。

这一场漫游实在太迷人，兴味淋漓而又风雅可喜，是可遇不可求的状态。我置身于或热闹或清寂的古典花园，看木末芙蓉花，看山中发红萼，未必涧户寂无人，但纷纷开且落的，既有词之意境，又有词人们的梦境，以及弥漫于其间的、不可见的空气。如梦之梦，梦深不觉。这便是与词人漫游的妙处，"安得促席，说彼平生"，或可拿来做一比照。

在这趟漫游中，我既不想单纯做诗词鉴赏，也不想做考据翻案，而只想沉浸于宋朝的风雅中，与具体的人共情，去体察他们幽微的情

绪、跌宕自喜的情味，与古为徒，将他们还原成普通人。我认为，词致力于探寻和言说的，始终是情感的幽微与人性的复杂，并指向无名而广大的时空，这一点，正如作家珍妮特·文特森说的："我并不是独自在此刻的小筏上漂流，有一座座桥梁通往坚实的土地。是的，过往是另一片国土，但是我们可以造访，到了那里，我们还能带回所需。"

无疑，我想要从宋朝带回的，是词中那个纷繁迷人的情感世界，同时借古典来映照当下，并赋予篇章与形状。为了达到这个目的，我动员了我个人的全部，经验、知识、感官，一首首地读，一篇篇地写，像一个勤劳的手艺人。当然，我不敢说引词人为知己，要这么说，是狂妄自大了，但我常想，要和旧纸堆里的朋友们待一会儿，聊一聊，和他们的邂逅，是真正的"适我愿兮"。

如此，在欧阳修这里，我一再地与自然重逢，万物赠予他的浓情蜜意，千百年后，又赠给了此刻读他的我，欧阳公对万物都有"遣玩的意兴"，而我看草、见花的意兴和他是一样的；在秦少游、朱淑真、姜白石这里，我看见爱情的无数种模样，"似这般花花草草由人恋，生生死死随人愿，便酸酸楚楚无人怨"；在苏东坡这里，我学到了可贵的人生态度，"不知原谅什么，诚觉世事尽可原谅"。

如果说，词是沉于海底的东西，那么，这些篇章，就像是沉淀前漂荡在水中的沙粒。我深潜入海底，轻轻地搅动它，将沙粒聚一块，就有了这本书。有许多没来得及采集，或还未成形的沙粒，一定会在数年后，成为下本、下下本书的萌芽。是的，我对此很确信。

而在我为书写费尽心力的同时，书写也在滋养我，我得以进入更广袤的世界，看见无数种书写的新可能，这其中的奥妙很难为外人道。如果非要描述这奥妙之一二，大概就是：当我随意地翻阅宋词，可能是欧阳修的，可能是晏几道的，可能是辛弃疾的；可无论是谁都没什么区别，词人们看到的，是同一抹微云、同一个月亮，喜欢的是同一树梅花、同一道烟霞，他们的情感，在我身上，在你身上，在你们和我们的身上，在所有人的身上，毫无二致。我相信，或早或晚，我们都会与远去的诗词重逢，如金农画中的题句：此间忽有斯人可想，可想。

写到结尾，我才发现，原本是奔着古典叙事而去的我，反而收获了当下的生活细节和鲜活局部。当词人们起身离场，我静坐一隅，感激这十二场珍贵的漫游，让我得以目击宋人的人生和传奇。

从漫游中折返的一刻，常常已是深夜，我只在书房远远开一盏灯，放月光进屋来。渐有晚风轻柔地吹满袖，我看到书桌上栀子花未眠。栀子花气好似涨潮，一波波涌过来，在古旧的窗棂、木板和墙壁上晃动、留白。酣放的白花低垂着，看起来湿而重，重得像在做一场千年繁梦。

潮起潮落，来日方长。我想，这篇后记既是结束，更是新的开始。期待与每一位阅读此书的你，在下一次漫游中重逢，一同去往更开阔的荒野。

图书在版编目（CIP）数据

曾有天真少年时 / 张小瓷著. — 武汉：长江文艺出版社, 2023.10（2025.4重印）
ISBN 978-7-5702-3161-4

Ⅰ.①曾… Ⅱ.①张… Ⅲ.①词人 – 列传 – 中国 – 宋代 Ⅳ.①K825.6

中国国家版本馆CIP数据核字(2023)第091008号

曾有天真少年时
CENGYOU TIANZHEN SHAONIANSHI

责任编辑：栾　喜　　　　　　　　　　责任校对：田家康
封面设计：所以设计馆　　　　　　　　责任印制：张　涛

出版：长江出版传媒　长江文艺出版社
地址：武汉市雄楚大街 268 号　　　　邮编：430070
发行：长江文艺出版社
　　　北京时代华语国际传媒股份有限公司　（电话：010-83670231）
http：//www.cjlap.com
印刷：三河市宏图印务有限公司

开本：880毫米×1230毫米　1/32　　印张：9.75
版次：2023 年10月第1版　　　　　2025年4月第11次印刷
字数：210千字

定价：56.00 元

版权所有，盗版必究
（图书如出现印装质量问题，请联系 010-83670231 进行调换）